四川省社会科学后期资助项目

民国时期农村职业教育研究

罗银科 ◎ 著

人民出版社

序　言

国家大力提倡职业教育，实施乡村振兴战略，农村职业教育是二者的交集，对于解决"三农"问题、乡村振兴战略乃至整个社会发展都具有重大意义。往古者，所以知今也，历史一脉相通，在关注当前农村职业教育的同时，有必要对其进行历史回顾。

民国时期的职业教育，是于中国半殖民地半封建社会程度进一步加深时产生的实业教育发展而来，它几乎与近代民族资本主义的高速发展同时出现在社会上，推动了中国教育近代化的进程。从民国初年到中国人民取得抗日战争、解放战争的伟大胜利的20世纪40年代末，职业教育在整个民国时期近40年的时间内，历经风雨坎坷，缓慢发展。但是这个时期的职业教育对中国近代社会政治、经济、文化、教育的发展和社会观念的转变更新，对近代中国科学技术的发展和社会近代化的进程，起到了巨大的推动作用。

民国初期的职业教育，是以那些沿海、沿长江一带经济较为发达的城市及政治中心城市为重心发展起来的，并逐渐拓宽范围，遍及各地，但是其发展重心始终未离开城市。到20世纪20年代中后期，随着社会上各种思潮的产生发展、融会贯通，以及人们对职业教育认识的逐步深入，职业教育思潮在此时开始与其他较为有影响的思潮合流并进，逐渐泛化，其主要标志便是1926年黄炎培"大职业教育主义"的提出。"大职业教育主义"的提出，强调职业教育对于社会运动的介入和对于外界环境的适应，并与当时轰轰烈烈的乡村教育运动相呼应，致使研究、践行职业教育的诸多人士开始注意乡村职业教育的发展，将工作的重心由城市社会向乡村社会转移，致力于乡村教育中职业教育的发展。

"农业职业教育之产生，其最大动机，亦在求农业分工生活之日趋于精进，对各种农业工作，施以具体生产技术的训练与生产知识的灌输，因而形成一种专门职业教育。"① 早在中华职业教育社成立的初期，职业教育界的一些人士就开始注意探讨农业学校的办理问题，同时宣传呼吁农村教育的重要性，并于 1920 年成立了农业教育研究会，专门研究农业教育，征集全国农业工作者对我国当时各种农业学校的意见。1925 年，黄炎培在参加中华教育改进社的第四次年会时，提出了"创办划区乡村职业教育"的主张，他指出："乡村职业教育之设施，不宜以职业教育为限。就交通较便地方，划定一村，或联合数村，其面积以三十方里为度，其人口以三千至五千为度。地方治安，取其可靠者；水旱偏灾，取其较少者。先调查其地方农产及原有工艺种类、教育及职业状况，为之计划……试办有效，再推广于各地。"② 这是民国时期提出办理农村职业教育最早的文字材料，也是职业教育重心转向农村的前奏。根据黄炎培的上述思想，职业教育者们开始以划区实验的方式来发展农村职业教育，进行农村教育改进工作。

在整个划区实验的农村教育改进运动中，职业教育界的人士一致认识到了农村教育工作的重要性，要挽救中国，必须从农村做起；而要挽救农村，必须从农民做起。因此，在实际工作中，他们从农民最为重视的经济生产问题抓起，提出"乡村生活偏于农工，即乡村学校宜注重农工"③。据此他们制定了"富教兼施"的指导思想，同时以"因地制宜，因材施教"作为农村职业教育的原则，来指导乡村职业教育工作的进行。在这样的教育指导思想和原则的指引下，职业教育在全国农村如火如荼地开展起来，在多个地方进行了划区实验，取得了一定的效果。

民国时期职业教育在民国中后期将活动重心转向农村，试图在不触及半殖民地半封建的社会制度的前提下，利用职业教育的手段，促进农村经济发展，改变农村落后的面貌，进而达到挽救整个中国的目的，这种良好的愿望，赤诚的爱国之心，受当时社会条件的限制是无法实现的，更何况，中国的落后其根本的原因在于社会制度的腐败，用改良的手段是无法扭转落后局面的。然而，他们当时对农村职业教育发展所作的努力和实验，尽管收效甚微，但在这个探索的过程中积累的经验，对于我们今天发展农村职业教育来说是弥

① 章之汶、辛润棠：《农业职业教育》，商务印书馆（上海）1937 年版，第 1 页。
② 黄炎培：《在山西三星期间之工作》，《教育与职业》1925 年第 69 期，第 635—636 页。
③ 黄炎培：《弁言》，《教育与职业》1921 年第 25 期，第 1 页。

足珍贵的。

《民国时期农村职业教育研究》这本学术专著，是罗银科在对其博士论文进行修改的基础上完成的，试图通过对民国时期农村职业教育的研究，引起学界对近代农村职业教育的关注。作者在此书中将农业教育的发展分为清末农业学堂，北洋政府时期甲、乙种农业学校，军阀混战时期农业学校，南京国民政府初期农业学校，全面抗战及解放战争时期农业学校五个时期。从职业教育的意义、职业教育的目的和职业教育的范围三个维度对近代职业教育的内涵进行梳理与辨析，创新性地提出近代职业教育的内涵存在"应然"与"实然"两个层面，并从"实然"层面理解职业教育的近代内涵。在内容上，对民国时期农业教育，从制度、课程与教材、师资、经费、学校与学生等维度进行梳理，并提出新颖的见解。

本书的独到之处在于，使用文献计量方式，以农业教育为切入点，对《教育与职业》（1917—1949）杂志进行分析，别具一格。作者从"农业教育"和"农村教育"两个维度，对文章的数量、年代分布、介绍国家和介绍中国省份四个方面进行统计分析，通过数字表明民国时期农业教育的三大特点——"质""量"兼备、"与时俱进""内外兼顾"。

罗银科在求学阶段的学习和科研都是极其出色的，得知他的博士论文即将出版，我十分高兴，这是他在读博期间潜心钻研民国时期职业教育的硕果。尤其是他在实证研究方面花费的心血，不仅具有创新的理论价值，更是将民国时期农业教育的研究推向更高的层次。天行健，君子以自强不息。我期待罗银科能在今后的研究生涯中不忘初心，继续保持踏实求真的治学品格，再接再厉，取得新的研究成果。

曲铁华

2021 年 1 月 23 日

目　录

引　　论

一、选题旨趣

（一）研究缘起

职业教育引入我国已经有 100 多年，反观职业教育引入之初，笔者发现当下职业教育存在的诸多问题，曾经都如此真实地存在过。现今职业教育的许多问题，曾经都得到了非常完满的解决，或者正在解决，而我们现在却似乎忘记了历史，重蹈覆辙。历史真的只是一面钟摆吗？笔者不禁怀疑。梁启超言："史学者，学问之最博大而最切要者也。国民之明镜也。"① 教育史前辈王炳照先生，也曾在中国教育学会教育史分会第十一届学术年会发言中说："历史是一面镜子，我们搞教育史的所要做的工作，就是尽量将这面镜子擦亮，至于决策者照不照这面镜子，这就由不得我们决定了。"笔者现在所要做的工作就是"擦镜子"，通过梳理民国时期农村职业教育之农业教育的发展，关注发展中存在的问题，总结近代职业教育家解决这些问题的办法，并客观地予以评价，把"民国时期农村职业教育之农业教育"这面镜子尽我所能地擦亮，寄希望于来者有空时偶尔的照一照。选择该论题，原因有三：

第一，农村问题在民国时期，出于各种原因，成为不得不被关注的问题，而从教育方面入手，农村职业教育属最重要的一端。

第二，职业教育史是一以贯之的，要理解现在的职业教育，就有必要了解过去职业教育的进行情况，以获取经验和避免错误的重复。同时研究该时段的农村职业教育可以部分弥补职业教育史研究的断层现象。

---

① 梁启超：《中国历史研究法五种》，里仁书局（台北）1982 年版，第 3 页。

第三，现如今职业教育和农村问题都是国家关注的重点。2020 年中央一号文件即强调：“提高农村教育质量。……扩大职业教育学校在农村招生规模，提高职业教育质量。”① 农村职业教育无疑是这两个焦点的集合，因而对于中国近代农村职业教育的研究就显得尤为必要。因为该时期的农村职业教育正处于探索阶段，其中必然有许多值得今天农村职业教育借鉴的地方。

（二）研究意义

“民国时期农村职业教育”是笔者硕士阶段的研究方向。那时因时间和材料的限制，遂将研究范围定格在“南京国民政府时期”，即 1927 年至 1936 年，但即使是这样的时间范围的缩小，在论证的过程中还是强烈地感觉到材料的匮乏，无法深入进行下去。考取博士后，决定在这个问题上继续深入研究。用了一年半的时间搜集相关材料，最后决定以民国时期农村职业教育之农业教育作为研究对象。笔者认为研究该问题具有重要的意义。

民国时期农村职业教育的研究属学界的一个薄弱环节，虽然许多研究都或多或少地涉足了一些这一时期农村职业教育的内容，但是缺乏相对独立的，较为全面的研究。而以农村职业教育在整个教育系统的重要性，乃至在国民生计中的重要性来讲，对它的研究是必要的。本研究希望通过对民国时期农村职业教育之农业教育的研究，来引起学界对于整个近代农村职业教育研究的关注。

各界人士都把目光投向了农村，但是，在当时的历史条件下，农村真的就是那么迫切地需要农业教育，需要进行改造吗？有人从事实层面考虑过进行农业教育的可能性与必要性吗？等等的问题，都有必要逐一进行解答。因为这些问题的答案，直接关系着当时进行农村职业教育的原因，以及对其的评价。

现在国家正在大力提倡职业教育，进行新农村建设，而历史是一脉相承的，了解过去是为了指导现在。因此，我们有必要对过去的职业教育与农村发展做一了解，农村职业教育正处在这一交叉点上。

---

① 《中共中央　国务院关于抓好“三农”领域重点工作　确保如期实现全面小康的意见》，2020年 2 月 5 日，见 http://www.xinhuanet.com/2020-02/05/c_1125535347.htm。

二、概念与研究范围界定

(一) 概念界定

1. 近代"职业教育"内涵辨析①

据黄炎培考证,"职业教育"一词,最早以公文形式出现在中国历史上,可追溯到1904年。"职业教育一名词之见于官文书②,以光绪三十年姚文栋《山西农务公牍》为最早。"③ 其中《添聘普通教习》详文:"论教育原理,与国民最有关系者,一为普通教育,一为职业教育,二者相成而不相背。……本学堂兼授农林两专门,即是以职业教育为主义。"④ 而职业教育在学制上取得确定地位是在1922年。该年的11月2日,中华民国政府公布《学校系统改革令》,标志着职业教育在学制系统中取得确定地位。但是,近代"职业教育"的内涵到底是什么,却众说纷纭、莫衷一是。笔者试图通过搜集和整理近代教育家对于"职业教育"内涵的理解,并联系当时的实际情况,从应然与实然两个层面出发,梳理出"职业教育"应有的近代内涵。并希求通过归纳近代学者对于职业教育与相关概念的区别和联系中,加深对职业教育近代内涵的把握。

(1) 近代学者对于"职业教育"内涵的探讨

对职业教育内涵的理解,可以从多个维度把握,本书选择江恒源和沈光烈1937年合著的《职业教育》的分析模式,从职业教育的意义、职业教育的目的和职业教育的范围三个维度分析近代学者对于职业教育内涵的理解,并以时间为轴,由远及近。当然,并不是每位学者论及职业教育内涵时都考虑到了这三个维度。有的只从职业教育的意义分析,有的又只从职业教育的目

---

① 罗银科、曲铁华:《近代"职业教育"内涵辨析》,《河北师范大学学报》(教育科学版) 2010年第11期。

② 现在很多学者在引用此文时,忽视"官文书"三字,直接说成"中国最早出现职业教育这一概念,且见之于文字是清光绪三十年(1904)姚文栋:《山西农务公牍》中提到……",或者说成"职业教育这一名词,最早出现于清末山西农林学堂总办姚文栋于1904年所写的文章……",都是曲解黄炎培文意。

③ 黄炎培:《三十五年来中国之职业教育》,载庄俞等编《最近三十五年之中国教育》,商务印书馆(上海) 1931年版,第138页。

④ 《山西农务公牍》卷一,第13—14页。

的探讨；有的职业教育的意义本身就包含了目的，有的目的本身就是意义。而到了后期，随着职业教育理论的不断完善，对职业教育内涵的把握又不再局限于这三个维度，力图从更加多维的视角来分析，比如，何清儒的《职业教育学》就从职业教育的意义、职业教育的需要、职业教育的目的、职业教育的分类、职业教育的方式和职业教育的原则等六个方面分析职业教育的内涵。但这样详尽的阐释毕竟是少数。所以，笔者在选取维度把握时采取折中方式，只从职业教育的意义、目的和范围三个方面加以分析。

A. 职业教育的意义

较早论及职业教育意义的是朱元善译述的《职业教育真义》一书，"供后来选择职业之便，增进其职业能率，以作育善良之公民者，是为职业教育（Vocational education）"①。这种既考虑个人生计又顾虑了社会责任的职业教育的意义的引入，在当时可谓是超前的。因为较之其后的徐甘棠编译的《职业教育》也才考虑到"利己"的一面，认为"凡教育有预备生利之功效，虽取法万殊，而程功一致者，皆得称之曰职业教育"②。黄炎培也是在中华职业教育社成立一年后才有类似的提法，他认为："用教育方法，使人人获得生活的供给和乐趣，同时尽其对群之义务，名曰职业教育。"③ 直到1919年时庄泽宣也还在说："职业教育者，授人一种生活技能之教育也。"④ 而这种提法在当时的教育界乃至社会都引起了较大的不满，认为这种提法无异于"唉饭教育"，是为人所不齿的。

1919年五四运动之后，随着杜威教育思想的广泛传入，以及杜威本人来华的推波助澜，与实用主义关系密切的职业教育开始被杜威教育思想所笼罩。从这以后，几乎每位学者对职业教育意义的理解中都能看到杜威的影子。1923年中华职业教育社的邹恩润编译出版《职业教育研究》一书，该书是以美国学者希尔等人的著作为蓝本编译的。书中认为："职业教育乃准备能操一技之长，从事有益于社会之生产事业，借以求适当之生活，乃教育中之一方

---

① 朱元善译述：《职业教育真义》，商务印书馆（上海）1917年版，第29页。
② 徐甘棠编译：《职业教育》，中华职业教育社1918年版，第2页。
③ 虽然《实施职业教育要览》这本小册子并未明确说明这句话是黄炎培所说（见中华职业教育社编《实施职业教育要览》，中华职业教育社1928年修正第5版，第3页），但陈青之认为就是黄炎培"规定"的（见陈青之《中国教育史》，商务印书馆（上海）1936年第2版，第731页）。
④ 庄泽宣：《中国职业教育问题》，《教育与职业》1919年第11期，第1页。

面。"① 其中，就能看到杜威的影子。杜威指出："没有人可能只做一个画家，其他什么都不是。他愈是只有单一化的生活，就愈不像一个完整的人，也愈像一个怪物。"② 而这种强调职业教育只是"教育中之一方面"，即源于杜威对"职业"的阐释。如果说邹恩润对职业教育意义的理解还有"杂糅"的成分，那么彭基相在《论职业教育》一文中对职业教育的理解则完全是杜威"职业"阐释的翻版。③

熊子容在《职业教育》一书中认为："用教育的方法使全民获得生活的工具与兴趣，以尽其群居生活的义务，是为职业教育。"④ 而这只是黄炎培1918年提法的重复。江恒源与沈光烈论及职业教育的意义时，没有直接给出答案，而是用一系列相关概念来解释，他们认为："职业教育的价值，决不仅为狭义的功利主义与生产主义，即自由教育、文化教育、人格教育乃至公民教育，亦都包含于其中。"⑤ 也即杜威所说的"我们要慎防职业教育在理论上实践上被解读成手艺教育，不要让教育沦为训练各种行业专门技能的一项手段"⑥ 的别样诠释而已。何清儒的《职业教育学》是中国近代历史上第一本职业教育学专著，他在书中指出："职业教育是教育的一种，亦是按性质分类的一个名词。……职业教育是整个教育的一部分，与别种性质的教育，有平等地位的。职业教育与别种教育不同的地方，不过是在着重点上。所以职业教育并不是完全独立，与别种教育毫无关系的。"⑦ 同样是杜威思想的再演绎。

从上面的历史纵向梳理中不难看出，对于"职业教育"意义的理解呈现出"前杜威时代"和"后杜威时代"这样一个明显的分界，分界点就是1919年五四运动。"前杜威时代"对于职业教育意义的理解是单一的、片面的，即使有诸如朱元善译入日本学者著述，既考虑到个人也顾及社会的职业教育意义的宣传，其影响也是有限的。"后杜威时代"对于职业教育意义的理解可谓全面，但是总给人千人一面之感，大多只停留在职业教育意义应然的层面，缺乏当时中国实然层面职业教育情况的意义融入。这样一种局面在职业教育

① 邹恩润编译：《职业教育研究》，商务印书馆（上海）1931年版，第10页。
② ［美］约翰·杜威：《民主与教育》，薛绚译，译林出版社2014年版，第279页。
③ 彭基相：《论职业教育》，《京报副刊》1925年1月30日，第1—3版。
④ 熊子容：《职业教育》，黎明书局（上海）1931年版，第10页。
⑤ 江恒源、沈光烈编著：《职业教育》，正中书局（上海、南京）1937年版，第4页。
⑥ ［美］约翰·杜威：《民主与教育》，薛绚译，译林出版社2014年版，第285页。
⑦ 何清儒：《职业教育学》，商务印书馆1941年版，第2—3页。

目的中也有明显体现。

什么是职业教育意义的实然层面？即职业教育在事实层面到底是为解决什么问题的，职业教育的意义应该有所体现。中华职业教育社最初为"谋生"宣传职业教育是有实然层面的意思的。但是随着社会的怀疑，渐渐变得不那么棱角分明。但是，仍然不乏这方面的学者。早在 1917 年，蒋梦麟就在《教育与职业》一文中阐述了自己对职业教育意义的理解，可谓是实然层面关注职业教育的典范。他认为："教育，一方法也。以此方法而解决国家、社会、个人、职业，种种之问题者也。教育而不能解决问题，则是教育之失败也。故必先有问题而后有教育，无问题而言教育，则凿空而已矣。……职业有问题，故有职业教育。……教育为方法，职业为问题，则曰职业教育。故职业教育无他，提出职业上种种问题，而以教育为解决之方法而已。"① 为问题而生的职业教育，虽然片面，但是深刻。顾树森也认为职业教育"不过就普通教育范围之内，或于其终局之时，对于大多数不能升学之儿童，急于谋生者，按其程度，施以关于职业上之一种教育，俾得相当之知识、技能，以谋自立之生活耳"②。"不能升学""急于谋生"就是实然层面在职业教育意义中的体现。

B. 职业教育的目的

朱元善将职业教育目的融于职业教育意义里，即"作育善良之公民"。中华职业教育社创社之初的目的是教人"谋生"，即庄泽宣所说的"教人一种生活技能"。1919 年中华职业教育社又将目的扩大为三点：其一，为个人谋生之准备；其二，为个人服务社会之准备；其三，为国家及世界增进生产力之准备。1923 年又简括为两句话：使无业者有业，使有业者乐业。同年，邹恩润在《职业教育研究》一书中指出："教育上之最大目标要在培养知力意志感情各方面，而为完全有用之人物。质言之，必当培养儿童有自求知识之能力，巩固之意志，优美之感情，将来能以之应用于职业而自谋其生活，同时能进而协助社会国家之幸福，方可为完全有用之人物。"③ 黄炎培为其作序，并在序言中写道："照这样讲，在理论上，较从前圆满得多。把从前惹人家怀疑的

---

① 蒋梦麟：《教育与职业》，《教育与职业》1917 年第 1 期，第 1 页。
② 顾树森：《德美英法四国职业教育》，中华书局（上海）1917 年版，第 2 页。
③ 邹恩润编译：《职业教育研究》，商务印书馆（上海）1931 年版，第 11 页。

几点，尽力避免，面面顾到，简直是无瑕可击。这真是吾们办职业教育很好的信条了。"① 江恒源、沈光烈著作中直接就把中华职业教育社"三大准备"奉为职业教育目的。② 何清儒则指出职业教育的目的是：职业的知能、体格的锻炼和性格的培养。③

可以看出，职业教育的目的，随着时间的推移，包含的内容越来越多，承载的责任也越来越重。应然层面，如黄炎培所言"在理论上，较从前圆满得多"。但在实然层面有多大价值，值得商榷。舒新城就曾指出："他们这种广义的解释可以概括一切教育底功用而无余，其用意固与最初以谋生为目的者异，在理论上则反陷于笼罩的谬误：因为照此定义，不能再寻出非职业教育之教育以为对待，而实际上职业教育又不能尽括一切教育也。"④ 陈青之也有类似的观点，"七年（1918）的解释较六（1917）年为广泛为抽象，十一（1922）年的解释较七年更广泛更抽象了。到十二年以后，更将职业教育及目的简括为两句话：'使无业者有业，使有业者乐业'，较前又进了一步。但职业教育自十五年以来，从表面看，好似看着成功，但内容腐败，办法机械，已为文雅的中国人所鄙视；加以此时正当革命高潮时期，青年学子多加入政治工作，于机械的职业教育更不肯理会，所以自是年以后，职业教育的思潮，差不多已到过去时期了"⑤。而何清儒的职业教育目的，是典型的"后杜威时代"的产物，是对杜威"教育的过程本身就是目的，唯有尽量利用眼前的生活，才是为日后职务做了有意义的准备，这个原则也完全适用于教育中的职业方面"⑥ 的领悟。

志存高远，本身并没有错。但是职业教育的受众是普通大众，一旦目的太抽象，脱离实际，那么它的价值就不大了。田正平指出："职业教育思潮以'使无业者有业，使有业者乐业'作为所追求的终极目标，尽管看来是一张永远无法兑现的进入天堂的廉价门票，但在民不聊生、百业凋敝的旧中国，对

　　① 黄炎培：《〈职业教育研究〉序》，载邹恩润编译《职业教育研究》，商务印书馆（上海）1931 年版，第 2 页。
　　② 江恒源、沈光烈编著：《职业教育》，正中书局（上海·南京）1937 年版，第 5—7 页。
　　③ 何清儒：《职业教育学》，商务印书馆 1941 年版，第 3—4 页。
　　④ 舒新城编：《近代中国教育思想史》，中华书局（上海）1932 年第 2 版，第 213—214 页。
　　⑤ 陈青之：《中国教育史》，商务印书馆（上海）1936 年第 2 版，第 731—732 页。
　　⑥ ［美］约翰·杜威：《民主与教育》，薛绚译，译林出版社 2014 年版，第 280 页。

于广大失学失业青年及其家长来说，仍然是一个颇具吸引力的口号。"① 仅仅是口号而已，其效用还不如早期的"谋生"二字。

C. 职业教育的范围

职业教育的范围分为横向与纵向两个维度。横向包括职业教育科别与职业教育形式；纵向指的是职业教育在学制系统中的分布情况。

a. 横向维度

（a）职业教育的科别设置

关于职业教育的科别设置，有以下一些观点。庄泽宣认为："职业教育可以分为六大类：一高等职业，二农业，三商业，四工业，五家事，六水上职业。"② 邹恩润认为，狭义上可以分农业教育、工业教育、商业教育、家事教育四类；广义上可以加上专门职业教育。③ 熊子容认为："职业教育的方式，因地方需要不同，国与国之间，没有尽同的方式。"概括来讲，有专门职业教育、商业的职业教育、商业的教育、农业的职业教育、农业的教育、工业的职业教育、工业的教育、家事的职业教育、家事的教育、河海职业教育等10类。④ 江恒源、沈光烈认为："横的一方面，分类一下，约有六种：①农业教育；②工业教育；③商业教育；④家事教育；⑤公职教育（如文书员、事务员等公共机关人员）；⑥专业教育（如律师、医师、教师、新闻家及其他职业，需要高等训练者）。"⑤ 何清儒指出："在教育的研究上，普通将职业教育分为下列数大类：甲、农业教育；乙、工业教育；丙、商业教育；丁、家事教育；戊、专业教育；己、公职教育。"⑥

如果从应然的角度，或者说纯理论的角度来看，他们每个人的科别设置都是在职业教育的范围，没有异议。之所以各不同，也只是分类精细程度的差别使然，总的范围都是一样的。但若从实然的角度分析，中国当时的实际情况应该是：职业教育仅限于狭义意义上，即中等以下职业教育（后面纵向维度会论及）。那么职业教育的科别设置就应该只有：工业教育、商业教育、

---

① 田正平主编：《中国教育思想通史》第六卷，湖南教育出版社1994年版，第140页。
② 庄泽宣：《关于职业教育的名词及定义》，《教育与职业》1920年第23期，第2页。
③ 邹恩润：《职业教育范围之研究》，《教育与职业》1927年第86期，第241页。
④ 熊子容：《职业教育》，黎明书局（上海）1931年版，第10—14页。
⑤ 江恒源、沈光烈编著：《职业教育》，正中书局（上海、南京）1937年版，第8页。
⑥ 何清儒：《职业教育学》，商务印书馆1941年版，第4页。

农业教育和家事教育四科。当然，正如何清儒所说，这样的分类仅限于"教育的研究上"。

（b）职业教育形式

关于职业教育的形式，有以下观点。江恒源、沈光烈认为："施教方式，可分为下列四项：（一）正式职业教育；（二）职业补习教育；（三）特别的职业教育；（四）职业指导。"① 何清儒认为："职业教育的方式：甲、正式的职业教育；乙、活动职业教育；丙、特殊职业教育。"② 与职业教育科别的划分一样，总体的范围上，二者没有异议。只是在具体名称上有所分歧。综合一下，实然层面更为普遍的教育形式分类应该是：职业学校教育、职业补习教育和职业指导。三者的关系应该是相辅相成、缺一不可的，共同构成完整的职业教育。至于什么是职业指导、什么是职业补习教育，又是另一个课题，需要详加分析。

b. 纵向维度

1922 年新学制改革后，职业教育在学制系统中的分布情况，可以从 1922 年《学校系统改革案》中看到：

> 小学课程得于较高年级，斟酌地方情形，增置职业准备之教育。初级中学施行普通教育，但得视地方需要，兼设各种职业科。高级中学分普通、农、工、商、师范、家事等科，但得酌量地方情形，单设一科，或兼设数科。依旧制设立之甲种实业学校酌改为职业学校，或高级中学农、工、商等科。职业学校之期限及程度，得酌量各地方实际需要情形定之。依旧制设立之乙种实业学校酌改为职业学校，收受高级小学毕业生，但依地方情形，亦得收受相当年龄之修了初级小学学生。为推广职业教育计，得于相当学校内酌设职业教员养成科。大学校及专门学校得附设专修科，修业年限不等（凡志愿修习某种学术或职业，而有相当程度者入之）。③

而后，"以 1928 年全国教育会议决议案为蓝本的'戊辰学制'，除在极个

---

① 江恒源、沈光烈编著：《职业教育》，正中书局（上海、南京）1937 年版，第 8—9 页。

② 何清儒：《职业教育学》，商务印书馆 1941 年版，第 4—5 页。

③ 《学校系统改革案（教令第二十三号）》，《教育公报》1922 年第 10 期，"法规"第 2—4 页。

别的地方对职业教育做了修改外（如凡中大学学生非有十学分之关于农工专门课程及二十学分之实习学校不得准其毕业），基本保持了1922年的内容，又一次使得职业教育的覆盖面在形式上极尽扩大"①。应然层面大抵如此。

实然层面存在的分歧是，高等专门学校是否应该纳入职业教育的范畴。江恒源、沈光烈认为："平常是高级小学起至中等教育阶段止。……但就广义言之，中等教育以上之专科学校，亦未尝不可列入职业教育范围。"②吴俊升则认为："所谓高等教育，也不过是职业教育的一种。但是据习俗的见解，凡是准备教学、文事和领袖的职务的教育，往往视为非职业的，并视为是特殊的、文雅的。"③持相同观点还有蒋梦麟、庄俞和顾树森。蒋梦麟认为："凡卒业于大学而得一技之长，借以求适当之生活者，曰高等专门，英字曰Profession，本亦职业之一部分。然近今所谓职业教育者，中等程度以下为限，大学不与焉。"④庄俞认为："职业教育之名词，所包者广。凡专门学校大学校高等学校之毕业学生，皆可服务于社会，则亦职业教育也。斯言诚是，但为高等之职业教育，故可属之专门学校大学校高等学校。他如各种实业学校师范学校，其毕业学生亦有服务社会之能力，则亦职业教育也。斯言亦是，但为中等之职业教育，故可属之实业学校师范学校等。今日各国所注意之职业教育，可谓初等职业教育。其始在中等普通学校增加职业功课，继而在高等小学程度之学校亦增加职业功课。"⑤顾树森认为："职业教育之名词，其范围似甚广泛。若自其广义言之，则师范学校实业学校高等专门学校大学校等，无一不含有职业的性质，无一不可谓非职业教育。然大多数人民之子弟，未必皆能升入此等学校，以受高等之职业教育。则对于此等不能升学之子弟，自亦当施以浅易之职业教育，以为谋生之准备。故今之所谓职业教育者，乃指程度较低者而言，是狭义而非广义也。"⑥

更多的观点支持职业教育仅限于中等及以下，这是根据当时中国的实际情况作出的判断，是一种不成文的规定。

---

① 曲铁华、罗银科：《论国民政府初期职业教育的发展及启示》，《东北师大学报》（哲学社会科学版）2008年第2期，第119页。

② 江恒源、沈光烈编著：《职业教育》，正中书局（上海·南京）1937年版，第7页。

③ 吴俊升：《杜威的职业教育论》，《教育杂志》1925年第1号，第7页。

④ 蒋梦麟：《教育与职业》，《教育与职业》1917年第1期，第2页。

⑤ 庄俞：《今日之职业教育》，《教育杂志》1916年第9号，第130—131页。

⑥ 顾树森：《德美英法四国职业教育》，中华书局（上海）1917年版，第3页。

（2）职业教育与相关概念的关系

近代学者对于职业教育内涵的理解，有的是直接阐述概念的意义，也有的是通过与相关概念的辨别中加深对职业教育的应有内涵的理解。近代学者主要关注以下几组概念的关系。

A. 职业教育与实业教育（Industrial Education）

a. 职业教育与实业教育的区别

近代学者对于职业教育与实业教育的关系，多有论述。一方面是因为二者是承袭关系，需要加以区分；另一方面则是因为二者在字面上很相似，易混淆，有必要加以区分。综合各学者的观点，两者的区别主要有四点：

第一，培养对象不同。职业教育，专为多数不能升学的儿童，补习关于各种职业上的知识、技能。实业教育，专为少数能升学的子弟，学习农工商的专门教育。① 第二，培养目的不同。职业教育，专养成一般生徒有相当的职业，用以维持他的生活的。而实业教育，专以造就实业界之中坚人物为目的。② 第三，学科设置不同。职业教育的学科，多在技术方面，故偏重实习。而实业教育的学科，又含学理的性质，理论与实习并重。③ 第四，创办原因不同。职业教育，用来补普通教育的不足，其范围广而程度浅。实业教育，用来发达农工商各种之实业教育，其范围窄而程度高。④

b. 职业教育与实业教育的联系

职业教育与实业教育在培养对象、培养目的、学科设置、创办原因等方面有着差异。但二者的目的是一样的，"皆以解决生计问题为目的"⑤。职业

---

① 论及此点的有：顾树森：《德美英法四国职业教育》，中华书局（上海）1917年版，第5页；潘文安：《职业教育 ABC》，世界书局（上海）1929年版，第34页；江恒源、沈光烈编著：《职业教育》，正中书局（上海、南京）1937年版，第12页。

② 论及此点的有：顾树森：《德美英法四国职业教育》，中华书局（上海）1917年版，第5页；潘文安：《职业教育 ABC》，世界书局（上海）1929年版，第34页；江恒源、沈光烈编著：《职业教育》，正中书局（上海、南京）1937年版，第12页。

③ 论及此点的有：顾树森：《德美英法四国职业教育》，中华书局（上海）1917年版，第5页；庄泽宣：《中国职业教育问题》，《教育与职业》1919年第11期，第1页；潘文安：《职业教育 ABC》，世界书局（上海）1929年版，第34页；江恒源、沈光烈编著：《职业教育》，正中书局（上海、南京）1937年版，第12页。

④ 论及此点的有：顾树森：《德美英法四国职业教育》，中华书局（上海）1917年版，第5页；黄炎培：《职业教育析疑》，《教育杂志》1917年第11号，第199—200页；庄泽宣：《中国职业教育问题》，《教育与职业》1919年第11期，第1页；潘文安：《职业教育 ABC》，世界书局（上海）1929年版，第34页；江恒源、沈光烈编著：《职业教育》，正中书局（上海、南京）1937年版，第12页。

⑤ 黄炎培：《职业教育析疑》，《教育杂志》1917年第11号，第199—200页。

教育又是为了弥补实业教育的不足而生。实业教育虽然不是纯粹的职业教育，但它却是我国"职业教育进化史的一个阶段"①。

但我们应该注意，无论是职业教育与实业教育的区别还是联系，讨论的平台都是职业教育与实业教育的应然状态，即理想状态。我们是在假设我们所办的职业教育或实业教育都能达到我们预期的种种目的情况下，谈论二者的区别与联系。但近代职业教育与实业教育的实然状况如何？没有确实可靠的数据，但是两者都无法解决毕业即失业的状况确实昭然若揭的。因而有人认为二者只是名称的改变，这也不足为奇了。

B. 职业教育与普通教育

a. 职业教育与普通教育的区别

职业教育与普通教育的区别主要体现在教学内容和目的上。普通教育的教学内容，是在培养普通技能和知识。职业教育的教学内容，是在培养关于职业上的专门技能和知识。② 在教育目的上，职业教育与普通教育不同之点，就在想借教育力量来帮助平民解决生计问题，即是要解决平民经济问题。③ 除此而外二者并没有多大差别，正如杨鄂联所言，"普通教育与职业教育，不过在施教者之方法时期，与受教育者之志愿境遇上，有先后缓急之分耳，并无有鸿沟深渠之可分也。"④ 即潘文安所说的"职业教育和普通教育的界限在间接准备职业教育的基础"⑤。

b. 职业教育与普通教育的联系

职业教育与普通教育虽然各有其范围，但是在学制系统中二者有着诸多联系。邹恩润认为："所谓职业准备教育，非与小学有密切之关系乎。初级中学及高级中学所设之职业科，非与中学有密切之关系乎。职业教员养成科，非与所谓'相当学校'有密切之关系乎。大学及专门学校附设之专修科，非与大学及专门学校有密切之关系乎。明乎此义，则知此两方面固有其分功之处，亦有其合作之处。"⑥ 广义的职业教育意义下，两者并无差别。顾树森指

① 江恒源、沈光烈编著：《职业教育》，正中书局（上海、南京）1937年版，第12页。
② 论及此点的有：庄泽宣：《关于职业教育的名词及定义》，《教育与职业》1920年第23期，第1页；邹恩润：《职业教育之鹄的》，《教育与职业》1923年第42期，第2—3页。
③ 王志莘：《与职业教育携手同行的平民经济问题》，《教育与职业》1924年第61期，第31页。
④ 杨鄂联：《从各方面看职业教育》，《新教育评论》1927年第18期，第14页。
⑤ 潘文安：《职业教育ABC》，世界书局（上海）1929年版，第139页。
⑥ 邹恩润：《职业教育范围之研究》，《教育与职业》1927年第86期，第242—243页。

出："凡普通教育未竟之功，职业教育当完成之。普通教育仅授以一般修养之基础者；职业教育当分别致之应用。故职业教育，实可为普通教育之一种结束教育也。"[①] 钟道赞认为："普通教育者，非无职业之成分，特其性质普遍，可作各种职业之准备。职业教育者，已采取一定之方向与范围，而实施其特殊之修养。一则继续的培植职业教育之基础，以求将来之充分发展，一则及早陶冶，为适应环境之计划，固无所谓是普通，非普通，更无所谓是职业，非职业，要皆生活教育之同一要素而已。"[②] 即潘文安所言："普通教育是职业教育的初步，换一句话说，是职业教育的普通准备。"[③] 熊子容所说："普通教育为职业教育之基础，职业教育，为普通教育的效用。"[④]

C. 职业教育与文雅（文化）教育（Liberal Education or Cultural Education）

近代学者对待职业教育与文雅教育的态度上趋于一致，都认为，职业教育与文雅教育在表面上固然存在许多相对立的地方，比如，文雅教育大部分是关于消闲方面的，所以是消耗的；不是像职业教育注重生产。文雅教育是趋向于人文方面，职业教育是趋向于科学方面。职业教育重物质，文雅教育重精神。职业教育重特殊训练，文雅教育重普遍训练。但是，实际上二者互为表里，两方面却包括在教育目的里面。[⑤] 职业教育使我们生活，文雅教育使我们的生活格外有意义。职业教育属于劳动方面，文雅教育属于沉思和创造方面。职业教育是实利的，文雅教育是理想的。职业教育是向外的，文雅教育是向内的。职业教育如没有文雅教育相辅而行，一般人便不能有高尚精神；反过来说，文雅教育如没有职业教育相辅而行，一般人便成为社会寄生虫。[⑥]

此外，谈论得比较多的还有职业教育与实用教育、职业教育与专门教育，以及职业教育与生产教育等的关系，这里就不一一加以概括分析。希望通过

---

① 顾树森：《德美英法四国职业教育》，中华书局（上海）1917年版，第3页。
② 钟道赞：《普通教育与职业教育之界限何在?》，《教育与职业》1928年第96期，第347页。
③ 潘文安：《职业教育ABC》，世界书局（上海）1929年版，第6—7页。
④ 熊子容：《职业教育》，黎明书局（上海）1931年版，第3页。
⑤ 持相同观点的有：沈亦珍：《职业教育与文雅教育》，《教育杂志》1925年第2号，第2—3页；杜威：《文化教育与职业教育》，《教育与职业》1924年第61期，第11—12页；彭基相：《职业与文化》，《教育杂志》1925年第1号，第6页；杨鄂联：《从各方面看职业教育》，《新教育评论》1927年第18期，第13—14页；朱经农：《教育思想》，商务印书馆1944年版，第65页。
⑥ 沈亦珍：《职业教育与文雅教育》，《教育杂志》1925年第2号，第2—3页。

上面几组概念关系的梳理能够增加大家对于"职业教育"内涵的理解。需要说明的是，近代学者对于几组概念的区分仍然处于应然的层面。

近代职业教育的内涵，存在着应然与实然两种状态，正是这两种状态间的隔阂，导致了人们对于其内涵的错误把握。我们对待问题，既应从应然层面探索其深层次的原因，又要立足于实然层面，分析其现实成因。只有这样才能真正有助于问题的解决。希望通过本书的梳理能够纠正一些对于近代职业教育的偏见。职业教育的内涵是随着时代发展而不断变化的，我们不应该用当下"职业教育"内涵，直接运用于过去。尤其不应该用"职业技术教育"来代替"职业教育"。

为了便于理解，笔者认为之前对南京国民政府初期"职业教育"内涵的理解，仍可以推演到本书的研究范围，即"根据社会的需求与受教育者个人的经济条件，对因家庭经济条件相对困难，而无法继续进行普通教育的儿童施以一定年限的农业、工业、商业和家事等的教育。目的在于使儿童获得一技之长，借以维持生计，从而有助于社会稳定。职业教育的组织形式有：职业学校教育、职业补习教育和职业指导。职业教育的类别有：农业教育、工业教育、商业教育和家事教育等"[1]。

2. 农村职业教育的内涵[2]

笔者曾在《南京国民政府初期农村职业教育研究》一文中对南京国民政府初期农村职业教育的内涵进行分析，与职业教育内涵一样，同样可以推演到本书的研究范围。

到目前为止还没有看到对该阶段的"农村职业教育"给予内涵界定的直接表述，对其内容与范围的界定，只是散见于一些文章的表述中。但是我们可以通过对民国时期职业教育的把握，并借助这些表述，从而更清楚地认识什么是"农村职业教育"。对农村职业教育的内涵的正确把握需要认清以下几组概念的区别与相互关系。

---

[1]　罗银科：《南京国民政府初期农村职业教育研究》，硕士学位论文，东北师范大学教育科学学院，2008年，第6页。

[2]　罗银科：《南京国民政府初期农村职业教育研究》，硕士学位论文，东北师范大学教育科学学院，2008年，第6—8页。

（1）职业教育与农村职业教育

职业教育，如前所述，在民国时期可以理解为根据社会的需求与受教育者个人的经济条件，对家庭经济条件相对困难，无法继续进行普通教育的儿童施以一定年限的农业、工业、商业和家事等的教育。目的在于使儿童获得一技之长，借以维持生计，从而有助于社会稳定。

农村职业教育则是指针对农村进行的职业教育，范围上较职业教育小，教育对象专指农民，但教育内容涵盖职业教育的所有方面。然而，由于是针对农村，所以在内容上又有所侧重。农村职业教育以农业教育为主，根据各地情况，兼顾其他形式的职业教育。

（2）农业教育与农村职业教育

农业教育是职业教育的内容之一，即农业方面的职业教育。职业教育有职业学校教育、职业补习教育和职业指导三种教育形式。农业教育属于职业教育，也具有这些组织形式，即农业学校教育、农业补习教育与农业指导等。江问渔认为："正式的农业学校以及临时的农业讲习所，又各种农业补习学校，这无疑是属于农业教育的范围，就是农事试验场以及农业推广部，日与农民相接触，用种种启迪奖诱方法，以增进农民农事知识，也可说是社会式的农业教育。"[1] 这是对职业教育中农业教育的理解。可见，随着社会的发展，农业教育的形式是在不断发展变化的。

农村职业教育是指针对农村进行的职业教育，教育对象是农民，这点与农业教育一致，但是教育内容却涵盖了职业教育的各个方面，可以是农业、商业、工业和家事等。不过，就民国时期实情而言，农村职业教育主要是以农业教育为主，但不排除工业、商业和家事教育。费孝通就曾这样描述工业教育引入农村，"就在那个时候（1936 年左右），江苏的蚕桑学校在农村里推广技术改革，我的姊姊参加这个工作，把机器缫丝输入了农村，在这个村里帮助农民办了一个小型合作丝厂，提高了生丝的质量，使缫丝这个生产过程还是留在农村里"[2]。他指出："村子里有一个小工厂，好处是太多了。……这种小工业等于是一个开设在农村里的技术学校，不断地培养出技术工人来，

---

① 江问渔：《农村教育与农村改进》，《教育与职业》1932 年第 140 期，第 525 页。
② 费孝通：《江村经济——中国农民的生活》，戴可景译，商务印书馆 2001 年版，第 262—263 页。

当时向外输送的就有 20 多个。"① 但这样的个案，在当时的中国实在太少了。

因此，农村职业教育包含农业教育，农业教育是农村职业教育的主要形式。二者是一般与具体的关系。本书也将主要围绕农业教育进行分析。

（3）农村教育与农村职业教育

农村教育包含农村职业教育，这是肯定的。农村教育不单包含农村职业教育，它还包括农村普通教育，但在国民政府初期，农村普通教育仅仅是教人识字，而识字在农村作用是不大的，因此，何清儒指出："所谓农村教育自然不只是识字教育，乃是适合农民职业的教育，亦即可说是农业性的教育。这种教育虽不是现今一般所谓农业学校所能供给，但不能不承认为职业教育的一种。"所以，农村教育要想取得应有的效果，在很大程度上应体现出它的职业教育性质。所以，在很多时候，农村教育就是农村职业教育的同意转化。

综上比较，我们可以得出民国时期的农村职业教育是指针对农村②进行的职业教育，目的在于通过对农民进行职业方面的教育，从而改变农村落后的局面。这种教育针对农村，因而应以农业教育为主，根据各地情况，兼顾工业、商业和家事教育。农村教育在民国时期更多地要求体现职业教育的性质。

（二）研究范围

本书拟将研究范围定为民国时期（1912—1949）农村职业教育之农业教育的发展，但因"历史总是要不断地回溯，以追寻因果"③，所以，对于清末农业教育的发展也进行适当分析。时间上，笔者将研究范围内的农业教育分为清末、北洋政府时期、军阀混战时期、南京国民政府初期和全面抗战及解放战争时期。因为政权的更替往往伴随着学制的变革，而学制将是笔者分析农业教育发展的主线。同时也考虑了农业教育自身的发展。内容上，"农业教育"指的是职业教育四类型之一的农业教育，而非"大农业教育"；农业教育

---

① 费孝通：《江村经济——中国农民的生活》，戴可景译，商务印书馆 2001 年版，第 263 页。
② "农村"是相对于"都市"的一个概念。冯和法指出农村与都市在职业、环境、地方大小、人口的密度、人口的同质与异质、社会移动、移民的方面、社会分化与社会层次、社会交接等九个方面存在差异。本书所述农村即取此意。见冯和法《农村社会学大纲》，黎明书局（上海）1932 年版，第 57—85 页。
③ ［美］费正清：《费正清自传》，黎鸣等译，天津人民出版社 1993 年版，第 28 页。

还指的是三形式之一的农业学校教育，而不包括"农业补习教育"和"农业指导"等非学校式的农业教育，也不包括诸如"农村改进""农业建设"和"生产教育"等泛化了的农业教育。对于农业教育，主要从农业学校设置与修订、农业教育师资、经费、课程与教材，以及农业学校与学生等方面分别进行梳理、评析。

三、研究现状

吴玉琦所著《中国职业教育史》[①] 是新中国成立后第一部职业教育史。该书详今略古，在梳清中国职教历史源流发展的同时，重点分析了民国时期职业教育的主要人物黄炎培、学校模型，并重点关注了职业教育的两种方式：农村改进和职业指导，还将历史上重要的职教法令与规程作了整理，是一部融理论性、学术性、资料性为一体的有价值的专著。本研究也是基于中华职业教育社，重点关注农村职业教育，因而该书无论在理论建构与资料收集方面都对本研究有很大帮助。

张正身、郝炳均主编的《中国职业技术教育史》[②] 通论中国古代、近代、现代、当代职业技术教育历史，附录外国职业技术教育简介。李蔺田主编的《中国职业技术教育史》[③] 则对古代职业技术教育只在引子中作简单介绍，主要阐述了清末以来的近现代职业技术教育，该著以 1862 年京师同文馆之创设作为中国近代职业教育萌芽期的起点，从背景、教育宗旨、学制、课程设置、师资状况、学生来源及毕业出路等角度对职业教育全面记述，史料翔实，线索清晰。

中国台湾地区师范大学工业教育研究所教授周谈辉所著《中国职业教育发展史》[④]，将近代职业教育分为萌芽期（同治元年至光绪二十七年）、建立期（光绪二十八年至宣统三年）、民初（民国元年至十年）、新学制时期（民国十一年至十六年）、建国十年时期（民国十六年至二十六年）、抗战及复员期（民国二十六年至三十八年）等阶段，从宗旨、学制、行政、分科、课程

---

① 吴玉琦：《中国职业教育史》，吉林教育出版社 1991 年版。
② 张正身、郝炳均主编：《中国职业技术教育史》，甘肃教育出版社 1993 年版。
③ 李蔺田主编：《中国职业技术教育史》，高等教育出版社 1994 年版。
④ 周谈辉：《中国职业教育发展史》，三民书局（台北）1985 年版。

与教科书、实施、师资与教学、实习设备与建教合作、训育、学生等侧面对中国近代职业教育的发展进行梳理和评述，引用了许多有关职业教育的文献，史料丰富翔实，不足之处是对职业教育思潮介绍不详，对职业教育的实施状况及效果未作详细评价。

中华民国教育史专著中也涉及职业教育，较有代表性的主要有：熊明安的《中华民国教育史》①，第二、三、四、五、六章都有对某时段职业教育简要介绍，第七章甚至还有对边疆职业教育的介绍。李华兴的《民国教育史》②，在学制篇、思想篇、办学篇都有对民国职业教育的论述。另外，中国台湾地区师范大学教育学系教授郑世兴的《中国现代教育史》③认为中国现代化的进程可分为起始（清同治元年至清朝灭亡）、盘旋（民国元年至十五、六年）、植基（民国十六年至二十五、六年）、挫折（民国二十六年至三十七、八年）和确立（1949—1980年）五个时期，作者对每个时期职业教育的师资、教材、发展概况的统计和分析等进行介绍，线索明朗，但比较简略。孙邦正的《六十年来的中国教育》④辟专章对洋务运动至抗日战争时期的职业及技术教育进行了简要梳理。这些对笔者从宏观上把握民国教育和民国职业教育有一定的参考价值。

职业教育思想是推动职业教育发展的一个重要因素，对近代中国职业教育思想进行集中论述的有刘桂林的《中国近代职业教育思想研究》。⑤该著以近代职业教育思想的发展为主线，剖析了前后相续的三次职业教育思潮的演变脉络，展示职业教育思潮产生的社会根源、与职业教育制度和实践的内在联系等，肯定了职业教育思想对职业教育之建立、修正和推动的积极作用，并对职业教育思想的产生、发展和代表人物的教育思想作了详尽的分析和客观的评价，是职业教育思想研究的一部高质量著作，为本课题的研究提供了思路和启示。

此外，一些教育通史类著作也涉及职业教育。如毛礼锐、沈灌群主编的

---

① 熊明安：《中华民国教育史》，重庆出版社1997年版。
② 李华兴：《民国教育史》，上海教育出版社1997年版。
③ 郑世兴：《中国现代教育史》，三民书局（台北）1981年版。
④ 孙邦正：《六十年来的中国教育》，正中书局（台北）1971年版。
⑤ 刘桂林：《中国近代职业教育思想研究》，高等教育出版社1997年版。

《中国教育通史》① 较早突破按革命史作为划分阶段的依据，该书资料丰富，立论平实，第四卷（鸦片战争到五四运动时期的教育）和第五卷（五四运动到中华人民共和国成立时期的教育）为本研究提供了史料线索。董宝良、周洪宇主编的《中国近现代教育思潮与流派》② 阐述了职业教育思潮的基本内容、职业教育的发展状况、教育家的职业教育思想，尤其是中等职业教育思想，与本课题相关。另外，高奇主编的《中国现代教育史》③，李国钧、王炳照总主编的《中国教育制度通史》④，孙培青、李国钧主编的《中国教育思想史》⑤，孙培青主编的《中国教育史》⑥ 和田正平主编的《中国教育史研究》近代分卷⑦等对职业教育也有所介绍。这些专著尽管都涉及职业教育或黄炎培等职教人物的教育思想，但都不是作为重点来论述的，只是粗线条的介绍，并没有进行深入的分析。

这些著作都直接涉及笔者的研究内容，它们的总结和思考必然成为笔者的重要参考。

近年所发表的职业教育类文章主要集中在以下几个方面。

（一）职业教育团体和人物研究

钱景舫、刘桂林的《论中华职业教育社在近代教育中的地位和作用》⑧指出，我国 20 世纪二三十年代职业教育的繁荣状况，是与中华职业教育社的理论引进研究和实践直接相关的。中华职业教育社在宣传引进研究西方职教理论、推动中国职业教育制度确立及实践发展方面所起的非凡作用，决定了它在近代中国教育史上的地位。中华职业教育社是中国职业教育事业的领导者，是近代由普通民间团体逐渐过渡为革命力量的楷模。而笔者所要研究的《教育与职业》杂志就是中华职业教育社的宣传阵地。王媛更是用《近代中国

① 毛礼锐、沈灌群主编：《中国教育通史》，山东教育出版社 1988 年版。
② 董宝良、周洪宇主编：《中国近现代教育思潮与流派》，人民教育出版社 1997 年版。
③ 高奇主编：《中国现代教育史》，北京师范大学出版社 1985 年版。
④ 李国钧、王炳照总主编：《中国教育制度通史》，山东教育出版社 2000 年版。
⑤ 孙培青、李国钧主编：《中国教育思想史》，华东师范大学出版社 1995 年版。
⑥ 孙培青主编：《中国教育史》，华东师范大学出版社 2000 年版。
⑦ 田正平主编：《中国教育史研究》近代分卷，华东师范大学出版社 2001 年版。
⑧ 钱景舫、刘桂林：《论中华职业教育社在近代教育中的地位和作用》，《华东师范大学学报》（教育科学版）1998 年第 4 期。

职业教育思想的萌芽——"中华职业教育社"的成立》① 这样的题名来凸显中华职业教育社的地位。但是，不可否认的是对于职业教育社的研究，我们还有很长的路要走。

当下对于近代职业教育家的研究，主要集中在对黄炎培、张謇和蒋梦麟的职业教育思想的研究。但是，除了黄炎培、张謇和蒋梦麟外，还有一大批近代职业教育家，以他们为研究对象的论文还相对较少。就目前讲，较为突出的是西南大学的谢长法教授，近年来他主要对蒋梦麟、刘湛恩、舒新城、廖世承、顾树森和蒋维乔等几个较为重要的职业教育家的职业教育思想进行了系统的梳理②，对该领域的研究起到了非常重要的推动作用。但是，按照职业教育家们在当时的影响力，这点研究还是开端式的，还需要我们进行更深入和系统的研究。

（二）职业教育形式研究

对中国近代职业教育具体教育形式的研究，主要有严昌洪的《近代商业学校教育初探》③，该文对近代商业学校教育兴起的原因、发展历程和具体的办学样态进行了探讨，并对其与传统的经验型商人进行了对比研究。笔者希望从《教育与职业》杂志的发展中，进一步探析农村职业教育的发展，考察其变化的原因，视角是和这类文章不同的。

（三）职业教育区域研究

这方面的主要代表有李天凤的《清末民国时期云南职业教育产生与发展研究》。④ 该文对区域职业教育历史进行了有益的探索。笔者所研究的《教育与职业》杂志，对于区域职业教育一直关注，希望对其关注地域进行统计，

① 王媛：《近代中国职业教育思想的萌芽——"中华职业教育社"的成立》，《成都大学学报》（社会科学版）1999 年第 3 期。

② 见谢长法《蒋梦麟的职业教育思想》，《教育与职业》2000 年第 8 期；《刘湛恩与近代职业指导运动》，《职业技术教育》2009 年第 16 期；《舒新城与职业教育》，《职业技术教育》2009 年第 10 期；《顾树森与职业教育》，《职业技术教育》2009 年第 19 期；《蒋维乔与职业教育》，《职教论坛》2009 年第 19 期；谢长法、杨红霞《廖世承的职业教育思想与实践》，《教育与职业》2003 年第 5 期。

③ 严昌洪：《近代商业学校教育初探》，《华中师范大学学报》（人文社会科学版）2000 年第 6 期。

④ 李天凤：《清末民国时期云南职业教育产生与发展研究》，《贵州大学学报》（社会科学版）2003 年第 2 期。

并得出一些可资参考的结论。

（四）近代职业教育的本质和特征研究

对中国近代职业教育本质、特征探讨的有刘晓的《近代以来我国职业教育本质研究的探源与寻根》① 和王文涛的《试论中国近代职业教育发展的特点》。② 前者将近代职业教育所体现出来的导向归纳为四点，即实用性、生利性、社会性和生产性。但是这种归纳本身是比较笼统的，笔者希望对近代职业教育发展各阶段的社会导向进行研究，并分析其原因。后者认为中国近代职业教育有四个特点：中国近代职业教育不是中国社会自然发展的产物，而是从西方引进的舶来品；它的引进是分纯技术教育的引进和职业教育理论的引进两次完成的；它的发展过程是从军事职业教育开始，而后发展到普通职业教育的；它在整个近代的发展存在严重的不平衡性，且呈现出严重的不稳定性和波浪式前进的特点；中国近代职业教育带有浓厚的政治色彩，理论存在严重的缺陷。笔者希望对这一问题开展进一步的研究，以提出更具说服力的观点。

（五）近代职业教育的分段研究

中国近代职业教育分时段整体研究的主要有谷小水的《近代中国的职业教育（1866—1927）》③、王媛的《近代中国职业教育的初期发展》④ 和曲铁华、罗银科的《论国民政府初期职业教育的发展及启示》。⑤ 笔者认为，以一篇论文进行这样跨时段的研究的优点在于宏观上的呈现，但是却缺乏微观的描述。笔者希望在微观的层面体现时间跨度带来的农村职业教育的变化。

以上这些近年来直接与论文相关的研究成果，基本上每一个视角都将在笔者的论文当中涉及，所以这些研究成果对笔者的研究还是具有相当的价值。

①　刘晓：《近代以来我国职业教育本质研究的探源与寻径》，《职业技术教育》2008 年第 16 期。
②　王文涛：《试论中国近代职业教育发展的特点》，《陕西师范大学学报》（哲学社会科学版）2001 年第 S2 期。
③　谷小水：《近代中国的职业教育（1866—1927）》，《历史档案》2000 年第 2 期。
④　王媛：《近代中国职业教育的初期发展》，《成都大学学报》（社会科学版）2003 年第 2 期。
⑤　曲铁华、罗银科：《论国民政府初期职业教育的发展及启示》，《东北师大学报》（哲学社会科学版）2008 年第 2 期。

四、研究思路与方法

（一）研究思路

民国时期农村职业教育之农业教育研究，关键点在何为"农村职业教育"。笔者在引论中就从解析近代"职业教育"的内涵出发，进而推演出民国时期农村职业教育的内涵。并将研究的重点放在了梳理民国时期农村职业教育之农业教育上，力图在缕析史料基础上呈现民国时期农业教育的样貌。呈现过程中回溯清末农业教育的发展以便前后衔接也是必要的。

因此，笔者从第一章"清末农业学堂之农业教育"开始，主要从农业学堂的设置与修订、农业学堂课程与教材、农业学堂师资、农业学堂经费、农业学堂与学生等五个方面展开。第二章"北洋政府时期甲、乙种农业学校之农业教育"。第三章"军阀混战时期农业学校之农业教育"。第四章"南京国民政府初期农业学校之农业教育"和第五章"全面抗战及解放战争时期农业学校之农业教育"也采取相同的叙述模式。笔者认为，如此基于史料的呈现是有价值的。第六章承接前五章，从农民、农业和农村三个维度回答农业教育在民国时期何以可能。并简要分析"农业破产论"这一主导农村职业教育发展的"歧路"。同时关注农业教育另一歧路，即"重农"与"重工"之争。史料的欠缺是制约分析民国时期农村职业教育之农业教育发展的主要因素。笔者通过各种手段完整收集到《教育与职业》（1917—1949）杂志这一民国时期最重要的记录与传播职业教育的纸媒。通过对其用文献计量的方式，以农村职业教育之农业教育的视角去分析，可以从实证方面体现民国时期农村职业教育之农业教育的一些特点，因而有了第七章"民国时期农业教育的特点——基于《教育与职业》（1917—1949）杂志的统计分析"。

（二）研究方法

1. 文献研究法

力图以民国时期的一手资料为主要的阅读对象，这样可以最大限度地避免对于前人观点原初样态的曲解。

2. 历史研究法

本书将研究范围定格为民国时期，以时间为经，内容为纬，对该时期农业教育进行了较为全面而系统的历史梳理。时间上将民国时期分为：北洋政府时期、军阀混战时期、南京国民政府时期和全面抗战及解放战争时期，并适当回溯清末。内容上分为：农业学校制度、农业学校课程与教材、农业学校师资、农业学校经费、农业学校与学生等。

3. 比较研究法

研究范围内各个时期的农业教育在制度、课程与教材、师资、经费、农业学校与学生等方面都是前后联系，并存在异同的。本书在分析后一时期的农业教育时，始终纵向对比前一时期相应的内容，力求标明前后两个时期的特异之点，并简要分析其变化的原因。

4. 文献计量学

文献计量学是以文献体系和文献计量特征为研究对象，采用数学、统计学等的计量方法，研究文献情报的分布结构、数量关系、变化规律和定量管理，并进而探讨科学技术的某些结构、特征和规律的一门学科。[①] 文献计量学应用于教育研究领域主要呈现出以下一些态势：第一，主要集中在教育研究领域影响力较大的刊物，如《教育研究》《比较教育研究》等；第二，关注点主要在引文和作者信息上；第三，基本都是对于当下的研究，时间跨度大多较短。

对于笔者所要研究的《教育与职业》（1917—1949）杂志完整的文献计量学分析，目前为止还未见到。有的只是零星的片段式的缺乏准确量化分析的话语，或者仅限于对杂志书目的简单整理，如上海图书馆的馆藏近代文献索引。

五、创新之处

本书力图在以下几方面有所创新：

---

① 邱均平：《文献计量学》，科学技术文献出版社1988年版，第13页。

（一）视角的创新

从职业教育的意义、职业教育的目的和职业教育的范围三个维度对近代职业教育的内涵进行梳理与辨析，提出近代职业教育的内涵存在"应然"与"实然"两个层面。笔者认为应从"实然"层面理解职业教育的近代内涵。

（二）内容的创新

对于民国时期农业教育，从制度、课程与教材、师资、经费、学校与学生等维度进行梳理，并提出一些不同的见解。这样的梳理可以部分弥补职业教育史的断层现象，以期对职业教育学科发展研究有所帮助。

（三）方法的创新

用文献计量方式，以农业教育为切入点，对《教育与职业》（1917—1949）杂志进行分析。笔者主要关注"农业教育"和"农村教育"两个维度，从文章的数量、年代分布、介绍国家和介绍中国省份四个方面进行统计分析。用数字表明：民国时期农业教育"质""量"兼备；民国时期农业教育"与时俱进"；民国时期农业教育"内外兼顾"。

第一章　农业教育的前奏——清末农业学堂之农业教育

甲午战败后，清廷开始惊醒，"变法"与"兴学"成为浪潮，农业教育便伴随这一浪潮而来。农业教育的兴办"对中国近代型农业肇始、发展起基础作用"，而"中国农业教育最早发展起来的是实业学堂"①。1897 年 6 月 15 日，光绪帝"诏兴农学，命各督抚饬该地方官劝谕绅民，兼采西法切实兴办；办有成效，准予奖叙"②。1898 年，封疆大吏张之洞《设立农务工艺学堂暨劝工劝商公所折》中指出："窃惟富国之道，不外农工商三事，而农务尤为中国之根本。"③ 同年 8 月 21 日前，知识分子康有为④《请开农学堂地质局以兴农殖民而富国本折》"伏乞皇上饬下各省府州县，皆立农学堂，酌拨官地公费，令绅民讲求"⑤。8 月 21 日，光绪帝发布上谕："各省府州县，皆立农务学堂。"⑥ 后因戊戌政变而停止，却成为"普遍举办职业教育之嚆矢"⑦。1900 年，光绪帝下诏出茶叶的省设立茶务学堂，出生丝的省设蚕业学堂。⑧

1902 年 8 月 15 日，清廷颁布由管学大臣张百熙主持拟定的《钦定学堂章程》，又称"壬寅学制"，包括《钦定蒙学堂章程》《钦定小学堂章程》《钦定中学堂章程》《钦定高等学堂章程》《钦定京师大学堂章程》及《钦定考选入学章程》等 6 件，是中国近代由国家颁布的第一个规定学制系统的文件。该

---

① 龚书铎：《中国通史》第 11 卷，上海人民出版社 2004 年版，第 382 页。
② 舒新城：《近代中国教育史料》第一册，中华书局（上海）1928 年第 2 版，第 74 页。
③ 王树枬编：《张文襄公（之洞）全集 奏议》，载沈云龙主编《近代中国史料丛刊》第 46 辑，文海出版社（台北）1966 年版，第 3363 页。
④ 陈青之：《中国教育史》，商务印书馆（上海）1936 年第 2 版，第 623 页。
⑤ 汤志钧编：《康有为政论集》，中华书局 1981 年版，第 349 页。
⑥ 《清实录》第 57 册，中华书局 1987 年版，第 540 页。
⑦ 民国政府教育部教育年鉴编纂委员会编：《第二次中国教育年鉴》，商务印书馆 1948 年版，第 1023 页。
⑧ 龚书铎：《中国通史》第 11 卷，上海人民出版社 2004 年版，第 383 页。

学制系统"采取了日本学制的形式，但在内容与学年方面作了很大的改变"①。系统内所定的职业学校，称为实业学堂，分三个阶段：寻常小学堂毕业（13岁及以上）可入简易实业学堂，修业年限3年；高等小学毕业生（16岁及以上）可入中等实业学堂，修业年限4年；中学毕业生（20岁及以上）可入高等实业学堂，修业年限4年。高等小学课程或加农工商实业之一科目或二科目，而除去读古文词，应就地方情形随时酌定。另外，中学堂第三、四年可以设实业科，以教授想要从事实业者，使其毕业后可入一切高等专门实业学堂（见图1-1）。但是该学制并没有实行。有学者分析学制颁行未及2年，旋即又废止。究其原因是朝廷守旧势力对新学制已有不满，当实行后各地兴起学潮，管学大臣张百熙又无法妥善处理，于是朝廷加派满人荣庆为管学大臣，以箝制张氏。荣庆不断扩权，架空张氏，并趁鄂督张之洞入觐之机，奏以张之洞改订学堂章程。②需要注意的是，无论是简易实业学堂、中等实业学堂，抑或是高等实业学堂，在《钦定学堂章程》中都只是简要提及，课程、学校设置等并未规定。且中等实业学堂和高等实业学堂都是"附设"于中等学堂和高等学堂，实业学堂内的农业学堂更是只字未提。该学制对于农业教育的意义在于，作为实业教育的一部分，被正式列入学制系统之内。

　　1904年1月13日，张之洞、荣庆、张百熙三人会同重订③的《奏定学堂章程》（亦称"癸卯学制"）颁布，共计16册20余种。职业教育相关的有《奏定学务纲要》《奏定各学堂奖励章程》《奏定实业学堂通则》《奏定初等农工商实业学堂章程》《奏定实业补习普通学堂章程》《奏定艺徒学堂章程》《奏定中等农工商实业学堂章程》《奏定高等农工商实业学堂章程》《奏定实业教员讲习所章程》等。《奏定实业学堂通则》宣称"查照外国各项实业学堂章程课目，参酌变通，别加编订"④，实际上主要参照日本成法。⑤从这些"章程"出发，我们可以明晰清季农业教育的发展状况。

---

　　①　苏云峰：《中国新教育的萌芽与成长（1860—1928）》，北京大学出版社2007年版，第90页。
　　②　王炳照主编：《中国近代教育史》，五南图书出版公司（台北）1994年版，第176—178页。
　　③　实际上由张之洞一人独断。见罗惇曧《京师大学堂成立记》，《庸言》1913年第13期；陈青之《中国教育史》，商务印书馆（上海）1936年第2版，第587页；苏云峰《张之洞与湖北教育改革》，中国台湾地区近代史研究所1976年版，第3页。
　　④　舒新城：《中国近代教育史资料》中册，人民教育出版社1961年版，第750页。
　　⑤　见包平《中日近代农业教育学制的比较》，《中国农史》2004年第4期；苏云峰《中国新教育的萌芽与成长（1860—1928）》，北京大学出版社2007年版，第95页。

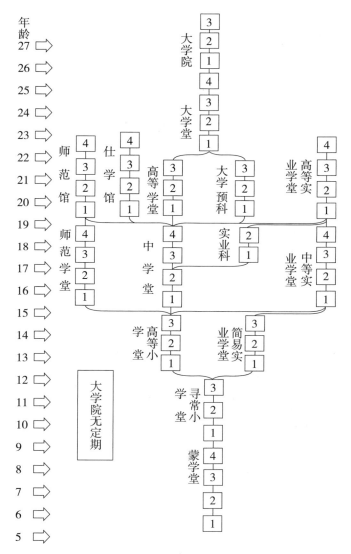

图1-1　"壬寅学制"系统

资料来源：林本：《五十年来我国的学制演进》，载中国台湾地区教育部门教育研究委员会主编《中国学制改革之研究》，正中书局（台北）1984年版，第398页。

一、制度确立——"癸卯学制"中农业教育的体现

实施农业教育的场所称为"农业学堂"。水产学堂在该期归入中等农业学

堂。农业学堂分为三等，分别叫初等农业学堂、中等农业学堂和高等农业学堂（如果是与工商业合设，就统称为初等实业学堂、中等实业学堂和高等实业学堂）。初等农业学堂的程度和高等小学堂一样，招收初等小学毕业生（13岁及以上①），修业年限 3 年；中等农业学堂的程度和中学堂一样，招收高等小学毕业生（16岁及以上），预科 2 年，本科 3 年；高等农业学堂的程度和高等学堂一样，招收普通中学毕业生（21岁及以上），预科 1 年，农学 4 年，森林学、兽医学、土木工学 3 年。中等农业学堂毕业后还可就某一科或数科设专攻科 1 年。农业补习普通学堂可附设于中小学堂，不在三等农业学堂程度之内（见图 1-2）。②

农业学堂的开办不具有强制性，只是鼓励各省"酌量地方情形，随时择宜兴办"③。而农业补习普通学校因其"厚民生而增国立"，又不需要过多的经费，所以敦促各省及时兴办。

后期有过一些修订，如 1908 年 8 月 6 日，学部奏准各中等农业学堂毕业年限定 3 年，入学学生必须修毕高等小学 4 年课程，其修毕 2 年者必入预科 2 年，本科 3 年，始准毕业。④ 1909 年 6 月 14 日，学部奏准更改实业学堂办法。高等实业学堂由预科升入本科之学生，若程度不及，照中等实业学堂功课教授；中等实业学堂毕业生年龄在 25 岁以下，成绩列中等及以上者，均应升学，不准改就官职。⑤ 1910 年 6 月 3 日，学部奏准修订实业学堂修业年限。初等农业学堂限定 3 年，不得缩减。⑥ 裁撤高等农业 1 年预科。一方面为的是与其他高等实业学堂统一；另一方面是因为所有预科课程，都是中等学堂已学

---

① 按照《奏定初等小学堂章程》"设初等小学堂，令凡国民七岁以上者入焉"和"七岁必须入初等小学"推断，初等小学堂的入学年龄应为 7 岁，而初等小学的修业年限为 5 年，那么应该是 12 岁毕业，而《奏定实业学堂通则》指明的初等实业学堂入学年龄为"十三岁以上，已毕业于初等小学堂课程者"，如此说来，岂不是初等小学堂毕业还得等 1 年才能进入初等实业学堂，不符合常理。故笔者认为计算有误，初等实业学堂（包括农业学堂）的入学年龄应为 12 岁及以上。中等实业学堂和高等实业学堂类推之。

② 农业补习普通学堂"仅存其名，未见其实"。参见《教育公报》1916 年第 8 期，第 41 页。

③ 张之洞：《奏定学堂章程》，载沈云龙主编《近代中国史料丛刊》第 73 辑，文海出版社（台北）1986 年版，第 118—119 页。

④ 《奏奖山西农林学堂林科毕业生折》，《学部官报》1908 年第 62 期，"章奏"第 331 页。

⑤ 《学部奏改实业学堂办法片》，《教育杂志》1909 年第 8 期，"教育法令"第 51 页。

⑥ 《学部奏厘订实业学堂毕业年限分别办理折》，《政治官报》1910 年第 935 号，第 7 页。

过的①，而之前又有规定高等农业学堂只招收中等学堂毕业的学生。②

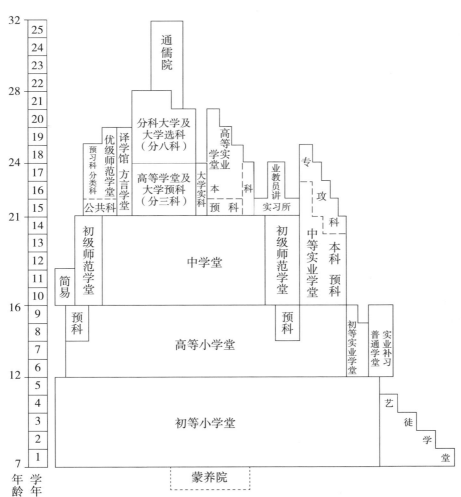

图 1-2　"癸卯学制"系统图

说明：据《奏定学堂章程》在原图基础上略做修改。

资料来源：陈青之《中国教育史》，商务印书馆（上海）1936 年第 2 版，第 588 页。

　　与"壬寅学制"相比，"癸卯学制"中农业学堂的设置主要有以下变化：首先，是名称的变化。如前所述，"壬寅学制"中通篇无"农业学堂"

---

①　1909 年中学文实分科后。

②　《学部奏拟裁高等农业商业学堂预科片》，《教育杂志》1910 年第 6 期，"教育法令"第 50 页。

称呼，只是笼统地以实业学堂概括。而"癸卯学制"中不但把"壬寅学制"中的"简易实业学堂"改称"初等实业学堂"，以便对应"中等实业学堂"和"高等实业学堂"，还首次在学制中出现"农业学堂"名称。

其次，是修业年限的变化。"癸卯学制"被认为是中国历史上最长的学制系统，但是从前面的介绍可以看出，这并不适用于农业教育。初等农业学堂的修业年限是3年，和"壬寅学制"相同，中等农业学堂修业年限从4年变成了2+3，看似比之前多了1年，但是前面的两年预科只是开办之初的权宜之计，随着普通教育的逐渐完善，两年预科随即取消。高等农业学堂的1+4也属于同样的情况。因此总的来说，与"壬寅学制"相比，各等农业学堂的学习年限加在一起不仅不多，反而少1年。只是在跨度上由于受普通学堂教育年限的影响，还是要比"壬寅学制"长。并且，采用2+3、1+4这样的修业年限设置本身也是一种更加贴近实际的变化。

《奏定实业学堂通则》虽标明初等农业学堂和高等小学堂一样，但实际上却并未享受相同的待遇。《奏定各学堂奖励章程》中对于高等小学堂毕业生有奖励措施，而初等农业学堂毕业生却没有该项待遇。于是才出现了1909年的《学部奏增订初等工业学堂课程并增订初等实业学堂毕业奖励折》，要求初等实业学堂应与高等小学享受同等奖励待遇。① 高等农业学堂毕业生虽然有奖励措施，却也比高等学堂毕业生低一档。于是也才有了1910年6月3日的《学部奏州县停选请将高等实业学堂奖励章程变通改订折》，要求高等实业学堂应与高等学堂享受同等奖励待遇。②

有学者指出，与之前的"壬寅学制"一样，"癸卯学制"仍然没有解决各级实业学堂之间的"断裂状况"，即初等实业学堂的学生无法升入中等实业学堂，而中等实业学堂只招收高等小学毕业生；高等实业学堂不招收中等实业学堂毕业生，而只招收中学堂毕业生。③ 仅从设置情况看，是这样的。但事实上，初等农业学堂与中等农业学堂之间不存在断层现象④，而中等农业学堂

① 《学部奏增订初等工业学堂课程并增订初等实业学堂毕业奖励折》，《政治官报》1909年第431号，第12页。
② 《学部奏州县停选请将高等实业学堂奖励章程变通改订折》，《政治官报》1910年第934号，第12页。
③ 苏云峰：《中国新教育的萌芽与成长（1860—1928）》，北京大学出版社2007年版，第91、97页。
④ 《学部通饬整顿筹划实业教育札文》，《直隶教育官报》1909年第20期，第36—37页。

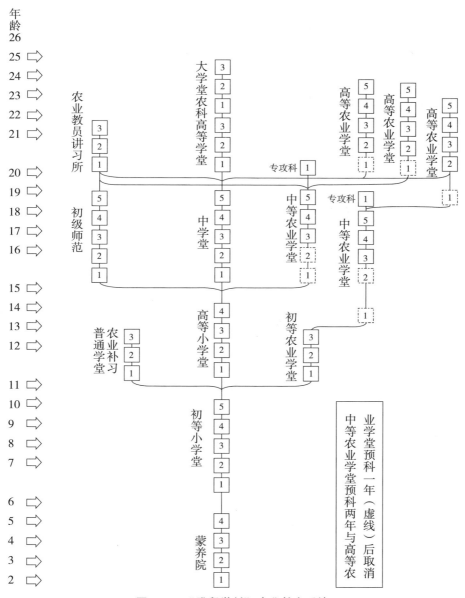

图1-3　"癸卯学制"农业教育系统

说明：在林本的《五十年来我国的学制演进》一文"癸卯学制系统图"基础上修改而成。

资料来源：林本：《五十年来我国的学制演进》，载中国台湾地区教育部门教育研究委员会主编《中国学制改革之研究》，正中书局（台北）1984年版，第399页。

的学生也是可以通过奖励办法而继续升入高等农业学堂学习的。[①] 即便是高等农业学堂学生也有机会进入大学堂农科。[②] 并且如前所述，1909 年 6 月 14 日后，中等农业学堂毕业生年龄在 25 岁以下，成绩列中等及以上者，强制升入高等农业学堂，不准改就官职。

综上所述，"癸卯学制"中农业教育系统应为如图 1-3 所示。

二、课程体系初具，教材付之阙如

(一) 农业学堂课程

三等农业学堂各有其培养目标，因而课程设置也不尽相同，但都分为"普通科目"和"实习科目"两类。

1. 初等农业学堂课程

初等农业学堂"以教授农业最浅近之知识技能，使毕业后实能从事简易农业为宗旨；以全国有恒产人民皆能服田力穑，可以自存为成效"[③]。分农业、蚕业、林业和兽医业等 4 科。这四科都要学习一些普通科目，如修身、中国文理、算术、格致、体操、地理、历史、农业、理财大意、图画等。除修身和中国文理属必修外，其余科目都可以根据地方情形加减。普通科之外，还须学习一些实习科。农业科还须学习土壤、肥料、作物、农产制造、家畜、虫害、气候、实习等 8 科；蚕业科还须学习蚕体解剖、生理及病理、养蚕及制种、制丝、桑树栽培、气候、农学大意、实习等 8 科；林业科还须学习造林及森林保护、森林利用、森林测量及土木、测树术及林价算法、森林经理、气候、农学大意、实习等 8 科；兽医科还须学习生理、药物及调剂法、蹄铁法及蹄病治法、内外科、寄生动物、畜产、卫生、兽疫、产科、剖检法、实习等 11 科。各科还可斟酌地方情形加习一些相关科目。初等农业学堂学习年数 3 年为限，可根据地方情况适当缩短。

---

① 张之洞：《奏定学堂章程》，载沈云龙主编《近代中国史料丛刊》第 73 辑，文海出版社（台北）1986 年版，第 183—184，187—188 页。

② 《学部奏实业教育宜择定外国语文并拟修改课程折》，《政治官报》1910 年第 936 号，第 3 页。

③ 张之洞：《奏定学堂章程》，载沈云龙主编《近代中国史料丛刊》第 73 辑，文海出版社（台北）1986 年版，第 429 页。

1910 年 6 月 3 日后依《学部奏厘订实业学堂毕业年限分别办理折》限定年限为 3 年，不得缩减。[①] 授课时数，每周 30 小时以内。同时依《学部奏实业教育宜择定外国语文并拟修改课程折》初等农业学堂加入必修科英语一科。[②]

2. 中等农业学堂课程

中等农业学堂"以授农所必需之知识艺能，使将来实能从事农业为宗旨；以各地方种植畜牧日有进步为成效"[③]。分预科和本科，预科毕业再习本科。

预科学习科目有修身、中国文学、算术、地理、历史、格致、图画、体操等 8 门，并可加设外语。修业年限 2 年。授课时数，每周 30 小时以内。

本科分农业、蚕业、林业、兽医业和水产业等 5 科。和初等农业学堂一样，也需要学习普通科和实习科。农业、蚕业、林业和兽医业需要学习的普通科有修身、中国文学、算学、物理、化学（该科只有农业科需要学习）、博物、农业理财大意、体操等。此外还可根据地方情形加设地理、历史、外国语、法规、簿记、图画等科目。只有兽医科可以不学算学、物理、博物、农业理财大意等科。农业科需要学习的实习科有土壤、肥料、作物、园艺、农产制造、养蚕、虫害、气候、林学大意、兽医学大意、水产学大意、实习等 12 科；蚕业科需要学习的实习科目有蚕体解剖、生理及病理、养蚕及制种、制丝、桑树栽培、气候、农学大意、实习等 8 科；林业科需要学习的实习科目有造林及森林保护、森林利用、森林测量及土木、测树术及林价算法、森林经理、气候、农学大意、实习等 8 科；兽医业科需要学习的实习科目有生理、药物及调剂法、蹄铁法及蹄病治法、内科、外科、寄生动物、畜产、卫生、兽疫、产科、剖检法、实习等 12 科。水产业科分类较细，下设渔捞、制造、养殖和远洋渔业 4 类。这 4 类需要学习的普通科有修身、中国文学、算学、地理、物理、化学、博物、图画、水产业法规及惯例、理财学大意、水产学大意、体操等 12 科。但只有修身和中国文学为必修，其余可适当加减。

---

① 《学部奏厘订实业学堂毕业年限分别办理折》，《政治官报》1910 年第 935 号，第 7 页。

② 《学部奏实业教育宜择定外国语文并修拟改课程折》，《政治官报》1910 年第 936 号，第 3—4 页。

③ 张之洞：《奏定学堂章程》，载沈云龙主编《近代中国史料丛刊》第 73 辑，文海出版社（台北）1986 年版，第 389 页。

渔捞类需要学习的实习科目有渔捞法、水产动物、水产植物、航海术、渔船运用术、气象学、海洋学、船舶卫生及救急疗治、实习等 9 科；制造类需要学习的实习科目有水产制造法、水产动物、水产植物、细菌学大意、分析、机器学大意和实习等 9 科；养殖类需要学习的实习科有水产养殖法、水产动物、水产植物、发生学大意和实习等 5 科；远洋渔业类需要学习的科目有航海术、渔船运用术、渔捞法、造船学大意、气象学、海洋学、外国语和实习等 8 科。需要说明的是远洋渔业类招生条件是在本科中的渔捞类学习 3 年，或具有同等学力。本科修业年限 3 年，但可酌情增减。

1910 年 6 月 3 日后，依《学部奏厘订实业学堂毕业年限分别办理折》限定年限为 3 年，不得缩减。① 授课时数，除实习外，每周 30 小时，水产业可以在 28 小时内。但也可酌情增减。同时依《学部奏实业教育宜择定外国语文并拟修改课程折》中等农业学堂外语科定为英语，改选修为必修。②

3. 高等农业学堂课程

高等农业学堂"以授高等农业学艺，使将来能经理公私农务产业，并可充各农务学堂之教员、管理员为宗旨；以国无惰农、地少弃材，虽有水旱不为大害为成效"③。分预科和本科，预科毕业再习本科。

预科学习科目有人伦道德、中国文学、外国语（英语，原入农学科者兼习德语）、算学（代数、几何、三角）、动物学、植物学、物理学、化学、图画和体操等 10 科。修业年限 1 年，每周教学时数 36 小时。1910 年 6 月 3 日，学部奏准修订实业学堂修业年限，裁撤高等农业 1 年预科后，预科中的人伦道德和中国文学两门课程，学部觉得以前缺少这方面教育，于是把这两门课程放入本科。④

本科分农学、森林学、兽医学和土木工学科。

农学科需要学习的科目有农学、园艺学、化学及农艺化学、植物病理学、昆虫学及养蚕学、畜产学、兽医学大意、水产学大意、地质学及岩石学、土

---

① 《学部奏厘订实业学堂毕业年限分别办理折》，《政治官报》1910 年第 935 号，第 7 页。

② 《学部奏实业教育宜择定外国语文并拟修改课程折》，《政治官报》1910 年第 936 号，第 3—4 页。

③ 张之洞：《奏定学堂章程》，载沈云龙主编《近代中国史料丛刊》第 73 辑，文海出版社（台北）1986 年版，第 349 页。

④ 《学部奏拟裁高等农业商业学堂预科片》，《教育杂志》1910 年第 6 期，"教育法令"第 50 页。

壤学、肥料学、算学、测量学、农业工学、物理学、气象学、理财原论、农业理财学、农政学、殖民学、体操等 21 科。除此而外，还需要学习以下 25 科实习农业科目：耕牛马使役法、农具使用法、家畜饲养法、肥料制造法、干草法、农用手工、农具构造、养蚕法、排水及开垦法、制麻法、制丝法、制茶法、榨乳法、牛酪制造法、养蜂法、各种制糖法（如萝卜、蜀黍等类）、炼乳制造法、干酪制造法、粉乳制造法、蔬菜果实干燥法、灌藏法、制靛法、淀粉制造法、酱果制造法、酿造法。

森林学科需要学习的科目有物理学、化学、气象学、地质学、土壤学、动物学、植物学、森林测量术、图画、森林数学、造林学、森林利用学、林产制造学、森林经理学、森林保护学、森林管理、森林道路、理财学、法律大意、森林法、林政学、农学大意、财政学、数猎学、殖民学、森林测量实习、造林实习、林产制造实习、森林经理实习、体操等 30 科。

兽医学需要学习的科目有化学、生理学、药物学、蹄铁法、蹄病论、病理通论、内科学、外科学、外科手术学、寄生动物学、病体解剖学、动物疫论、兽医警察法、胎生学、产科学、眼科学、马学、卫生学、霉菌学、畜产学、家畜饲养论、乳肉检查法、农学大意、蹄铁法实习、家畜管理实习、外科手术实习、家畜病院实习、内外诊察实习、调剂法实习、乳肉检查实习、牧场实习及植物采集、体操等 32 科。

土木工学科需要学习的科目有测量法、微分积分大意、物理学、化学、制图及建筑材料、应用重学、道路修造法、桥梁建造法、铁路建造法、石工造屋法、水利工学、农业工学、卫生工学、器械运用法、工业理财学、农业理财学、殖民学、土木法规及农事法规、测量实习、工事设计实习、体操等 21 科。

农学科修业年限 4 年，其余 3 年，每周教学时数 36 小时。高等农业学校科酌情单设一科或数科。

1910 年 6 月 3 日，依《学部奏实业教育宜择定外国语文并拟修改课程折》高等农业学堂外语科定为英语，兼习其他外语者依旧章。①

---

① 《学部奏实业教育宜择定外国语文并拟修改课程折》，《政治官报》1910 年第 936 号，第 3—4 页。

（二）农业学堂教材

1905 年废科举后，正式教科书[①]相继出现，有由学堂自编应用者，有由私人编辑者，有由书商发行者，有由日本教科书直译而成者。自学部公布审查制度后，除审查合格各书外，又有部编教科书。[②] 各级农业学堂教科书无外乎也出于以上几种途径。普通科教科书因为适用范围较广，编译情况相对较好。我们主要关注农业相关科目的出版情况。然而据《教科书之发刊概况：1868—1918》的记录，该阶段的教科书中专为农业学堂编印的几乎没有。[③] 此时的高等农业学堂模仿日本，不印行教科书，而以教习口授，学生记笔记方式进行[④]，就更无教科书可言。1910 年 6 月 3 日，依《学部奏实业教育宜择定外国语文并拟修改课程折》，高等农业学堂除人伦道德、中国文学、历史、地理各科外，与实业有关的学科一律使用英文课本。[⑤]

清末虽然没有专为农业学堂刊发的教科书，但并不缺乏农业书籍。尤以罗振玉 1897 年创办的《农学报》作用最大。《农学报》每期后都附有《农学丛书》，主要刊载外国有关农业书籍和我国著名农书，前后共刊载 235 篇文章，600 余万字，后结集出版。[⑥] 李文治曾简要统计《农学丛书》翻译外国有关农业书籍（见表 1-1），大部分译自日本。

---

① 石鸥、吴小欧认为："现代意义的教科书应该满足如下条件：第一，产生了现代学制，根据学制，依学年学期而编写出版；第二，有与之配套的教授书（教授法、教学法）或教学参考书，教授书内容要包括分课教学建议，每课有教学时间建议等；第三，依据教学计划规定，按学科分门别类地编写和出版。"见石鸥、吴小欧编著《百年中国教科书图说：1897—1949》，湖南教育出版社 2009 年版，第 1 页。

② 民国政府教育部编：《第一次中国教育年鉴》戊编，开明书店（上海）1934 年版，第 115 页。

③ 仅有光绪二十四年（1898）江南制造局本秀耀春译《农学初级》和光绪二十八年（1902）商务印书馆出版的高小教科书《农业》四册勉强可算。见民国政府教育部编《第一次中国教育年鉴》戊编，开明书店（上海）1934 年版，第 116、118 页。

④ 光绪二十八年（1902），京师大学堂发表编书处章程，规定高等和专门学堂，由教习口授，无课本。编纂目的，模仿日本教科书方法。日本高等专门以上学校，均无教科书，纯由教习口授，学生笔记。见民国政府教育部编《第一次中国教育年鉴》戊编，开明书店（上海）1934 年版，第 117—118 页；吴汝纶《东游丛录》，三省堂书店（东京）1902 年版，第 21 页。

⑤ 《学部奏实业教育宜择定外国语文并拟修改课程折》，《政治官报》1910 年第 936 号，第 3—4 页。

⑥ 林更生：《〈农学丛书〉的特点与价值》，《中国农史》1989 年第 1 期，第 109 页。

表 1-1　传播外国农业知识——翻译外国有关农业书籍示例

1. 有关农业原理、农业技术的综合性书籍		
书名	著者	译者
《农学初阶》	（英国）黑球华来思	吴治俭
《农学初级》	（英国）旦尔恒理	秀耀春（英国人）
《农学入门》	（日本）稻垣乙丙	贞吉
《耕作篇》	（日本）中村鼎	河濑仪太郎（日本人）
《植学启源》	（日本）榕庵宇田川榕	
《种植学》	（不详）	傅兰雅（英国人）
《农学三事》	（日本）津田仙	沈纮
《农用种子学》	（日本）横井时敬	河濑仪太郎（日本人）
《植物选种新说》	（日本）伊豆梅原宽重	
《农务化学答问》	（英国）仲斯敦	秀耀春（英国人）
《农事会要》	（日本）池田日升三	王国维
《日本农业书》	（日本）森要太郎	樊炳清
《特用作物论》	（日本）本田幸介	罗振常
《斐利迭礼玺大王农政要略》	（德国）师他代尔曼	樊炳清
《农业纲要》	（日本）横井时敬 石坂橘树	镰田衡（日本人）
《农业霉菌论》	（日本）佐佐木祐太郎	米良文太郎（日本人）
《植物人工交种法》	（日本）玉利喜造	吉田森太郎（日本人）
《农业本论》	（日本）新渡户稻造	
《作物篇》	（日本）高田鑫三	
《农业教科书》	（日本）佐佐木祐太郎	桥本海关（日本人）
《农业补习读本甲种》	（日本）补习教育研究会	
《农业化学实验法》	（日本）泽村真	
《前庭与后园》	（日本）片山春耕	陶昌善
《农事之友》	（日本）森要太郎	
《植物学教科书》	（日本）松村任三	刘大猷
《农艺化学实验法》	（日本）泽村真	中岛端（日本人）
《博物学教授及研究之准备》	（日本）山内繁雄 野原茂六	
《农作物病理学》	（日本）出田新	
《日本植物图说》	（日本）牧野富太郎	
《农学津梁》	（英国）恒里汤纳耳	卫理（美国人）

续表

2. 各种农作物种植技术的书籍		
书名	著者	译者
《植稻改良法》	（日本）峰几太郎	川濑仪态郎（日本人）
《陆稻栽培法》	（日本）高桥久四郎	沈纮
《种印度粟法》	（不详）	周玉山
《甜菜培养法》	（不详）	朱纬军
《甘薯试验成绩》	（日本）农事试验场	沈纮
《茶事试验报告一》	（日本）农商务省农务局	樊炳清
《家菌长养法》	（英国）威廉姆和尔康尼	陈寿彭
《美国种芦粟栽制试验表》	（日本）驹场农学校	藤田丰八（日本人）
《美国植棉书》	（美国）徐瑟甫来曼	川濑仪态郎（日本人）
《植美棉简法》	（不详）	周玉山
《麻栽制法》	（日本）高桥重郎	藤田丰八（日本人）
《薄荷栽培制造法》	（日本）山本钧吉	沈纮
《樟树论》	（日本）白河太郎	藤田丰八（日本人）
《植漆法》	（日本）初濑川健增	王惕斋
《植三桠树法》	（日本）楳原宽重	王惕斋
《植雁皮法》	（日本）初濑川健增	
《植褚法》	（日本）初濑川健增	
《果树栽培总论》	（日本）福羽逸人	沈纮
《草木移植心得》	（日本）吉田健作	萨端
《接木法》	（日本）竹泽章	罗振常
《落叶松栽培法》	（日本）高见泽薰	林壬
《金松树栽培法》	（日本）加贺美	林壬
《淡芭菰栽培法》	（美国）官厄斯宅士藏	陈寿彭
《山蓝新说》	（日本）堀内良平	林壬
《蕈种栽培法》	（日本）本间小左工门	林壬
《葡萄新书》	（日本）中城恒三郎	林壬
《茶事试验报告二》	（日本）农商务省	藤田丰八（日本人）
《果树栽培全书》	（日本）福羽逸人	沈纮
《蔬菜栽培法》	（日本）福羽逸人	林壬
《麦作全书》	（日本）杉田文三	罗振常
《除虫菊栽培制造法》	（日本）牧野万之照	沈纮
《圃鉴》	（日本）山田幸太郎	
《日本制茶篇》	（日本）高橘树	田谷九桥（日人）
《果树泛论》	（日本）高桥久四郎	

编者按：以上是《农学丛书》第一集至第七集所载有的有关农业原理、农业技术的综合性书籍和各种农作物种植技术的书籍，此外，尚有土壤、气候、肥料、农具、水利、蚕桑、畜牧、家禽、害虫、林业等专书 60 种左右。又《农学丛书》未注编辑年代，似在光绪后期。

资料来源：李文治编：《中国近代农业史资料》第一辑，生活·读书·新知三联书店 1957 年版，第 868—870 页。

与"壬寅学制"相比，"癸卯学制"不仅在所颁章程中明确提到农业教育，而且对于各级农业教育的课程有了较为详细的规定。所开设课程虽然基本照搬自日本，但也适当融入了诸如修身、中国文学和人伦道德等一些具有本土性的课程，一律没有读经课程。并且课程的开设很具弹性，可做适当增减。不足之处在于，没有进一步规定各科目的教授时段和时数，而是任由各学堂酌情拟定。初等农业学堂与中等农业学堂无论是普通科还是实习科区别都不大。也正是由于课程开设给了各地很大的伸缩余地，避难就易的课程设置在所难免，各级农业学堂之间的衔接也就问题丛生。清末虽然已经建立了编审教材的相关部门，但是农业教育中农业相关的部颁教材几乎没有，更多的是依靠民间力量。这股力量虽不够系统，但仍能解不时之需。

三、多渠道解决师资问题

农业学堂教员主要分为三类，即普通科教员、实习科教员和管理人员。开办之初，实习科教员尤其匮乏，时人主要采取以下措施逐步解决此问题。

（一）延聘外国农学教习

"中国现尚无此等（包括农业）合格教员，必须聘用外国教师讲授，方有实际。"[1] 1897 年杭州太守林迪臣在西湖金沙港创设蚕学馆，聘日本人前岛轰木和西原氏担任教习，"为我国农业学校聘用外籍教授之始"[2]。同年，张之洞于募选两名美国农学教习来湖北帮助筹办农务学堂。[3] 有学者统计清末来华

---

① 张之洞：《奏定学堂章程》，载沈云龙主编《近代中国史料丛刊》第 73 辑，文海出版社（台北）1986 年版，第 129 页。

② 章之汶、郭敏学：《三十年来之中国农业教育》，《学思》1943 年第 12 期，第 3 页。

③ 王树枏编：《张文襄公（之洞）全集 奏议》，载沈云龙主编《近代中国史料丛刊》第 46 辑，文海出版社（台北）1966 年版，第 3364—3365 页。

日本教习，其中农业教习不在少数。① 当时农业教育师资，"大部分是聘请日本人来充任"②。

（二）选派或鼓励学生出国学习农业

《实业学堂通则》要求"各省大吏，宜先体察本省情形，于农工商各种实业中，择其最相需最得益者为何种实业，即选派年轻体健、文理明通、有志于实业之端正子弟，前往日本，或泰西各国，入此种实业学堂肄业"③。从国外农业学堂学成回国的学生，可以开办农业学堂和农业教员讲习所。自费学成归国者还可得科名奖励。1904 年 7 月，山东省商务局学务处选派学生 20 名赴日本专习农学。④ 1905 年，清商部选学生 30 人赴日本学习农业。⑤ 1908 年，清学部规定出国留学的学生"以农、工、医及格致四科为限，勿论东西各国，凡出洋学生能按照此四科正式入高等以上学校者，方能给予官费"⑥。

（三）设立农业教员讲习所

《实业教员讲习所章程》从立学总义、学科程度、入学资序和毕业效力义务四个方面对农业教员讲习所做了规定。农业教员讲习所以养成农业学堂及农业补习普通学堂之教师为宗旨，以农业教师不外求为成效。学习年数以 2 年为限。学习科目有人伦道德、算学及测量术、气象学、农业泛论、农业化学、农具学、土壤学、肥料学、耕种学、畜产学、园艺学、昆虫学、养蚕学、兽医学、水产学、森林学、农产制造学、农业理财学、实习、英语、教育学、教授法、体操等 23 门。讲习所招收年满 17 岁，毕业于初级师范学堂、中学堂或同等以上的农业学堂毕业者。初办时，符合这些条件者很少，所以"酌量变通"，只要年龄在 17 岁至 25 岁，"文理通明"，补习一年普通学科就可以

---

① 见汪向荣《日本教习》，生活·读书·新知三联书店 1988 年版，第 67—95 页；[日] 实藤惠秀《中国人留学日本史》，谭汝谦等译，生活·读书·新知三联书店 1983 年版，第 70—73 页。

② 章伯雨：《农业职业教育的几个根本问题》，《农林新报》1942 年第 4—6 期，第 13 页。

③ 张之洞：《奏定学堂章程》，载沈云龙主编《近代中国史料丛刊》第 73 辑，文海出版社（台北）1986 年版，第 120 页。

④ 《东方杂志》1904 年第 7 期，"教育"第 173 页。

⑤ 《五十年大事记》，第 11 页，见王笛《清末民初我国农业教育的兴起和发展》，《中国农史》1987 年第 1 期，第 66—67 页。

⑥ 陈青之：《中国教育史》，商务印书馆（上海）1936 年第 2 版，第 626 页。

入读。入读农业讲习所是完全免费的，"在学一切费用，均由官为筹给"①。正因为免费，所以毕业后就肩负了更多义务，要听从学务大臣及本省督抚的指派，"实力从事教育"至少6年。学生无故中途退学，以及毕业后不履行应尽的义务，应补交前免学费。

清廷在解决农业学堂师资匮乏问题时，采取了延聘外国农学教习和派遣学生出国学习农业再回国办学两种方式，但是，时人很清楚这两种方式只能在短期内缓解这一问题，长远之计还是建立起自己的一套农业师资培养体系，以农业"师不外求为成效"②，因而，在农业教员养成所上明显比前两者考虑周详。据统计，直到1907年，各省③实业学堂教员中本国毕业者311人，外国毕业者69人，未毕业未入学堂者176人，外国人43人。④ 1908年这四个数字依次为539、166、334和91。⑤ 1909年为748、243、445和108。⑥ 由此可以看出，已有留学生加入实业学堂的师资队伍，并且数量逐年增加。清廷也培养出了一批实业学堂教师，虽然数量还很少。同时笔者发现，虽然3年中实业教员的绝对数量在增加，但是构成这些数字的四组数据所占的百分比并没有发生多大的变化。如外国人1907年占总实业教员人数的7.1%，到了1909年仍然占7.0%。这不是清廷希望得到的结果。

1910年3月5日，学部奏准实业教员讲习所毕业奖励办法，并限于两年内各省至少应设一所。⑦ 其中农业教员讲习所占多少，没有具体的数据，但是该"办法"的出台足见清廷对于职业师资问题的重视。

四、经费"宽筹"

"章程"对于开办农业学堂的经费来源并无明确说明，只是笼统地以"宽

---

① 张之洞：《奏定学堂章程》，载沈云龙主编《近代中国史料丛刊》第73辑，文海出版社（台北）1986年版，第342页。
② 张之洞：《奏定学堂章程》，载沈云龙主编《近代中国史料丛刊》第73辑，文海出版社（台北）1986年版，第331页。
③ "各省"指直隶、奉天、吉林、黑龙江、山东、山西、陕西、河南、江宁、江苏、安徽、浙江、江西、湖北、湖南、四川、广东、广西、云南、贵州、福建、甘肃、新疆等。
④ 学部总务司编：《第一次教育统计图表》，1907年版，第48页。
⑤ 学部总务司编：《第二次教育统计图表》，1908年版，"各省"第33页。
⑥ 学部总务司编：《第三次教育统计图表》，1909年版，"各省"第33页。
⑦ 《学部奏筹议实业教员讲习所毕业奖励办法折》，《政治官报》1910年第856号，第7页。

筹经费"① 概括。但根据实际的开设情况，主要有官款、官员富绅出资和适当收取学生学费三种途径。官款②与学费③方面，记录甚少；官员富绅出资兴办则有不少记载。私人兴学，在我国素有悠久历史，清政府又曾在《实业学堂通则》鼓动"各省官员绅富，有能慨捐巨款、报充兴办实业学堂经费者，或筹集常年的款、自行创设实业学堂者，或指明报充官派出洋实业学生学费、旅费者，应量其捐资之多寡，分别奏请，从优奖励，以为好义急公者劝"④。1906 年 7 月 12 日，学部再次重申捐资兴学者将得到奖励。⑤ 虽无从细查捐资者将得到何种奖励，但是可以明确的是，这样的鼓吹是有效的。从清末具体的农业学堂开办情况看（见表 1-3），各省官员富绅出资兴办的不在少数。

清末农业学堂的兴办，三种经费来源中哪种占主导地位，笔者还没有足够的证据。就目前所掌握的资料看，官员富绅出资兴办较为普遍。

五、零星尝试

正如前文所述，清末农业学堂的开办不具有强制性，《实业学堂通则》只是鼓励各省"酌量地方情形，随时择宜兴办"⑥。即使是 1906 年的《学部通行各省举办实业学堂文》也只是鼓励各省府州县"酌量筹设"⑦。

清朝的大部分时期是没有教育统计的，直到 1905 年科举废除成立学部，次年设各省提学使司，教育行政机关逐渐完备后，教育统计才得以进行。清末共发布 3 次教育统计图表，简要记录了 1907—1909 年各级教育的发展状况。其中各级农业学堂数和学生数如表 1-2 所示。

---

① 张之洞：《奏定学堂章程》，载沈云龙主编《近代中国史料丛刊》第 73 辑，文海出版社（台北）1986 年版，第 120 页。

② 苏云峰指出："教育投资方面，清政府不够积极，是可以断言的。"见苏云峰《中国新教育的萌芽与成长（1860—1928）》，北京大学出版社 2007 年版，第 50 页。

③ 张之洞创办的湖北农务学堂，由于经费不足，规定学生"每人每月纳银元四枚"。见张之洞《招考农务工艺学生示》，载苑书义等主编《张之洞全集》第 6 册，河北人民出版社 1998 年版，第 4904 页。

④ 张之洞：《奏定学堂章程》，载沈云龙主编《近代中国史料丛刊》第 73 辑，文海出版社（台北）1986 年版，第 122—123 页。

⑤ 《学部通行各省举办实业学堂文》，《学部官报》1906 年第 2 期，"文牍"第 23 页。

⑥ 张之洞：《奏定学堂章程》，载沈云龙主编《近代中国史料丛刊》第 73 辑，文海出版社（台北）1986 年版，第 118—119 页。

⑦ 《学部通行各省举办实业学堂文》，《学部官报》1906 年第 2 期，"文牍"第 22 页。

表 1-2 1907—1909 年各级农业学堂数与学生数统计

	年别	1907 年	1908 年	1909 年
高等农业学堂	学堂数	4	5	5
	学生数	459	493	530
中等农业学堂	学堂数	25	30	31
	学生数	1681	2602	3226
初等农业学堂	学堂数	22	33	59
	学生数	726	1504	2272

资料来源：学部总务司编：《第一次教育统计图表》，1907 年版；学部总务司编：《第二次教育统计图表》，1908 年版，"各省"第 6 页；学部总务司编：《第三次教育统计图表》，1909 年版，"各省"第 6 页。

限于清末统计手段的匮乏，以及统计方法交代不清（如农工商合设的各级学堂是如何归类的），表中数据仅供参考，需要结合其他相关研究加以佐证才可使用。有学者通过查阅大量资料，制成表 1-3。通过该表的统计，基本可以确定的是初、中等农业学堂数和学生数在 1907—1909 年这三年中有了较快增长。

表 1-3 1896—1911 年全国农业学校一览表

校名	地区	成立时间	开办情况
高安县蚕桑学堂①	江西高安	1896	张之洞据江西绅士蔡金台等呈请奏准设立，是为中国实业学堂之始
杭州蚕学馆	浙江杭州	1897	杭州太守林迪臣创办
农务学堂	湖北武昌	1898	张之洞设立，迄 1911 年共培养学生二百余人
湖北高等农业学堂	湖北	1899	1906 年开设高等正科
江南蚕桑学堂	江宁	1901	分正科和别科，招生 40 名
农林学堂	山西	1902	山西巡抚岑春煊设，聘日本农、林教习各一
直隶高等农业学堂	直隶保定	1902	分速成、预备两科，计学生 140 人，附农业传习所
初等农业学堂	湖北枝江	1903	附设于高等小学，学生三班计 127 人，教员 9 人
私立女子蚕桑学堂	上海	1904	史家修创设，为女子受农业教育之嚆矢

---

① 有学者论证高安蚕桑学堂并未创办。见饶锡鸿、蒋美伦《关于中国近代农业教育起点问题的探讨——高安蚕桑学堂并未创办起来》，《南京农业大学学报》1985 年第 2 期，第 107—113 页。

校名	地区	成立时间	开办情况
蚕桑学堂	云南	1904	
中等农业学堂	云南	1904	设农、林、蚕三科，附农业教员讲习所
沁阳蚕桑学堂	河南沁阳	1904	
初级农业学堂	山东兖州	1904	
农桑学堂	山东郯城	1904	孙霭庭创，仿兖州农业学堂办理
河南中等蚕桑实业学堂	河南	1905	河南巡抚陈夔龙奏设
省立高级农科职业学校	湖南	1905	
蚕桑学堂	贵阳	1905	由署贵州巡抚林绍年奏准设立
江西高等农业学堂	江西	1905	1909 年开设高等正科
高等农业学堂	山东济南	1906	设农学、林学、土木工程学、兽医科，学制三年
高等农业学堂	四川成都	1906	
高等农业学堂	北京	1906	清学部设，连同工商学堂拟拨银 41.6 万两作开办费
农业初级学堂	山东济宁	1906	由农商会附设，学生 20 名
农业学堂	山东历城	1906	
通省中等农业学堂	四川成都	1906	分本科和预科，学制五年，招生 240 人，附设农业试验场
蚕桑中学	四川涪州	1906	
山西高等农林学堂	山西	1906	1908 年开设高等正科
初等农业学堂	湖北嘉鱼	1906	附设于高等小学，知县苏锡鸿设立，招学生 4 班
韶州中等农业科	广州韶州	1907	附设韶州中学，民国初年改为甲种农业科
赵村公立中等蚕桑实业学堂	河南荥阳	1907	
蚕桑学堂	山东蒙阴	1907	
蚕桑学堂	山东黄县	1907	
官立中等蚕业学堂	湖北	1907	黄祖徽设立，学生 17 人，教员 13 人
贵州农林学堂	贵州	1908	贵州巡抚庞鸿书奏办，附设农业公司
农林学堂	奉天	1908	附种树公所
江南农工实业学堂	江苏	1908	附设农事试验场
南阳农业学堂	直隶高阳	1908	
中等农业学堂	直隶宣化	1908	

续表

校名	地区	成立时间	开办情况
蚕桑小学堂	山东菏泽	1908	
初等农桑学堂	山东濮州	1908	学生 30 人，学制三年
实业补习普通学堂	山东夏津	1908	后改名乙种蚕业学堂
农业学堂	四川雅安	1908	购地 15 亩，设蚕桑公社一所
雅安蚕桑学堂	四川雅安	1908	够桑数千栽种
农工实业学堂	四川新宁	1908	分本科、预业，广植桑树
简易农桑学堂	四川汉州	1908	分学理、实习两科，二年毕业
农业小学堂	四川威远	1908	学生 37 人
中等蚕桑学堂	四川万县	1908	招学生 32 人，先入预科，一年后升本科
实业学堂	四川广汉	1908	1914 年改为广汉县立乙种农业学校
农桑实业小学堂	四川成都	1908	由植畜公司设，为研究农桑，推广实业
初等农业学堂	湖北黄安	1908	学生二班计 86 人，教员 7 人
汝湖农校	浙江余姚	1908	谢宝书等集资兴办，初等性质
农业学堂	浙江杭州	1909	由蚕学馆改办，设农业、森林、兽医等科
初等农业学堂	安徽阜阳	1909	
蚕桑学堂	山西	1909	1910 年改为河东实业学堂，1915 年改为山西第二甲种农业学校
汲县蚕桑讲习所	河南汲县	1909	
郑州蚕业学堂	河南郑州	1909	
农业学堂	湖南	1909	由原农务试验场改办
中等农业学堂	福建	1909	闽浙总督松寿奏设
中等农业学堂	广西	1909	先设预科，原有农林试验场并入学堂
水产小学	山东烟台	1909	由烟台渔业公司设立，分预科和本科
中等农业学堂	江苏	1909	设试验场五处，设植物园及陈列所
中等农业学堂	直隶顺天	1909	
公立初等蚕业学堂	四川庆符	1909	附设桑蚕传习所
初等实业学堂	四川蓬溪	1909	根据当地需要，先就农业分科讲授
中等农业学堂	四川永川	1909	1914 年改为永川县甲种农业学校
实业学堂	四川合川	1909	1914 年改为合川县立乙种农业学校
初等农业学堂	四川荣县	1909	学生 67 人
初等农业学堂	四川南部	1909	学生 52 人
初等农业学堂	四川雷波	1909	学生 27 人

续表

校名	地区	成立时间	开办情况
省立中等农业学堂	湖北	1909	由梅光羲设立，学生60人，教员17人
初等农业学堂	湖北天门	1909	教员4人
初等农业学堂	湖北郧阳	1909	教员6人
高等农业学堂	安徽	1910	由全皖共和急进会会长徐光模等呈请创办
女子蚕业讲习所	江西南昌	1910	1915年改为江西省女子甲种职业学校
官立中等实业学堂	河南汝南	1910	
农业学堂	山东齐河	1910	1912年改为蚕业学校
中等农业学堂	四川夔州	1910	调高等学堂学生60人入学
高等实业学堂	四川西充	1910	以复式蚕桑传习所改办
初等农业学堂	四川邻水	1910	招收学生120人
中等实业学堂	四川龙安	1910	加抽肉厘分拨学堂
初等农业学堂	四川东乡	1910	县府筹拨常款开办
实业学堂	四川江油	1910	1914年改为江油县立乙种农业学校
实业学堂	四川遂宁	1910	1914年改为遂宁县立乙种农业学校
实业学堂	四川长寿	1910	1914年改为长寿县立乙种农业学校
农业讲习所	广东	1910	由农业试验场发展而来
浙江高等农业学堂	浙江	1910	1910年为筹办时间，开学时间不详
阳夏中等农工学堂	湖北汉阳	1910	分农、林、工三班，学生180人，教员16人
官立中等农业学堂	湖北施南	1910	商会总董王维藩赞助，学生60人，教员6人
中等农业学堂	湖北安陆	1910	附设于官立中等学堂
省立第一农科职业学堂	黑龙江	1911	
肇州县立农科职业学堂	黑龙江	1911	
乙种农业学校	山东阳信	1911	
乙种农业学校	山东临沂	1911	
初级农业学堂	山东德州	1911	
初级农业学堂	山东德平	1911	1913年改为乙种农业学校
公立中等农业学堂	四川永川	1911	注重学生的实习
农蚕学堂	四川丹棱	1911	禀报成立，开学在案
农蚕学堂	四川彭山	1911	禀报成立，开学在案
农蚕学堂	四川青神	1911	禀报成立，开学在案

续表

校名	地区	成立时间	开办情况
农业学堂	四川屏山	1911	截留公费以作学堂常款
初等农业学堂	四川灌县	1911	暂附于高等小学内开班授课
农业学堂	四川大足	1911	设树畜、水利、养麦、治稻等学科
初等实业小学堂	新疆皮山	清末	
蚕桑实业学堂	新疆和阗	清末	
农业学堂	新疆库尔喀	清末	
农业学堂	新疆喇乌苏	清末	
陕西农业学堂	陕西	清末	1912 年改为甲种农业学校
农业学堂	陕西	清末	1912 年改为甲种农业学校
南郑初等农业学堂	陕西	清末	1912 年改为乙种农业学校
苏州农业学堂	江苏苏州	清末	1912 年改为省立第二农业学校
淮阴农业学堂	江苏淮阴	清末	1913 年改为江苏省立第三农业学校
上海私立女子蚕业学堂	上海	清末	1912 年改为江苏女子农业学校
初等农业学堂	湖北襄阳	清末	有教员 7 人
初等农业学堂	湖北武昌	清末	附设于寒溪高等小学，学生二班，教员 6 人
初等农业学堂	湖北郧县	清末	学生 49 人，教员 7 人
初等农业学堂	湖北南漳	清末	学生 82 人，教员 6 人

原表说明：（1）凡史料称"筹办""拟办"等，未明确说明已设立者不录。（2）凡史料称"实业学堂"者，一般有三种情况：一是农业学堂；二是工商学堂；三是农工商混合学堂，凡未明确指出含有农科者皆不录。

原表资料来源：《张文襄公全集》《光绪朝东华录》《宣统政纪》《清德宗实录》《近代中国教育史资料：清末编》（日本版）、《教育杂志》《学部官报》《张之洞与湖北教育改革》《教育大辞书》《农工商部统计表》《第二次农工商部统计表》《四川官报》《广益丛报》《四川教育官报》《成都商报》《第一次中国教育年鉴》《第一次教育统计图表》《第二次教育统计图表》《第三次教育统计图表》《中华民国第四次教育统计图表》《中国现代化的区域研究——山东省》《中国近代农业史资料》《清朝续文献通考》《教育部行政纪要》《最近三十五年之中国教育》《中国职业教育简史》《中国近七十年来教育记事》。

说明：在原表基础上略做修正和补充。

资料来源：王笛：《清末民初我国农业教育的兴起和发展》，《中国农史》1987 年第 1 期，第 78—81 页。

　　但是由于统计信息交代不清，无法对各级农、工、商业学堂数和学生数进行横向比较。有学者指出："终清之世，全国计有实业学堂（包括农、工、商三种）254 所，学生 16649 人，与一般学校之百分比，约占 1%。"[①] 虽不能明确农业学堂的百分比，但是实业学堂在整个教育体系中的分量还是可见一斑。

　　同时也可以看出，这些农业学堂中以蚕业学堂居多。而这并不都是因为因地制宜而设，而是因为开办蚕业学堂比较省钱，所以各地就避难就易地选择了它。以此来"号称实业，敷衍门面"，而这已是当时"办理实业之通弊"[②]。

本章小结

　　"壬寅学制"对于农业教育的意义仅在于，作为实业教育的一部分，被正式列入学制系统之内。而与"壬寅学制"的昙花一现相比，"癸卯学制"并非如《第二次中国教育年鉴》所述，"惟修业年期略有变更"[③]，而是在内容上更加细化。"壬寅学制"里只字未提的"农业学堂"在该学制中得到较为详细的阐述。首次出现"农业学堂"名称的"癸卯学制"，被认为是中国历史上最长的学制系统，但是笔者认为并不适用于农业教育。通过分析，笔者还发现初等农业学堂与中等农业学堂之间不存在断层现象，清末农业学堂并没有享有与普通教育同等的待遇。

　　开设课程虽然基本照搬自日本，但也适当融入了诸如修身、中国文学和人伦道德等一些具有本土性的课程，一律没有读经课程。

　　清季在解决农业学堂师资匮乏问题时，采取了延聘外国农学教习和派遣学生出国学习农业再回国办学两种方式，但是时人很清楚这两种方式只能在短期内缓解这一问题，长远之计还是建立起自己的一套农业师资培养体系，以农业"师不外求为成效"，因而在农业教员养成所上明显比前两者考虑周

---

① 章之汶、郭敏学：《三十年来之中国农业教育》，《学思》1943 年第 12 期，第 3 页。
② 《学部通饬整顿筹划实业教育札文》，《直隶教育官报》1909 年第 20 期，第 35 页。
③ 民国政府教育部教育年鉴编纂委员会编：《第二次中国教育年鉴》，商务印书馆 1948 年版，第 1023 页。

详。但是结果并不理想。

清末农业学堂的经费来源主要有官款、官员富绅出资和适当收取学生学费三种途径。三种经费来源中哪种占主导地位，目前还没有足够的证据。就所掌握的资料看，官员富绅出资兴办较为普遍。

初、中等农业学堂数和学生数在1907—1909年这3年中有了较快增长，但是作为实业教育的一部分，在整个教育系统中所占比重仍然很少。同时笔者发现，这些农业学堂中以蚕业学堂居多。而这并不都是因为因地制宜而设，而是因为开办蚕业学堂比较省钱，所以各地就避难就易地选择了它。

兴学伊始，各项章程粗举大纲在所难免，而实业学堂章程较之他项学堂章程尤为简略，主管教育的各省提学司又缺乏必要的监督，因而导致办理农业学堂过程中谬误丛生。采用新式学制，奖励办法却与旧官制挂钩。如高等农业学堂学生毕业考试较好者列为举人，并授以适当官职。这种做法在农业教育开办之初，为了吸引学生，具有一定作用。但是长远看，如果一开始就在学生心目中树立官本位思想，对于农业本身是百害无利的。各级农业学堂在开办之初，没有统一的规划，只是笼统地说初中等农业学堂宜多设，高等农业学堂宜少而精。并没有如同罗振玉指出的农业学堂的设立，应等中学堂学生毕业，各省再开办高等农业学堂，附设教员养成所，然后初等农业学堂就可以设立这般清晰的思路。① 故该时期又被冠以"政治的农业教育时期"②。

---

① 罗振玉：《学部设立后之教育管见》，《教育杂志》（天津）1905年第17期，第17页。
② 陈隽人：《中国农业教育的经过与现状》，《清华周刊》1926年"纪念号增刊"，第131页。

第二章　农业教育的转向——北洋政府时期甲、乙种农业学校之农业教育

　　1912 年至 1916 年，民国政府颁布过两个教育宗旨。1912 年 9 月 2 日教育部公布教育宗旨：注重道德教育，以实利教育，军国民教育辅之；更以美感教育完成其道德。职业教育界人士认为，其中的"实利教育"意指"实业教育"。1915 年 1 月 22 日袁世凯颁布"教育纲要"，对于 1912 所定教育宗旨"重加申明，规定经纬体用，并标明实用主义"[①]。同年 2 月袁世凯根据"教育纲要"，颁定爱国、尚武、崇实、法孔孟、重自治、戒贪争、戒躁进七项为教育宗旨。关于"崇实"是这样解释的：

> 　　一曰物质之实，若数学科、理化科等，皆国民知识技能必需之科学也；不得徒事纸上之研究，必验之实际；以为利用厚生之道。一曰精神之实，若政治学、法律学、教育学等，皆立国之大本大原也，不得徒为理论之竞争，必体察国俗民情以定实地施行之准则。[②]

　　可见，这里的"崇实"指的是崇尚实用，相对于 1912 年的教育宗旨，"于实利之外，仍以实用统罩一切"[③]。虽然这两个宗旨"在教育实际上并未发生何种重大的影响"[④]，但是仍不失对于实业教育的提倡。

　　1914 年 7 月 11 日教令第九十七号公布的教育部官制，中央教育行政体系中，中等以下实业教育隶属于普通司，与小学科、中学科和师范科并列，高等以上专门教育则隶属于专门司（见图 2-1）。而清末实业教育专属于"实业司"，与普通司并列。

---

①　民国政府教育部编：《第一次中国教育年鉴》甲编，开明书店（上海）1934 年版，第 4 页。
②　民国政府教育部编：《第一次中国教育年鉴》甲编，开明书店（上海）1934 年版，第 6 页。
③　舒新城编：《近代中国教育思想史》，中华书局（上海）1932 年第 2 版，第 152 页。
④　陈翊林：《最近三十年中国教育史》，太平洋书店（上海）1932 年第 3 版，第 176 页。

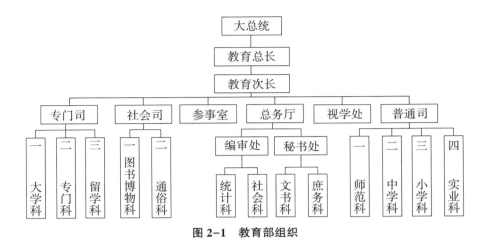

图 2-1　教育部组织

资料来源：民国政府教育部编：《第一次中国教育年鉴》甲编，开明书店（上海）1934 年版，第 37 页。

1912 年至 1913 年民国政府陆续颁布了学校系统和各种学校令与规程，因此称为"壬子癸丑学制"。其中，1913 年 8 月 4 日公布的《实业学校令》和《实业学校规程》对农业教育作了详细阐述。

一、制度调整——"壬子癸丑学制"中农业教育的缩减

农业学校以教授农业必需的知识、技能为目的，分为甲、乙两种。甲种农业学校修业年限 4—5 年，相当于中学校，学生年龄在 14 岁以上，高等小学毕业或经试验有同等学力者可以入读；乙种农业学校修业年限 3 年，相当于高等小学，学生年龄在 12 岁以上①，有初等小学毕业或具有同等学力者得以入读。农业学校还可以根据地方情况，酌设农业补习科②，修业年限 2 年以

---

①　据《教育部通咨各省巡按使申明部章并饬甲乙种实业学校认真办理文》中"盖十二岁以上之规定，不过以十二岁为最低限"（见《政府公报》1915 年第 1027 号，第 39 页），12 岁以上应该包括12 岁。但又据教育部公布《小学校令》中"儿童满六周岁之次日起"接受初等小学教育算，4 年初等小学毕业的最小年龄可以是 10 岁（见《政府公报》1912 年第 152 号，第 7 页），并没有到 12 岁，那么如果要满足乙种农业学校年满 12 岁且初等小学毕业的入学条件，岂不是学生要等 1—2 年？这种规定本身的矛盾，在前一个学制中也同样存在。或许只能以"所注年龄，系略示标准，非限定某年龄入某种学校"（《教育部公布学校系统令》，《教育杂志》1912 年第 7 号，"法令"第 6 页）这样的理由来解释。同样的问题在甲种农业学校的入学年龄上也存在。

②　"农业补习科"课程较为简单，为"年齿已长欲图速成者设"。

内。此外还可在小学校、农业学校及其他学校内附设农业补习学校招收年满12 岁，初等小学毕业或未毕业但已过就学年龄者。"壬子癸丑学制"将高等农业教育从职业教育体系中分离出去，将农业教育限于中等以下。即此时高等教育中所设"农业科"和"农业专门学校"不再属于职业教育中农业教育的范畴。

民初农业学校设置相对于清末有以下特点：

首先，名称改变。1912 年 1 月 19 日，民国教育部颁布《普通教育暂行办法》改清末"学堂"称呼为"学校"①。顺此办法，清末时"农业学堂"的称呼在民初改为了"农业学校"。不仅如此，清末的"初等农业学堂"民初改为了"乙种农业学校"，而"中等农业学堂"则改为了"甲种农业学校"。"学堂"到"学校"称谓的改变可以看作新政府为了与前朝"划清界限"的一种姿态，但实际并无改变。而从初、中等农业学堂改称甲、乙种农业学校则有实质性的变化。

其次，办学目的改变。从清末"癸卯学制"农业教育系统（见图 1-3）可以清楚地看到，各级农业学堂都有升学的机会，而这在"壬子癸丑学制"中变成了不可能。因为民初农业教育是"专为不能升学的学生而设，不似前清各级实业学堂……以求造成实业专门人才"②。这被认为是"此次变更学制，在实业学校方面最大变动"③。体现在表面上就是前面提到的称谓的变化，民初教育部也曾解释"制定实业学校令之始，不沿中等初等之旧称而命名为甲种乙种，即表示甲种非乙种升学之阶"④。但事实上甲种农业学生还是给予升入农业专门学校的机会。⑤

最后，年限极大缩短。清末的高等农业学堂在"壬子癸丑学制"中被排除在了职业教育的范畴。这种改变应该被理解为农业教育办学目的的改变的顺应变动。从此以后，农业教育就专指中等以下。

综上所述，"壬子癸丑学制"中农业教育系统应如图 2-2 所示。

---

① 《普通教育暂行办法十四条》，《临时政府公报》1912 年第 4 号，第 3 页。
② 陈翊林：《最近三十年中国教育史》，太平洋书店（上海）1932 年第 3 版，第 280 页。
③ 民国政府教育部编：《第一次中国教育年鉴》丙编，开明书店（上海）1934 年版，第 374 页。
④ 《训令第 483 号［甲乙种（甲种）实业学校肄业生徒不得尽收乙种毕业各生仰各教育厅遵照］》，《教育公报》1919 年第 1 期，第 8 页。
⑤ 《教育公报》1916 年"临时增刊"，"吉林"第 7 页。

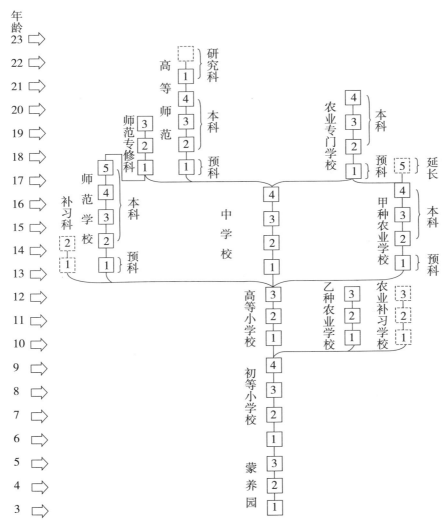

图 2-2 "壬子癸丑学制"农业教育系统

说明：（1）在林本的《五十年来我国的学制演进》一文"壬子癸丑学制系统图"基础上修改而成。（2）"所注年龄，系略示标准，非限定某年龄入某种学校"。见《教育部公布学校系统令》，《教育杂志》1912 年第 7 号，"法令"第 6 页。

资料来源：林本：《五十年来我国的学制演进》，载中国台湾地区教育部门教育研究委员会主编《中国学制改革之研究》，正中书局（台北）1984 年版，第 400 页。

完全切断各级农业教育之间的联系，显然是太武断了，在事实上也很难办到，很多甲种农业学校仍然招收乙种农业学校毕业生。自成系统式的农业教育，同时也切断了与中等教育之间的联系。农业学校学生不得转入普通中学读书，反之亦然。"但是学生的志愿，却没有分别得这样清楚。进中学的，依然想去谋生；进职业学校的，尚在希望升学。"① 学校为了迁就，不得不融通课程，从而导致学校办学目标的游离。

将高等农业教育排除在职业教育的范畴之外，是想更加明确农业教育的办学目的，让那些仅以农业教育为跳板，心不在农的学生早早断了念想。这一做法在当时是具有很强的现实意义的。从此以后，更被学界所认同的"职业教育"即继承了这一做法。

二、课程体系微调，教材缺乏本土化

（一）农业学校课程

1. 甲种农业学校

甲种农业学校实施"完全之普通"② 农业教育。

甲种农业学校的学科分为农学、森林学、兽医学、蚕学和水产学等科。修业年限预科 1 年，本科 3 年，还可根据情况延长 1 年。授课时间，除实习外，每周不得低于 28 小时。实习时数未定，但农学科每周不得低于 16 小时，蚕学科养蚕期停课 3 周以内。预科需要学习修身、国文、数学、理科、图画、体操等 5 科，并可酌加地理、历史、外国语、唱歌等 4 科目。本科通习科目有修身、国文、数学、物理、化学、博物、经济、体操、实习等 9 科，并可酌加地理、历史、外国语、法制大意、簿记、图画等 6 科。

农学科专修科目有土壤学、肥料学、作物学、园艺学、农产制造学、畜产学、养蚕学、病虫害学、气象学、农业经济、农业法规、森林学大意、兽医学大意、水产学大意等 14 科。

森林学科专修科目有造林学、森林保护学、森林利用学、森林测量学、

---

① 廖世承：《中学校与职业教育》，《教育与职业》1922 年第 33 期，第 61 页。
② 《实业学校令》，《政府公报》1913 年第 450 号，第 3 页。

森林工学、测树术及林价算法、林产制造学、林政学及森林法规、森林经理学、狩猎论、气象学、农学大意等12科。

兽医学科专修科目有解剖及组织学、生理及病理学、药物及调剂法、蹄铁法及蹄病论、内科学、外科学、寄生动物学、外科手术、产科及眼科学、兽医、警察法、卫生学、兽疫学、马学、畜产学、畜产法规、牧草论、农学大意等18科。

蚕学科专修科目有养蚕学、蚕体生理学、蚕体病理学、蚕体解剖学、制种学、细菌学、制丝法、桑树栽培法、土壤及肥料学、气象学、蚕业经济、蚕业法规、农学大意等13科。

水产学科专修科目有水产动物学、水产植物学、渔捞法、养殖法、制造法、细菌学、制造化学、船舶卫生及救济疗法、航海及渔船运用术、应用机械学、气象及海洋学、渔具制造大意、渔业经济、渔业法规等14科。

表2-1　清末中等农业学堂与民初甲种农业学校课程对比

科目	校别	预科课程	普通科（通习科目）	实习科（专修科）
农业（农学）	中等农业学堂	修身、中国文学、算术、地理、历史、格致、图画、体操等8门，并可加设外语	修身、中国文学、算学、物理、化学、博物、农业理财大意、体操等8科，此外还可根据地方情形加设地理、历史、外国语、法规、簿记、图画等6科	土壤、肥料、作物、园艺、农产制造、养蚕、虫害、气候、林学大意、兽医学大意、水产学大意、实习等12科
	甲种农业学校	修身、国文、数学、理科、图画、体操等6科，并可酌加地理、历史、外国语、唱歌等4科目	修身、国文、数学、物理、化学、博物、经济、体操、实习等9科，并可酌加地理、历史、外国语、法制大意、簿记、图画等6科	土壤学、肥料学、作物学、园艺学、农产制造学、畜产学、养蚕学、病虫害学、气象学、农业经济、农业法规、森林学大意、兽医学大意、水产学大意等14科

续表

科目	校别	预科课程	普通科（通习科目）	实习科（专修科）
蚕业 （蚕学）	中等农业学堂	修身、中国文学、算术、地理、历史、格致、图画、体操等8门，并可加设外语	修身、中国文学、算学、物理、博物、农业理财大意、体操等7科，此外还可根据地方情形加设地理、历史、外国语、法规、簿记、图画等6科	蚕体解剖、生理及病理、养蚕及制种、制丝、桑树栽培、气候、农学大意、实习等8科
	甲种农业学校	修身、国文、数学、理科、图画、体操等6科，并可酌加地理、历史、外国语、唱歌等4科目	修身、国文、数学、物理、化学、博物、经济、体操、实习等9科，并可酌加地理、历史、外国语、法制大意、簿记、图画等6科	养蚕学、蚕体生理学、蚕体病理学、蚕体解剖学、制种学、细菌学、制丝法、桑树栽培法、土壤及肥料学、气象学、蚕业经济、蚕业法规、农学大意等13科
林业 （森林学）	中等农业学堂	修身、中国文学、算术、地理、历史、格致、图画、体操等8门，并可加设外语	修身、中国文学、算学、物理、博物、农业理财大意、体操等7科，此外还可根据地方情形加设地理、历史、外国语、法规、簿记、图画等6科	造林及森林保护、森林利用、森林测量及土木、测树术及林价算法、森林经理、气候、农学大意、实习等8科
	甲种农业学校	修身、国文、数学、理科、图画、体操等6科，并可酌加地理、历史、外国语、唱歌等4科目	修身、国文、数学、物理、化学、博物、经济、体操、实习等9科，并可酌加地理、历史、外国语、法制大意、簿记、图画等6科	造林学、森林保护学、森林利用学、森林测量学、森林工学、测树术及林价算法、林产制造学、林政学及森林法规、森林经理学、狩猎论、气象学、农学大意等12科
兽医业 （兽医学）	中等农业学堂	修身、中国文学、算术、地理、历史、格致、图画、体操等8门，并可加设外语	修身、中国文学、体操等3科。此外还可根据地方情形加设地理、历史、外国语、法规、簿记、图画等6科	生理、药物及调剂法、蹄铁法及蹄病治法、内科、外科、寄生动物、畜产、卫生、兽疫、产科、剖检法、实习等12科

科目	校别	预科课程	普通科（通习科目）	实习科（专修科）	
水产业（水产学）	甲种农业学校	修身、国文、数学、理科、图画、体操等6科，并可酌加地理、历史、外国语、唱歌等4科目	修身、国文、数学、物理、化学、博物、经济、体操、实习等9科，并可酌加地理、历史、外国语、法制大意、簿记、图画等6科	解剖及组织学、生理及病理学、药物及调剂法、蹄铁法及蹄病论、内科学、外科学、寄生动物学、外科手术、产科及眼科学、兽医、警察法、卫生学、兽疫学、马学、畜产学、畜产法规、牧草论、农学大意等18科	
	中等农业学堂	修身、中国文学、算术、地理、历史、格致、图画、体操等8门，并可加设外语	修身、中国文学、算学、地理、物理、化学、博物、图画、水产业法规及惯例、理财学大意、水产学大意、体操等12科，但只有修身和中国文学为必修，其余可适当加减	渔捞法、水产动物、水产植物、航海术、渔船运用术、气象学、海洋学、船舶卫生及救急疗治、实习等9科	渔捞
				水产制造法、水产动物、水产植物、细菌学大意、分析、机器学大意和实习等7科	制造
				水产养殖法、水产动物、水产植物、发生学大意和实习等5科	养殖
				航海术、渔船运用术、渔捞法、造船学大意、气象学、海洋学、外国语和实习等8科	远洋渔业
	甲种农业学校	修身、国文、数学、理科、图画、体操等6科，并可酌加地理、历史、外国语、唱歌等4科目	修身、国文、数学、物理、化学、博物、经济、体操、实习等9科，并可酌加地理、历史、外国语、法制大意、簿记、图画等6科	水产动物学、水产植物学、渔捞法、养殖法、制造法、细菌学、制造化学、船舶卫生及救济疗法、航海及渔船运用术、应用机械学、气象及海洋学、渔具制造大意、渔业经济、渔业法规等14科	

通过表 2-1 对比清末中等农业学堂课程，可以看出，民初甲种农业学校的课程与清末中等农业学堂相比，分科相同，且各科课程都由三部分组成，即预科课程、普通科（通习科）课程和实习科（专修科）课程。不同点有：民初的预科课程必修科减少，选修课增多，主要原因是民初预科只有 1 年，而清末是 2 年。民初的通习科采用了整齐划一的形式，即无论哪科所习普通科课程都一样，而清末在这方面则有所区分。除水产业外，民初的专修科比清末的实习科学习的科目多，并且没有单独开设实习科，只是总体上规定实习及实验时间，须占总授业时间五分之二以上。[①]

2. 乙种农业学校

乙种农业学校实施"简易之普通"[②] 农业教育。

乙种农业学校的学科分为农学、蚕学和水产学等科。修业年限 3 年。授课时间，除实习外，每周不得低于 24 小时。实习时数未定，但农学科每周不得低于 16 小时，蚕学科养蚕期停课 3 周以内。通习科目有修身、国文、数学、博物、理化大意、体操、实习等 7 科，并可酌加地理、历史、经济、图画等 4 科。

农学科专修科目有土壤学、肥料学、作物学、园艺学、病虫害学、养蚕学、家畜学、农产制造学、气象学、林学大意等 10 科。

蚕学科专修科目有养蚕学、蚕体生理及解剖学、蚕体病理学、制丝法、桑树栽培法、土壤及肥料学、气象学、蚕业法规、农学大意等 9 科。

水产学科专修科目有水产生物学、渔捞法、养殖法、制造法、船舶卫生及救济疗法、渔船运用术、气象及海洋学、渔具制造大意等 8 科。

表 2-2　清末初等农业学堂与民初乙种农业学校课程对比

科目	校别	普通科（通习科目）	实习科（专修科）	备注
农业（农学）	初等农业学堂	修身、中国文理、算术、格致、体操、地理、历史、农业、理财大意、图画等。除修身和中国文理属必修外，其余科目都可以根据地方情形加减	土壤、肥料、作物、农产制造、家畜、虫害、气候、实习等 8 科	各科还可斟酌地方情形加习一些相关科目
	乙种农业学校	修身、国文、数学、博物、理化大意、体操、实习等 7 科，并可酌加地理、历史、经济、图画等 4 科	土壤学、肥料学、作物学、园艺学、病虫害学、养蚕学、家畜学、农产制造学、气象学、林学大意等 10 科	无

---

① 《实业学校规程》，《政府公报》1913 年第 451 号，第 7—9 页。

② 《实业学校令》，《政府公报》1913 年第 450 号，第 3 页。

续表

科目	校别	普通科（通习科目）	实习科（专修科）	备注
蚕业（蚕学）	初等农业学堂	修身、中国文理、算术、格致、体操、地理、历史、农业、理财大意、图画等。除修身和中国文理属必修外，其余科目都可以根据地方情形加减	蚕体解剖、生理及病理、养蚕及制种、制丝、桑树栽培、气候、农学大意、实习等8科	各科还可斟酌地方情形加习一些相关科目
蚕业（蚕学）	乙种农业学校	修身、国文、数学、博物、理化大意、体操、实习等7科，并可酌加地理、历史、经济、图画等4科	养蚕学、蚕体生理及解剖学、蚕体病理学、制丝法、桑树栽培法、土壤及肥料学、气象学、蚕业法规、农学大意等9科	无
林业	初等农业学堂	修身、中国文理、算术、格致、体操、地理、历史、农业、理财大意、图画等。除修身和中国文理属必修外，其余科目都可以根据地方情形加减	造林及森林保护、森林利用、森林测量及土木、测树术及林价算法、森林经理、气候、农学大意、实习等8科	各科还可斟酌地方情形加习一些相关科目
林业	乙种农业学校	无	无	无
兽医业	初等农业学堂	修身、中国文理、算术、格致、体操、地理、历史、农业、理财大意、图画等。除修身和中国文理属必修外，其余科目都可以根据地方情形加减	生理、药物及调剂法、蹄铁法及蹄病治法、内外科、寄生动物、畜产、卫生、兽疫、产科、剖检法、实习等11科	各科还可斟酌地方情形加习一些相关科目
兽医业	乙种农业学校	无	无	无
水产学	初等农业学堂	无	无	无
水产学	乙种农业学校	修身、国文、数学、博物、理化大意、体操、实习等7科，并可酌加地理、历史、经济、图画等4科	水产生物学、渔捞法、养殖法、制造法、船舶卫生及救济疗法、渔船运用术、气象及海洋学、渔具制造大意等8科	无

通过表2-2对比可以看出，民初乙种农业学校与清末初等农业学堂课程

相比，相同点在于都将课程分为普通科（通习科目）和实习科（专修科）两类。不同点有：科目开设情况有所变化。民初比清末多了水产学，却少了林业和兽医业。这种变化的原因是认为林业和兽医业不适合"简易之普通"农业教育的教授。但其中毫无逻辑可言，难怪庄启会用嘲弄的口吻直呼："是真大惑不解者也。"① 实习科目有所增加，却少了变通。仅就两者都开设的农业与蚕业两科而论，从所列课程看，民初比清末都多了几门，但是清末还留有伸缩余地，民初则无说明。

甲种农业学校与乙种农业学校标榜不同的办学目的，前者为"完全之普通"农业教育，后者"简易之普通"农业教育。表面看，似乎有理。对于这种区分，庄启却一针见血地指出："凡欲在世界具人格者，必受中学以下之教育（法文所谓 Etude d'humanité），而全世界惟此为普通教育。无论欲得何种实业之知识，非先具有此种普通教育，不能受教。下令既杜撰普通实业，又别之为完全为简易，是必仅识'普通''完全''简易'等华文字面而丝毫不解实业教育者之所为。"②

甲种农业学校与乙种农业学校设科的区别在于前者多了森林和兽医两科。庄启质问："乙种所无者，乃不能作简易之教授者乎？"③ 从前章可知，清末的初等农业学堂就曾开设过林业和兽医业两科。唯独到了这时以"简易"的名义取消，毫无道理可言。

所设课程方面，乙种农业学校开设的很多课程都不能与初等小学衔接。如小学所学国文仅能写百余字的短文，到了乙种实业学校则需要用它来学习专门学术；小学的算术不过只学了初步演算或初步代数，到了实业学校却马上跳跃到需要学习应用代数、几何、三角，甚至微积分；小学学习的外国文的程度仅限于读音、造句或写短文，到了初等实业学校就要求用外文授课等。④ 并且很多课程过于普通且繁杂，不切实用，并没有考虑各地农业发展的特殊性。⑤

---

① 庄启：《实业学校改制论》，《教育杂志》1916 年第 8 号，"言论"第 120 页。
② 庄启：《实业学校改制论》，《教育杂志》1916 年第 8 号，"言论"第 119 页。
③ 庄启：《实业学校改制论》，《教育杂志》1916 年第 8 号，"言论"第 120 页。
④ 庄启：《今日当以任何西文教授科学》，《教育杂志》1916 年第 4 号，"言论"第 61—67 页。
⑤ 后来有所改进，1918 年 1 月 18 日，教育部咨各省转饬各实业学校嗣后教授课程及设置科目等事，须按照地方情形及时势需要切实改进，并得照《实业学校规程》附则办理。见《教育杂志》1918 年第 2 号，"记事"第 9 页。

　　除此而外，清末农业学堂课程存在的问题在民初同样存在，如没有进一步规定各科目的教授时段和时数，而是任由各学堂酌情拟定。如表 2-3 所示为 1915 年龙江县立西路乙种农业学校自行拟定的农业科课程。所列科目与部颁学制完全一致，授课时间也达到规定的每周不得低于 24 小时，但在实习时间上并没有按照部颁每周不得低于 16 小时的标准。因为没有可资借鉴的标准，各科何时开设，每周应占多少学时等存在随意化倾向。

表 2-3　龙江县立西路乙种农业学校农业科课程

单位：小时

科目	第一学年周学时	第二学年周学时	第三学年周学时
修　身	1	1	1
国　文	6	4	2
数　学	6	4	4
博　物	2	1	1
理化大意		1	1
体　操	2	1	2
历　史	2	1	1
地　理	1	1	1
图　画	1	1	1
土　壤	1	1	1
肥　料	1	1	
作　物		2	1
园　艺	1	1	1
病虫害		1	1
养　蚕			1
家　畜		1	1
农业制造			2
气　象		1	1
林学大意		1	
实　习	12	12	12
合　计	36	36	35

　　资料来源：谢岚、李作恒主编：《黑龙江省教育史资料选编》上编，黑龙江教育出版社 1988 年版，第 960 页。

（二）农业学校教材

　　民初中央教育行政体系中总务厅下设编审处（见图2-1），并于1912年5月颁布《教育部审定教科图书暂行章程》，指出"所称教科用图书，关于师范学校、中学校、各种女学校者，指学生所用图书而言；关于小学校者兼指教师所用及学生所用图书而言"①。同年9月公布《审定教科用图书规程》，其中规定"（初等）小学、高等小学、中学校和师范学校教科用图书，任人自行编辑，惟须呈请教育部审定"②。从前文可知，实业学校与小学、中学和师范学校同属于普通司，但唯独没有把实业学校教科书列入审定范围。可能的原因是编审处精力有限，实业教育涉及的范围实在太广，无法驾驭。据《第一次中国教育年鉴》的记录，该阶段的教科书中专为农业学堂编印的几乎没有。③ 北京图书馆与人民教育出版社图书馆合编的《民国时期总书目（1911—1949）》也未见收录。④ 即便是普通科，1918年时还有乙种农业学校反映，诸如国文、历史、地理等，"坊间无此项专本……刻用商务书馆出版共和高小课本"⑤。但是据1915年的《龙江县立西路乙种农业学校章程》有"各科系采用商务印书馆高等小学课本，实习科系采用上海新学会社⑥乙种农业学课本"⑦ 的规定和黄炎培1914年9月24日参观省立女子蚕业讲习所，记录所用课本有新学会社出版的《制丝新论》。⑧ 可以推断，该时期还是有农业学校教材编印，如商务印书馆1916年出版的何述曾所编《土壤学》就是甲、

---

　　① 《教育部审定教科图书暂行章程》，《政府公报》1912年第25号，第7页。
　　② 《审定教科用图书规程》，《政府公报》1912年第25号，第1页。
　　③ 仅有1916年丁锡华编的《农业教科书》二册。见民国政府教育部编《第一次中国教育年鉴》戊编，开明书店（上海）1934年版，第125页。
　　④ 北京图书馆、人民教育出版社编：《民国时期总书目（1911--1949）：中小学教材》，书目文献出版社1995年版。
　　⑤ 《社员唐云卿函述涟水乙种农业学校办法》，《教育与职业》1918年第3期，"社务丛刊"第2页。
　　⑥ 新学会社，中国农业书局前身，由一批曾留学日本的人集资创立，负责人庄崧甫，宗旨是"出版新书，提倡新学，实现实业救国"。专门出版农业和园艺书籍，大都从日本译出。见周幼瑞《中国农业书局始末》，《世纪书窗》2000年第5期，第78页；谢菊曾《十里洋场的侧影——虹居随笔》，花城出版社1983年版，第85页。
　　⑦ 谢谢岚、李作恒主编：《黑龙江省教育史资料选编》上编，黑龙江教育出版社1988年版，第960页。
　　⑧ 徐汉三编：《黄炎培年谱》，文史资料出版社1985年版，第21页。

乙种农业学校教材，且封面印有"教育部审定"字样①，只是笔者目前无法进行全面统计。很多文章里描述各农业学校以油印讲义充当教材，但是这类资料现在已无法查证。可以预见的是这类讲义的质量难免良莠不齐，缺乏科学的考量。如邹秉文描述的，当时的甲种农业学校所用讲义"不取自农业专门学校，即译自外国农科大学"②。乙种农业学校又用本就不合时宜的甲种农业学校或农业专门学校的教材。③ 因此，农业学校教材的多寡我们姑且不论，即就教材的实用性论，缺乏适合中国农业发展的本土性农业教材。

三、师资标准出台，沿袭清末培养模式

1913 年 8 月 4 日公布的《实业学校规程》对于实业教育师资有以下要求：

第三条　甲种实业学校教员之资格如下：一、在国立专门学校毕业者；二、在外国专门学校毕业者；三、在高等师范学校毕业者；四、在教育部认定之公立、私立专门学校毕业者；五、有中等学校教员之许可状者；六、在甲种实业学校毕业，积有研究者。

第四条　乙种实业学校教员之资格如下：一、在甲种实业学校毕业者；二、在师范学校毕业者；三、有高等小学校正教员或副教员之许可状者；四、在乙种实业学校毕业、积有研究者。④

以上甲、乙种实业学校教员资格要求表明民初培养实业教育师资的途径可以有国内外专门学校、（高等）师范学校和甲、乙种实业学校。

1915 年 9 月 28 日教育部呈准《实业教员养成所规程》，10 月 1 日核准公布。该规程规定农业教员养成所以培养甲种农业学校教员为宗旨。附设于农业专门学校内，经费由省款支给。所学科目参照农业专门学校规程办理，但须酌加教育学、教授法等科。招收中等学校毕业或具有同等学力者。修业年

---

① 目前能查阅到的最早版本是 1921 年第 4 版，封面上印有"教育部审定"字样，并不能确定 1916 年第 1 版上是否同样有。见何述曾编《土壤学》，商务印书馆（上海）1921 年第 4 版。

② 邹秉文：《对于吾国甲种农校宗旨办法之怀疑》，《教育与职业》1921 年第 25 期，"附录"第 13 页。

③ 邹秉文：《吾国农业教育之现况及将来之希望》，《教育与职业》1922 年第 35 期，第 20—21 页。

④ 《实业学校规程》，《政府公报》1913 年第 451 号，第 6 页。

限 4 年。学生免费，但毕业后须在本省服务 3 年以上。① 同年 10 月 8 日，教育部通行各省《实业教员养成所规程》十一条。②

北洋政府时期，除 1916 年外，报部登记的实业学校教员人数每年都有增加，如表 2-4 所示。而这期间并无更加详细的关于农业教育教员人数的统计。仅有一表载明自 1912 年 5 月至 1916 年 7 月底，全国共有报部登记的甲种农业学校教员 528 人，乙种农业学校教员 487 人，均多于同期工、商业学校教员数。③ 但该表并没有说明统计方法，可信度值得商榷。

表 2-4　1912—1916 年全国实业学校教员数统计表

年度	种别	教员数
1912	甲种实业学校	1244
	乙种实业学校	799
1913	甲种实业学校	1422
	乙种实业学校	841
1914	甲种实业学校	1517
	乙种实业学校	982
1915	甲种实业学校	1562
	乙种实业学校	1144
1916	甲种实业学校	1388
	乙种实业学校	1100

资料来源：民国政府教育部编：《第一次中国教育年鉴》丙编，开明书店（上海）1934 年版，第 375 页。

四、明确经费来源

《实业学校令》中涉及教育经费的有：

第五条　实业学校以省经费设立者为省立实业学校，其以县经费或城镇、乡经费设立者，为县立或城镇、乡立实业学校。农、工、商会设立之实业学校，视该会性质系法律所认为公法人者，称公立

---

① 《新颁〈实业教员养成所规程〉》，《中华教育界》1915 年第 10 期，"教育纪事"第 9 页。
② 丁致聘编：《中国近七十年来教育记事》，国立编译馆 1935 年版，第 61 页。
③ 《全国实业学校一览总表》，《教育周报》1918 年第 212 期，第 22 页。

实业学校；为私法人者称私立实业学校。

第六条　实业学校以私人或私法人设立者，为私立实业学校。

第十条　实业学校学生应纳学费，但得视地方情形酌量减免。①

表 2-5　1912—1916 年全国中等教育各类学校学生数、
岁出数、生均经费数比较

年度	中学及其他			师范学校			甲种实业		
	学生数	岁出数（百分比）	生均经费数（中学；其他）	学生数	岁出数（百分比）	生均经费数	学生数	岁出数（百分比）	生均经费数（农业；工业；商业）
1912	59971	3296672（51.82%）	58.25；33.28	28605	2040387（32.07%）	71.33	14469	1024903（16.11%）	114.83；43.17；85.22
1913	72231	3849893（51.68%）	58.91；3.05	34826	2533110（34.01%）	72.74	10256	1065856（14.31%）	117.78；103.55；73.79
1914	82778	4612194（54.49%）	60.98；32.94	26679	2673632（31.59%）	100.22	9600	1177936（13.92%）	119.36；143.15；93.28
1915	87929	4920084（55.65%）	60.25；57.21	27975	2731209（30.89%）	156.47	10551	1190326（13.46%）	106.72；75.52；88.38
1916	75595	4200412（49.02%）	59.94；35.32	24959	3077746（35.92%）	123.31	10524	1290901（15.06%）	120.85；141.99；98.26

说明：本表根据民国政府教育部总务厅统计科编之《中华民国第五次教育统计图表（五年八月至六年七月）》。1914 年缺"绥远特别区域"（第467—468 页），1916 年缺四川、贵州、广西三省（"凡例"第 2 页）。

资料来源：民国政府教育部总务厅统计科编：《中华民国第五次教育统计图表（五年八月至六年七月）》，［1917 年版］，第 64、70、72 页。

可见，北洋政府时期农业学校的经费来源主要有官府、农会、私人和学费。此外，农业学校还有一部分实习收入。但学费可能在其中所占比重逐年

---

① 《实业学校令》，《政府公报》1913 年第 450 号，第 3—4 页。

减少，如 1915 年的《龙江县立西路乙种农业学校章程》规定学生不收学费，学生用书公费购买，其余文具纸笔墨自备。[1] 1918 年实业教育会议曾议决部分边远省份（广西、江西、东三省、陕西、甘肃、云南、贵州等）的实业学校给予公费。[2]

整个北洋政府时期，中央预算投入教育的平均值不到 3%。[3] 其中 1912 年为 2.3%，1913 年为 1.1%，1914 年为 0.9%，1916 年为 2.7%。[4] 而该时期实业教育在各中等教育中，教育经费所占比例最低，一直在 15% 左右。但若以生均教育经费计算，实业教育则一直处于较高位置（见表 2-5）。一方面说明甲种实业学校资金投入少，另一方面则说明创办甲种实业学校花费高。甲、乙种实业学校在北洋政府时期经费投入多没有太大增长，一直维持在一个较低水平，乙种实业学校生均教育经费低于甲种实业学校（见表 2-6）。

表 2-6　1912—1916 年实业学校概况

年度	校别	学生数	经费数	生均经费数
1912	乙种	17257	422623	24.49
	甲种	14469	1024903	70.83
1913	乙种	19534	511410	26.18
	甲种	10256	1065856	103.93
1914	乙种	22074	703218	31.86
	甲种	9600	1117936	116.45
1915	乙种	20667	599575	29.01
	甲种	10551	1190326	112.82
1916	乙种	19565	576430	29.46
	甲种	10524	1296901	123.23

说明：对部分计算有误的数据进行了修正。

资料来源：民国政府教育部编：《第一次中国教育年鉴》丙编，开明书店（上海）1934 年版，第 375 页；《第一次中国教育年鉴》丁编，开明书店（上海）1934 年版，第 133 页。

---

[1]　谢岚、李作恒主编：《黑龙江省教育史资料选编》上编，黑龙江教育出版社 1988 年版，第 961 页。

[2]　《咨广西、江西、东三省、陕西、甘肃、云南、贵州省长实业会议议决实业学生应给予公费请酌量核办文》，《教育公报》1918 年第 4 期，第 9—10 页。

[3]　苏云峰：《中国新教育的萌芽与成长（1860—1928）》，北京大学出版社 2007 年版，第 126 页。

[4]　据《民国财政史》数据计算所得。见贾士毅编《民国财政史》，商务印书馆（上海）1917 年版，第 1579—1648 页。

农业学校的统计，目前笔者只能找到 1915 年的数字。该年甲、乙种农业学校经费数分别为 203070 元和 143442 元，都高于同期工、商业学校经费数。甲种农业学校经费数最多的是河南省，因为该省有甲种农业学校 13 所。乙种农业学校经费数最多的是山东省，同样是因为开办乙种农业学校最多的原因。（见表 2-7 和表 2-8）

表 2-7　1915 年全国甲种实业学校一览

省份	校数				现有学生数				经费数			
	农	工	商	总	农	工	商	总	农	工	商	总
直隶	2	2	3	7	310	445	220	975	30000		3000	33000
山东	3	1	1	5	771	163	101	1035	12285			12285
山西	2			2	200		50	250	3500			3500
河南	13	1	2	16	1068	234	208	1510	41809	7500	9250	58559
江苏	5	2	3	10	826	292	334	1452				
浙江	2	1	2	5	268	306	265	839				
安徽	2			2	281			281				
江西	2	2	1	5	215	77	63	355				
湖南	3	4	1	8	427	699	265	1391	22999			22999
湖北	2	1	1	4	183	140	146	469	13380	25000	14000	52380
黑龙江	1	1		2	35	73		108		7500		7500
奉天	1	1	2	4	184	221	423	828	28266		29460	57726
吉林	1		1	2	65		36	101	23950		4828	28778
陕西	1	1		2	137	116		253	15000			15000
甘肃	1			1	40			40				
福建	2	1	2	5	388	301	236	925	18880		3600	22480
四川	1	1	2	4	34	75	273	382			15000	15000
广东	3		1	4	304		190	494				
广西	1	1		2	72	98		170				
云南	1	1		2	209	392		601		3738		3738
贵州	1			1	98			98	16000			16000
绥远		1		1		6		6		1440		1440
合计	50	22	22	94	6115	3638	2810	12563	203070	68177	79138	350385

说明：对部分计算有误的数据进行了修正。

资料来源：《教育部行政纪要》乙编，1916 年版，第 43—45 页。

表 2-8　1915 年全国乙种实业学校一览

省份	校数				现有学生数				经费数			
	农	工	商	总	农	工	商	总	农	工	商	总
京师	1			1	48			48				
直隶	2			2	71			71				
山东	55		3	58	1947		104	2051	68508		2660	71168
山西	9	2	9	20	319	53	359	731	6285	2000	8592	16877
河南	39	9		48	1256	338		1594	34436	5257		39693
江苏	6	4	9	19	373	177	481	1031	5920		8516	14436
安徽	1		1	2	59		40	99	1400		420	1820
江西	3			3	83			83	2024			2024
湖南	4	4	1	9	161	84	66	311	4337	1760	1519	7616
湖北	11	2	3	16	481	139	156	776	7606	3675	3500	14781
黑龙江	3	2	1	6	100	95	35	230		1300	3483	4783
奉天			4	4			143	143			1437	1437
四川	4			4	240			240	5230			5230
广东	1	2	2	5	40	132	76	248		4620	1690	6310
云南	33			33	1381			1381	7696			7696
合计	172	25	33	230	6559	1018	1460	9037	143442	18612	31817	193871

说明：对部分计算有误的数据进行了修正。

资料来源：《教育部行政纪要》乙编，1916 年版，第 45—46 页。

五、办学停滞不前

北洋政府时期编审处下设统计科（见图 2-1），对于各级各类教育进行了初步统计，虽然数据一如既往地不能让人信服，但还是可以从中大概了解农业教育的发展。该时期对于实业学校数与学生数的统计数字一直没有间断，但是更为细化的统计，如农、工、商业教育各自的数量，则只有部分年份有。

（一）甲种农业学校与学生

由于甲种实业学校所处的位置，很多时候都把它与中学和师范学校对比，从表 2-9 和表 2-10（由于数据不一致，所以须结合两表）可以看出，该时段中等教育发展基本处于停滞不前的状态，各年之间学校数与学生数变化不大，各类学校之间的比例也基本保持原状。1912 年时甲种实业学校数占整个中等学校数的 9%，到了 1916 年仍然维持这个百分比。中学 1912 年时则占到了 60%，到了 1916 年因为师范学校的减少，上涨到 70%。鉴于这种不平衡状态，1915 年第一届全国教育会联合会大会议决案中提出各省所设甲种实业学校之数，当略与所设中学校为比例，务占两种学校总数十分之三以上。① 但是短期内并未改变。

表 2-9 1912—1916 年全国中等教育各类学校校数、学生数比较

年度	中学及其他		师范学校		甲种实业	
	校数	学生数	校数	学生数	校数	学生数
1912	500	59971	253	28605	79	14469
1913	643	72231	314	34826	82	10256
1914	784	82778	231	26679	82	9600
1915	803	87929	211	27975	96	10551
1916	653	75595	195	24959	84	10524

说明：本表根据民国政府教育部总务厅统计科编《中华民国第五次教育统计图表（五年八月至六年七月）》制成。1914 年缺"绥远特别区域"（第 467—468 页），1916 年缺四川、贵州、广西三省（"凡例"第 2 页）。

资料来源：民国政府教育部总务厅统计科编：《中华民国第五次教育统计图表（五年八月至六年七月）》，[1917 年版]，第 63—64 页。

表 2-10 1912—1916 年度全国中等学校概况

学年度	学校数				学生数			
	共计	中学	师范	职业	共计	中学	师范	职业
1912	832	500	253	79	97965	59971	28525	9469
1913	1039	643	314	82	117333	72251	34826	10256
1914	1097	784	231	82	119057	82778	26679	9600
1915	1110	803	211	96	126455	87929	27975	10551
1916	932	653	195	84	111078	75595	24959	10524

资料来源：民国政府教育部教育年鉴编纂委员会编：《第二次中国教育年鉴》，商务印书馆 1948 年版，第 1428 页。

---

① 《第一届全国教育会联合会大会议决案》，载邰爽秋等选编《历届教育会议议决案汇编》，教育编译馆（上海）1935 年版，第 12—13 页。

　　甲种农业学校数与学生数的具体情况只在 1915 年有记录（见表 2-11），但是这个记录并不能代表当时的真实情况，很多学校都没有报部备案。从仅有这些记录可以得出以下结论：报部备案的甲种实业学校中，甲种农业学校无论是学校数还是学生数，所占比重都是最大；22 个省设有甲种农业学校，其中河南最多。

表 2-11　1915 年全国甲种实业学校一览

省份	校数				现有学生数			
	农	工	商	总	农	工	商	总
直隶	2	2	3	7	310	445	220	975
山东	3	1	1	5	771	163	101	1035
山西	2			2	200		50	250
河南	13	1	2	16	1068	234	208	1510
江苏	5	2	3	10	826	292	334	1452
浙江	2	1	2	5	268	306	265	839
安徽	2			2	281			281
江西	2	2	1	5	215	77	63	355
湖南	3	4	1	8	427	699	265	1391
湖北	2	1	1	4	183	140	146	469
黑龙江	1	1		2	35	73		108
奉天	1	1	2	4	184	221	423	828
吉林	1		1	2	65		36	101
陕西	1	1		2	137	116		253
甘肃	1			1	40			40
福建	2	1	2	5	388	301	236	925
四川	1	1	2	4	34	75	273	382
广东	3		1	4	304		190	494
广西	1	1		2	72	98		170
云南	1	1		2	209	392		601
贵州	1			1	98			98
绥远		1		1		6		6
合计	50	22	22	94	6115	3638	2810	12563

　　说明：（1）对部分计算有误的数据进行了修正，但校数与现有学生数"合计"还是与别处对该年的统计不同。我们没有足够的证据证明孰对孰错，但庆幸二者之间的差异并没有大到影响分析。
（2）各省各项实业学校经报部存案者固多，迄未遵章呈报者尚复不少。
　　资料来源：《教育部行政纪要》，乙编，1916 年版，第 43—45 页。

另据1916年《全国教育行政会议各省区报告汇录》制成表2-12，再结合表2-9，所得结论与前文所述吻合。

表2-12　1916年各省农业教育状况

省份	校数	性质	科数	班数	人数	经费	备注
京师	1	私立甲种农业学校					由乙种改组而成，学生一班都50人
京兆	1	乙种农业学校（武清）	农学科	1	40	1258	蚕学科、水产学科尚拟增设
	1	乙种农业学校（顺义）	农业科	1	40	1100	
直隶	1	甲种农业学校	高等农科	1	27	35904	原系高等农业，现改为甲种所有
			甲种农科	1	28		
			甲种林科	1	25		
			甲种蚕科	1	26		
			农学预科	1	79		
			艺徒科	1	18		
	1	甲种水产学校	制造科	1	28	20000	还保留着清末的分科体系
			渔捞科	1	32		
			本科	1	26		
			预科	1	16		
	6	乙种农业学校			150	未详	
奉天							
吉林	1	省立甲种农业学校（附设乙种农科）					
	3	县立乙种农业学校（榆树、双城、扶余）					
黑龙江	1	省立甲种农业学校（附设乙种农科）	农科	1			
			林科	1			
	11	县立乙种农业学校（11县）		1			
山东	2	甲种农业学校			203	12460	
	2	私立乙种农业学校			60	885	
	59	公立乙种农业学校			2318	81924	
河南	5	省立甲种农业学校			460	36052	
	5	县立甲种农业学校			203	18375	
	41	县立乙种农业学校			1650	36090	
	1	私立乙种农业学校			20	523	

续表

省份	校数	性质	科数	班数	人数	经费	备注
山西	3	第一甲种农业学校（附设农业专校）					
		第二甲种农业学校		4	220	2400	
		第三甲种农业学校		2		2400	
	29	乙种农业学校			1037	13695	
江苏	1	省立甲种农业学校（江宁）	农科		187		
			林科				后改为农林科
	1	省立甲种农业学校（吴县）	农科		134		
			蚕科				后改蚕科为农蚕科
	1	省立甲种农业学校（淮阴）			149		
	1	（甲种）水产学校（宝山）	渔捞		102		还保留着清末的分科体系
			制造				
安徽	2	省立甲种农业学校	农科	9		27000	
			林科				
			蚕科				
		省立甲种农业学校（芜湖）	农科				
			蚕科				
	3	县立乙种农业学校					
江西	1	赣南道立甲种农业学校	赣县	1		4500	
	1	省立甲种农业学校					
	1	省立甲种林业学校					
	7	县立乙种农业学校					
福建	1	省立甲种农业学校		5		1432	
	1	省立甲种蚕业学校		4		669	
浙江	1	省立甲种农业学校	农科				
			林科				
	1	省立甲种蚕业学校					
	1	省立水产学校（海门）					
	10	县立乙种农业学校					
湖北	1	甲种农业学校			127	13488	
	16	乙种农业学校			450	14147	
湖南	1	甲种农业学校					
陕西	1	省立甲种农业学校			108	1600	

省份	校数	性质	科数	班数	人数	经费	备注
四川	16	营山联合甲种农业学校			61	1800	
		崇庆县立乙种农业学校			33	540	
		广汉县立乙种农业学校			50	3326	
		绵阳县立乙种农业学校			41	1832	
		安阳县立乙种农业学校			30	1318	
		江油县立乙种农业学校			36	3184	
		会理县立甲种农业学校			38	380	
		江津县立乙种农业学校			67	2998	
		长寿县立乙种农业学校			54	5000	
		梁县县立乙种农业学校			45	1300	
		乐山县立乙种农业学校			44	1338	
		南部县立乙种农业学校			71	2330	
		南充县立乙种农业学校			79	5991	
		遂宁县立乙种农业学校			15	995	
		筠连县立乙种农业学校			52	937	
		宜宾县立乙种农业学校			35	2000	
广东	1	广肇罗甲种农业学校（肇庆）			300		
	1	高州甲种农业学校（茂名）					
	1	公立乙种农业学校（临高县）			56		
广西	1	省立甲种蚕业学校（梧州）		2		10000	
云南	1	省立甲种农业学校	蚕科	4			
贵州	1	甲种农业学校					
合计	甲种：39						
	乙种：210						

说明：虽名为实业学校，未详细说明是否有农科者不录，拟筹设者不录。

资料来源：《教育公报》1916年"临时增刊"。

（二）乙种农业学校与学生

乙种实业学校由于开办条件较低，因而比甲种实业学校多（见表2-13）。与甲种农业学校一样，笔者只能找到1915年和1916年乙种农业学校报部备案的数量和分布情况。1915 年时只有 15 省设有乙种农业学校，较甲种农业学校数量多，但覆盖面窄了（见表 2-14）。同样的情况也可以从表 2-11 中得到印证。

表 2-13　1912—1916 年实业学校概况

年度	校别	校数	学生数
1912	乙种	346	17257
	甲种	79	14479
1913	乙种	399	19534
	甲种	82	10256
1914	乙种	443	22074
	甲种	82	9600
1915	乙种	489	20667
	甲种	96	10551
1916	乙种	441	19565
	甲种	84	10524

说明：对部分计算有误的数据进行了修正。

资料来源：民国政府教育部编：《第一次中国教育年鉴》丙编，开明书店（上海）1934 年版，第375 页；民国政府教育部编：《第一次中国教育年鉴》丁编，开明书店（上海）1934 年版，第 133 页。

表 2-14　1915 年全国乙种实业学校一览

省份	校数				现有学生数				毕业学生数			
	农	工	商	总	农	工	商	总	农	工	商	总
京师	1			1	48			48				
直隶	2			2	71			71				
山东	55		3	58	1947		104	2051	451			451
山西	9	2	9	20	319	53	359	731				
河南	39	9		48	1256	338		1594	333	61		394
江苏	6	4	9	19	373	177	481	1031	27	11	65	103
安徽	1		1	2	59		40	99				
江西	3			3	83			83				
湖南	4	4	1	9	161	84	66	311			43	43
湖北	11	2	3	16	481	139	156	776	85	29		114
黑龙江	3	2	1	6	100	95	35	230				
奉天			4	4		143		143			37	37

续表

省份	校数				现有学生数				毕业学生数			
	农	工	商	总	农	工	商	总	农	工	商	总
四川	4			4	240			240				
广东	1	2	2	5	40	132	76	248		5	7	12
云南	33			33	1381			1381	101			101
合计	172	25	33	230	6559	1018	1460	9037	997	106	152	1255

说明：（1）对部分计算有误的数据进行了修正。（2）各省各项实业学校经报部存案者固多，迄未遵章呈报者尚复不少。

资料来源：《教育部行政纪要》乙编，1916 年版，第 45—46 页。

本章小结

清末的"初等农业学堂"民初改为了"乙种农业学校"，而"中等农业学堂"则改为了"甲种农业学校"。"学堂"到"学校"称谓的改变，可以看作新政府为了与前朝"划清界限"的一种姿态，但实际并无改变。而从初、中等改称甲、乙种则有实质性的变化，即意在打破农业教育系统，割断各级农业教育的联系。但在事实层面很难办到。并且，甲、乙种农业学校教育目的不明确。

"壬子癸丑学制"将高等农业教育从职业教育体系中分离出去，将农业教育限于中等以下。即此时高等教育中所设"农业科"和"农业专门学校"不再属于职业教育中农业教育的范畴。这一改变一直延续下去。

农业学校教材的多寡我们姑且不论，即就教材的实用性论，缺乏适合中国农业发展的本土性农业教材。

民初培养实业教育师资的途径可以有国内外专门学校、（高等）师范学校和甲、乙种实业学校。但仍然沿袭清末的培养模式，以农业教员养成所为主。从已知的数据显示，该时期全国共有报部登记的甲、乙种农业学校教员人数，均多于同期工、商业学校教员数。

北洋政府时期农业学校的经费来源主要有官府、农会、私人和学费。此外，农业学校还有一部分实习收入。但学费可能在其中所占比重逐年减少。该时期实业教育在各中等教育中，教育经费所占比例最低，一直在 15% 左右。

但若以生均教育经费计算，实业教育则一直处于较高位置。从笔者所能查到的农业学校的统计数字显示，甲、乙种农业学校经费数均高于同期工、商业学校经费数。

北洋政府时期对于各级各类教育进行了初步统计，虽然数据一如既往的不能让人信服，但还是可以从中大概了解农业教育的发展。该时段中等教育发展基本处于停滞不前的状态，各年之间学校数与学生数变化不大，各类学校之间的比例也基本保持原状。甲种实业学校在整个中等教育中所占比重最低，虽然北洋政府有过试图改变这一状况的举措，但是情况并没有因此而改善。乙种实业学校由于开办条件较低，因而比甲种实业学校多，但覆盖面相对变窄。

第三章 农业教育的转型——军阀混战时期 农业学校之农业教育

1917 年至 1926 年仍属于北京政府时期，但由于军阀间的连年混战，故又称为"军阀混战时期"①。一般情况下，军阀很少关心教育和农业问题。有学者分析指出：

> 军阀的经济政策立足于全力保持其现有的实力。他们不得不采取适应战争的政策，要求以最大的努力使军队保持高度的备战状态。留恋本地区是不现实的，因为他们对该地区的管辖可以随时被终止。而且，从一个地区中能提取的财源是有限的，民族工业计划与军事用途都需要经费。更合理、更平衡地发展经济应该是长期稳定的，同时生产更多的枪炮和更多的黄油。但军阀们没有时间，他们要不断地警惕对其权力哪怕是一丁点的威胁，并全力弥补一切差距。如果他们投入长期的经济建设，就很可能在突然的军事行动中被敌人甩在后面，而不能收获他们的劳动果实。权力经常变化，专心于长期目标是危险的。
>
> 因此，军阀们不是通过发展工商业、改进教育和巩固农业的办法，提供能力和资源，创造真正的资本利润和积累，以达到长期产生更多的流动资本供应军队经费的政策，而是采取剥削的政策，虽然在短期内得到大笔款子，却很快耗尽了国民经济。②

---

① 学界多是将 1916—1928 年称为"军阀混战时期"，这里的划分更多考虑的是职业教育自身的内在变化，1917 年中华职业教育社的成立是个关键点，1926 年的职业教育从城市转向农村也是一个关键点。

② ［美］齐锡生：《中国的军阀政治（1916—1928）》，杨云若、萧延中译，中国人民大学出版社 1991 年版，第 165 页。

　　把所在辖区的权势看成"暂时的过客"①的军阀们自然就不会关心教育问题了。事实上他们中的很多人的确只是暂时的过客,据统计,"在军阀时期的 12 年(1916—1928),北京的中央政府始终动荡不定,前后共有 7 人任国家总统或临时执政,其中 1 人是两次出任,实际是 8 位国家首脑"②。

　　当然,并不是所有军阀都这样,比如阎锡山,虽然有学者指出:"就行政史而论,阎锡山大受吹捧的'村制',只不过相当于实质上的旧时帝国税政体制,加上自愿主义的自治外表,附以十进制户口单位的旧保甲监视系统的翻版而已。"③齐锡生也指出阎氏只是"有幸长期统治"④了山西这个地区。但是,布赖恩·克罗泽指出:"阎(锡山)和一般的军阀不同。一般的军阀是掠夺性的、破坏性的、自私自利的。而阎则以'现代的'或'社会的'军阀而闻名于世。他开办学校,促进卫生事业,禁止鸦片,修建公路和桥梁,并且采用各种方案开垦土地,灌溉土地,提高耕作水平。"⑤他对山西农业教育,乃至整个农村建设的发展都是值得深入研究的课题。⑥再比如,当时的河北省静海县在军阀混战时期(1916—1928)教育投资所占比重却比国民政府时期为大。⑦总之,"确有迹象表明,在这段时间(1916—1928)里,一些部的工作却取得相当成效。在教育部的集中领导下,初等、中等、高等教育机构的标准水平有了提高,入学人数也增多了"⑧。

　　综上所述,正如《剑桥中华民国史》所言:"军阀掠夺的方式及其所造成

---

①　[美]费正清编:《剑桥中华民国史:1912—1949 年》上卷,杨品泉等译,中国社会科学出版社 1994 年版,第 285 页。
②　[美]费正清编:《剑桥中华民国史:1912—1949 年》上卷,杨品泉等译,中国社会科学出版社 1994 年版,第 300—301 页。
③　[美]费正清、费维恺编:《剑桥中华民国史:1912—1949 年》下卷,刘敬坤等译,中国社会科学出版社 1994 年版,第 341 页。
④　[美]齐锡生:《中国的军阀政治(1916—1928)》,杨云若、萧延中译,中国人民大学出版社 1991 年版,第 169 页。
⑤　[美]布赖恩·克罗泽:《蒋介石传》,封长虹译,国际文化出版公司 2010 年版,第 63 页。
⑥　这方面已经有了一些成果。见韩玲梅《阎锡山实用政治理念与村治思想研究》,人民出版社 2006 年版。
⑦　[美]杜赞奇:《文化、权利与国家:1900—1942 年的华北农村》,王福明译,江苏人民出版社 2008 年版,第 60 页。
⑧　[美]费正清编:《剑桥中华民国史:1912—1949 年》上卷,杨品泉等译,中国社会科学出版社 1994 年版,第 260 页。

的灾难，任何时期的记述都不能适用于全国。"教育理应包括在内①，但"还是可以恰当地说，军阀混战给无数中国人直接或间接带来了恐怖与掠夺"②。

一、制度扩充——"壬戌学制"中农业教育的泛化

进入军阀混战时期，"壬子癸丑学制"的影响逐渐微弱。最恰当的例子莫过于1918年12月5日，教育部竟然咨各省区甲种实业学校招收学生，应以高小毕业者为原则，不得尽收乙种毕业学生，以便多入社会谋生，图社会事业之发展。③连教育部都忘记了曾在"壬子癸丑学制"中的规定，即甲、乙种实业学校不得互通。1917年，在黄炎培等人的倡导下，职业教育思潮兴起。1922年11月1日，颁布"在中国近代教育史上其地位实异于其他各次"④的《学校系统改革案》，即"壬戌学制"中，职业教育占有重要地位。⑤《学校系统改革案》提出七项标准：（1）适应社会进化之需要；（2）发挥平民教育精神；（3）谋个性之发展；（4）注意国民经济力；（5）注意生活教育；（6）使教育易于普及；（7）多留各地方伸缩余地。⑥该"标准"被看作该时期的

---

① 舒新城描述："当时（1919年）之教育部，其政令亦如北京政府，不能出北京城门，各省教育界就其所信而在其所主持的学校改订学年期间，试验新训育及教学方法——学生自治及设计教学盛行于八九年之间——者更不在少数。在这种自由的空气之中，所谓教育者，如果他也是不满意于现实的一分子，谁都会感着当前的教育有问题；为着要解决问题，谁也会本其自己的理想假设一些解决的方法。至于这方法是否真正适合当时社会的需要以至是否能解决其所感觉的问题，那又是另一个问题了。"见舒新城《我和教育——三十五年教育生活史（1893—1928）》，中华书局1945年版，第175页。"我们把当时（1922年左右）的学校，当作实验理想的自由园地而自由试验。"见舒新城《我和教育——三十五年教育生活史（1893—1928）》，中华书局1945年版，第195页。费正清也指出："农村复兴问题在这个时期（20世纪20年代）极受重视。"见［美］费正清《伟大的中国革命（1800—1985）》，刘尊棋译，世界知识出版社2000年版，第240页。
② ［美］费正清编：《剑桥中华民国史：1912—1949年》上卷，杨品泉等译，中国社会科学出版社1994年版，第311页。
③ 《教育杂志》1919年第1号，"记事"第3页。
④ 舒新城：《三十年来之中国教育》，载颜文初编《小吕宋华侨中西学校三十周年纪念刊》，小吕宋中西学校1929年版，第5页。
⑤ 1921年10月27日在广州召开全国教育会联合会第七次年会，主要讨论学制改革。黄炎培当选为提案审查长，并被选举为学制系统草案审查报告起草员之一（共有3人）。最后通过的《学制系统案》是1922年颁布的《学校系统改革案》的雏形。在这个学制中，职业教育占有重要地位。……它体现了黄炎培的职业教育思想。见金林祥主编《中国教育思想史》第三卷，华东师范大学出版社1995年版，第182页；《第七届全国教育会联合会纪略》，《教育杂志》1922年第1号。
⑥ 《学校系统改革案（教令第23号）》，《教育公报》1922年第10期，"法规"第1页。

"教育宗旨"①，其中也渗透着职业教育的因子。《学校系统改革案》中有关职业教育的说明有：

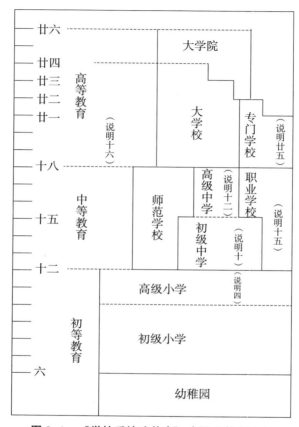

图 3-1　《学校系统改革案》中职业教育分布

资料来源：民国政府教育部编：《第一次中国教育年鉴》丙编，开明书店（上海）1934 年版，第 374 页。

一、初等教育

（四）小学课程得于较高年级，斟酌地方情形，增置职业准备之教育。

二、中等教育

（十一）初级中学施行普通教育，但得视地方需要，兼设各种职

① "除第六第七两项外，其余均近似教育宗旨"。见民国政府教育部编《第一次中国教育年鉴》甲编，开明书店（上海）1934 年版，第 8 页。

业科。

（十二）高级中学分普通、农、工、商、师范、家事等科，但得酌量地方情形，单设一科，或兼设数科。

（附注二）依旧制设立之甲种实业学校酌改为职业学校，或高级中学农、工、商等科。

（十五）职业学校之期限及程度，得酌量各地方实际需要情形定之。

（附注三）依旧制设立之乙种实业学校酌改为职业学校，收受高级小学毕业生，但依地方情形，亦得收受相当年龄之修了初级小学学生。

（十六）为推广职业教育计，得于相当学校内酌设职业教员养成科。

三、高等教育

（二十五）大学校及专门学校得附设专修科，修业年限不等（凡志愿修习某种学术或职业，而有相当程度者入之），如图 3-1 所示。①

对于农业教育，该学制并没有更为详细的类似"壬子癸丑学制"的《实业学校规程》的颁布。但是，根据《学校系统改革案》大致可归纳如下（见表 3-1）。

表 3-1　"壬戌学制"中农业教育设置

名称	年限	入学条件	程度
农业准备之教育	斟酌地方情形	斟酌地方情形	较高年级
农业学校或普通学校农业科	斟酌地方情形	收受高级小学毕业生，但依地方情形，亦得收受相当年龄之修了初级小学学生	初级中学
农业学校或高级中学农科	职业学校之限期及程度，得酌量各地方实际需要情形定之	酌量地方实际需要情形定之	酌量各地方实际需要情形定之
专修科	修业年限不等	凡志愿修习某种学术或职业，而有相当程度者入之	

说明：（1）此处的"农业教育"是大农业教育的内涵，不是本文所要论述的职业教育内的农业教育。（2）斜体部分为职业教育内的农业教育。

---

① 《学校系统改革案（教令第 23 号）》，《教育公报》1922 年第 10 期，"法规"第 2—4 页。

新学制虽然颁布，但是各地农业学校沿用甲、乙种农业学校名称的仍然很多，因此 1925 年曾规定统一职业学校名称，依规定各级农业学校均称为"职业学校农科"，附设于其他学校的农业学校称为"某校附设职业学校农科"，附设于某大学或专门学校的农业专修科称为"某大学或谋专门学校附设农业专修科"①。

与"壬子癸丑学制"相比，"壬戌学制"中农业学校设置有以下变化：

首先，名称再度改变。取消甲、乙种农业学校称谓，统一改称"农业学校"（原因见下一点）。

其次，外延扩大。体现在内容与体系两方面。内容方面将农业教育渗透进普通教育的各个阶段。② 体系方面打通各级职业教育之间的壁垒，使再次成为上下一贯的系统。既然壁垒打通，名称自然随之改变。

最后，自由度高。农业教育不再硬性规定入学年龄，入学条件也改为"斟酌地方情形"。

农业学校设置呈现出的特点，一方面是对之前学制存在问题的修正，而另一方面则是"中庸"之道的体现。众所周知，"壬戌学制"的颁布，经历了很长一段时间的公开讨论。这期间，站在各种立场发表的言论多如牛毛，而且立场间针锋相对的不在少数。以农业教育论，有主张取消甲种农业学校的，也有主张继续存在的；乙种农业学校的办学目的有主张培养"农工"的③，也有主张只是培养农业知识的传递者的④，等等。最终需要在众多议论中理出一条路线，牵绊在所难免，唯有尽量的粗枝大叶，模棱两可，方能博得满堂彩。这种折中做法，短期内也被时人归为"优点"，如潘文安认为："他（壬戌学制）的优点：在能纵横活动，不论什么地方，都可随社会需要，自定办法，预留伸缩的余地。"⑤ 殊不知，他们只是厌倦了之前学制的条条框框，想换换花样，于是过山车似的从一个极端滑向了另一个极端。等到一时

---

① 《教育部咨京兆尹、各省长、各都统为厘定职业学校名称文》，《政府公报》1925 年第 3373 号，第 10—11 页。
② 这点笔者认为是受白德斐影响，其在《改进中国农业与农业教育意见书》中有阐述。见〔美〕白德斐《改进中国农业与农业教育意见书》，民国政府教育部 1922 年版。
③ 邹秉文编：《中国农业教育问题》，商务印书馆（上海）1923 年第 2 版，第 9 页。
④ 王舜成：《农的教育》，载陈选善主编《职业教育之理论与实际》，中华职业教育社（上海）1933 年版，第 17—18 页。
⑤ 潘文安：《新学制与职业教育》，《教育与职业》1922 年第 33 期，第 25 页。

的快感消失，余下的又尽是失望。

此外，《学制系统草案》中还提到的（农业）补习学校①，颁布时却取消了。这是一种遗憾。

二、课程标准初拟，教材仍旧难觅

（一）农业学校课程

1922 年新学制颁布之初，尚无农业学校课程标准。1923 年 5 月 26 日召开的中华职业学校联合会第二届年会，议决通过中华职业教育社提出的《订定各种职业学校非职业学科之种类及分量案》，曾指出职业学校的科目为三种：一为职业学科，如农、工、商、家事等专科；二为职业基本学科，如农科须习生物及化学等；三为非职业学科，又分为公民、体育、音乐等艺术三类，其教学总时间至少应占 20%。② 1923 年 10 月，第 9 届全国教育会联合会议订新学制师范及职业科课程标准，把职业课程交托中华职业教育社草拟。职教社"阅时三年，开会十数次，专家数十辈"③，终于拟成，于 1925 年以《教育与职业》专号的形式发行《新学制职业科课程标准》一书。其中《农业科课程标准》两份，分别由过探先和王舜成草拟。④ 其中，过探先草拟的《农业科课程标准》曾预先在《申报》的《教育与人生》周刊公布⑤，力求广泛征求意见。从正式公布的情况看，二者并无差别。但过程中，中华职业教育社还是觉得不够"周备"，所以函征专家意见，于是有了时任江苏省立第二农业学校校长王舜成的一份。曾任江苏省立第一农业学校校长，时任东南大学农科教授的过探先所拟标准较之王舜成的更为详细，所以更具操作性。而王舜成的则更多的是自己学校实际层面的反映。陈宝泉指出："惟职业教育，各地各业之特殊情状不能强同，故开会三年，标准虽具，而课程无法规定。"⑥

---

① 《学制系统草案》，《教育杂志》1922 年"学制课程研究号"。

② 《各种职业学校非职业学科之种类及分量》，《教育与职业》1923 年第 46 期，第 37—39 页。

③ 易作霖：《本社编订新学制职业课程标准之经过》，《教育与职业》1924 年第 60 期，第 584 页。

④ 中华职业教育社编：《新学制职业科课程标准》，中华职业教育社 1925 年版，第 1—17 页。

⑤ 过探先：《新学制农业科课程标准草案》，《教育与人生》1924 年第 26 期，第 289—291 页。

⑥ 陈宝泉：《中国近代学制变迁史》，北京文化学社 1927 年版，第 224 页。

因此仅就学程年限作了规定（见图3-2）。"壬戌学制"自由度大的特点同样体现在农业教育课程方面。《新学制职业科课程标准》并不具有强制性，只是"草拟以供参考，实施时仍宜由当局自行酌定"①。但是该课程标准因时局关系②，多未见实行。③

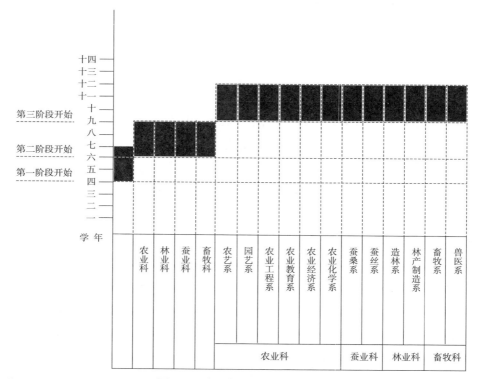

图3-2　农业教育各科学程年限

资料来源：陈宝泉：《中国近代学制变迁史》，北京文化学社1927年版，第224页后"各级各科职业学校学程年限图"。

对该时期农业教育课程虽不能做总体观察，但也能从时人论述中发现其存在的一些问题。陈隽人指出："就初级农校言，其缺点大抵在所授课目太

---

① 易作霖：《本社编订新学制职业课程标准之经过》，《教育与职业》1924年第60期，第584页。

② 对于此点周予同有更为详细的分析，他指出："当时国民革命军已起于两广，国内政治酝酿激烈的变化，北京政府既无力及此，而南方党员对于旧有教育社团人物亦多不满。"见周予同《中国现代教育史》，良友图书印刷公司（上海）1934年版，第303页。

③ 周思真：《中国教育及教育思想史讲话》，世界书局（上海）1943年版，第181页。

浅，而板滞不足为学生深道之预备，且又不切实田，学生不能归而实行。"① 这点与北洋政府时期正好相反。吴觉农指出："现在各学校虽有各种主要的科目，然大都注重在讲堂上的解说；甚至一部的普通作物已经讲授完了，而他们还不能自己去播秧、种稻；一部的果树园艺的讲义已经发完了，而还不能辨别苹果与梨杏，更说什么结枝与剪枝的深造？"② 农业实习科一直以来都饱受诟病，该时期也不能很好地解决。

（二）农业学校教材

1918 年时，教育部曾采纳全国实业学校校长会议意见，通令各省教育厅特设实业教育教材调查员，将调查结果一年一次编成表册，分发各校，借资参考。③ 但是据 1929 年时邹恩润的《十年来之中国职业教育出版物》一文记录，过去 10 年发行的职业教育教材总共只有 11 种，分别是中华职业教育社编辑的《书记之知能与任务》《职业概况》《小学校职业科教授要目草案》《初步木工学》《机械原件学》《职业应用文》《新学制职业科课程标准》和商务印书馆编行的《金木工及玻璃细工》《小件木器工作图及制造法》《纺织工业大要》《机器制造业大要》。④ 其中只有《新学制职业科课程标准》和《小学校职业科教授要目草案》含有农业教育内容，但也称不上农业教育教材。但是据笔者已掌握的资料显示，邹氏的记述显然是有误的。商务印书馆 1919 年时即再版何述曾的《土壤学》，标明"农业学校用书"。这一时期该馆还出版几种"初级农业职业学校教科书"，如《肥料学》《畜产学》和《农产制造学》等。中华书局也推出一批"新学制农业教科书"，如《中等园艺学》《中等蔬菜园艺学》《中等农业气象学》等。此外，新学会社也出版或再版多种农业教科书（见表 3-2）。但军阀混战时期更多时候还是以讲义形式进行农业教育。如森林教育多使用日文译来的讲义。⑤ 而讲义的问题前章已述，该阶段仍然存在。吴觉农 1925 年时即指出："全中国的农业学校⑥，不论其为大学、专

---

① 陈隽人：《中国农业教育的经过与现状》，《清华周刊》1926 年"纪念号增刊"，第 141 页。

② 吴觉农：《我国农业教育改造的途径》，《教育杂志》1925 年第 1 号，第 4—5 页。

③ 《教育杂志》1918 年第 3 号，"记事"第 16 页。

④ 邹恩润：《十年来之中国职业教育出版物》，《教育与职业》1929 年第 100 期，第 806 页。

⑤ 凌道扬：《最近之中国森林教育》，载廖世承编《中国职业教育问题》，商务印书馆（上海）1929 年版，第 93—94 页。

⑥ 此处为广义的"农业学校"。

门、中等、初级、更不论其为宜麦的北方、宜稻的南方，而且更不论其为中国有无这种种类，在全部的讲义中，大都是千篇一律。"①

表3-2　1917—1926年出版农业教科书举例

书名	年代	适用范围	性质	作者	出版社
《土壤学》（第2版）	1919	甲、乙种农业学校	教科书	何述曾	商务印书馆
《肥料学》	1926	初级农业学校	教科书	陆旋	商务印书馆
《中等园艺学》	1926	新学制农业学校	教科书	陆费执	中华书局
《中等蔬菜园艺学》	1926	新学制农业学校	教科书	顾华孙	中华书局
《农产制造学》	1926	农业学校	教科书	邹德谨	商务印书馆
《畜产学》	1918	初级农业学校	教科书	关鹏万	商务印书馆
《气象学》（第10版）	1926	高级农业学校	教科书	余宗农	新学会社
《实用气象学》	1923	水产、农业学校	教科书	徐金南	商务印书馆
《实用气象学》（第2版）	1924	水产、农业学校	教科书	徐金南	商务印书馆
《中等农业气象学》	1926	农业学校	教科书	倪慰农	中华书局
《中等农业经济学》	1925	农业学校	教科书	颜纶泽	中华书局
《林产制造学》	1922	甲种农业学校	教科书	马元恺	新学会社
《林产制造学》（第3版）	1926	甲种农业学校	教科书	马元恺	新学会社

说明：（1）"书名"如无说明，"年代"即指初版时间。（2）未说明为职业学校使用者，虽名称相同也不录入。

同时，该时期农业书籍可以部分弥补农业教材的欠缺。据中华职业教育社调查，至1922年4月止，全国职业教育书籍共有368种，其中农业类占52%有余，商业类占18%有余，工业类占16%有余，余为总论及其他。② 此后虽无确实调查，但是孙祖基1927年时断言，"现在职业教育的出版物，比较民国十一年（1922）至少可以增加二分之一以上"③。笔者也将会在第七章对该时期创办的《教育与职业》杂志进行"农业教育"类文章的计量统计分析。

---

① 吴觉农：《我国农业教育改造的途径》，《教育杂志》1925年第1号，第2页。
② 黄炎培：《读职业教育最近统计》，《教育与职业》1922年第37期，第2—3页。
③ 孙祖基：《十年来中国之职业教育》，《教育与职业》1927年第85期，第203页。

三、解决师资问题乏术

"壬戌学制"中对于农业教育师资培养的规定，仅有一句话，即为推广职业教育计，得于相当学校内酌设职业教员养成科。"相当学校内"的措辞，同样具有"自由度大"的特点。这种看似自由度大的规定，事实上是承认了之前学制职业教育师资的培养方式，或者是没有方式，没有任何改变。因为，正如庄泽宣指出："职业学科教员的养成，确是一个大问题。"[①] 而这一问题在农业教育就越发的大。合格的工、商业教员可以在较短时间内培养，但是农业性质决定了，农业教员的养成需要很长的周期。[②] 据中华职业教育社调查，1922 年左右全国只有农业教员养成所两所，分别是山东模范蚕业教员养成所和安徽安庆女子蚕桑师范讲习所。[③] 这一阶段具体的农业教员数，几乎没有统计。甲、乙种实业学校教职员数的统计也仅有 1922 年的，这一年甲、乙种实业学校教职员数分别是 3349 人和 2478 人。[④]

四、经费投入渐少

农业教育经费来源与北洋政府时期没有差别，不同的是，由于军阀混战的原因，对于职业教育经费的记录越发的减少，农业学校方面的数据更是"奢求"。目前为止，笔者仅查阅到 1922 年和 1925 年的部分数据。1922 年甲、乙种实业学校经费数分别为 2790005 元和 600476 元，在各级学校经费中位于倒数第三和倒数第一（见表 3-3）。

1925 年职业教育岁出经费数与 1922 年相比，减少了约 100 万，占中等教育岁出经费比重也从 19.89% 下降到 11.24%（见表 3-4）。笔者认为主要原因在于 1922 年新学制后，普通教育职业化吸纳了本该直接投入职业学校的经费。

---

① 庄泽宣：《职业教育概论》，商务印书馆（上海）1926 年版，第 41 页。
② 吴觉农：《我国农业教育改造的途径》，《教育杂志》1925 年第 1 号，第 2—3 页。
③ 《职业教育调查录》，《教育与职业》，1922 年第 35 期，第 44、49 页。
④ 《民国十一年度之几种全国教育统计表》，《教育杂志》1923 年第 10 号，"补白"。

表 3-3　1922 年全国各级学校经费数之统计

国民校	20759762 元	占 34.9%
高小校	10089731 元	占 17%
中学校	6600256 元	占 11.1%
师范校	4454265 元	占 7.5%
大学专门校	13950424 元	占 23.5%
甲种实业校	2790005 元	占 4.7%
乙种实业校	600476 元	占 1%
师范讲习所	179654 元	占 3%
总共	59424573 元	

说明：原表"总共"栏统计有误，进行了修正。

资料来源：《民国十一年度之几种全国教育统计表》，《教育杂志》1923 年第 10 号，"补白"。

表 3-4　1922 年和 1925 年中等教育岁出经费数

学年度	岁出经费数（元）		
	中学（百分比）	师范（百分比）	职业（百分比）
1922	6600256（47.06%）	4633919（33.04%）	2790005（19.89%）
1925	9540228（60.89%）	4368262（27.88%）	1760493（11.24%）

说明：这两年材料来自中华教育改进社。

资料来源：民国政府教育部教育年鉴编纂委员会编：《第二次中国教育年鉴》，商务印书馆 1948 年版，第 1428 页。

　　军阀混战时期教育文化经费预算占国家预算百分比的数据笔者无法查证，但可以肯定的是这个数字微乎其微。有学者通过对比后指出："合全国的各大中小学校，尚不及外国一大学校所耗的费用，怎能谈得到农业的改良？"[1] 而农业学校由于本身的性质决定，每校经费必然比其他类学校多，这就给推广带来更大的困难。于是有人主张将来不妨在小学内附设农业教员，既节省了经费，又培养了农业人才。[2] 甚或有人主张农业教育经费的筹措可以从庚子赔款退款、海关税、地方附加税和地主所得税中分用。[3] 设想很好，只是不能被执政者看到。

---

① 吴觉农：《我国农业教育改造的途径》，《教育杂志》1925 年第 1 号，第 9 页。
② 邹秉文：《吾国农业教育之现况及将来之希望》，《教育与职业》1922 年第 35 期，第 21 页。
③ 吴觉农：《我国农业教育改造的途径》，《教育杂志》1925 年第 1 期，第 9 页。

五、农业学校有所增加

科学的统计在民国时期本就缺乏，再加上军阀混战，使得这一行为更加困难。就笔者目前掌握的资料，军阀混战时期关于农业学校与学生的统计大致有以下一些统计数字，逐一分析。

教育部1918年对全国职业教育学校状况有过一次调查，得出全国甲乙种男女子农工商职业学校、职业补习学校、慈善性质之职业学校共531所。[①] 各分项具体数字不详。

邹秉文在《新学制实行后之各省农业教育办法》一文中提道："至1921年，全国共有……甲等农校79所，乙种农校328所。"[②]

黄炎培在《读职业教育最近统计》一文中指出据中华职业教育社调查，至1922年4月止，全国共有职业学校842所（包括甲乙种农工商业学校、职业学校、职业补习学校、慈善机构所设孤贫儿院等名称），其中农业学校占48%有余，商业学校占18%有余，工业学校占12%有余，余为其他。农业学校中有78%有余在城市，21%有余在乡村。[③] 笔者也根据这次调查的结果制成表3-5和表3-6，对于该时期甲、乙种农、工、商业学校比重和分布可以有比较直观的了解。

表3-5　1922年左右全国甲种实业学校一览

省份	校数			
	农	工	商	总
直隶	3	2	2	7
京兆	2		1	3
山东	3	2	1	6
山西	12	1	1	14
河南	13	1	2	16
陕西	2	1		3

---

① 黄炎培：《读职业教育最近统计》，《教育与职业》1922年第37期，第3页。
② 邹秉文：《新学制实行后之各省农业教育办法》，《农学》1923年第1期。
③ 黄炎培：《读职业教育最近统计》，《教育与职业》1922年第37期，第1—2页。

续表

省份	校数			
	农	工	商	总
甘肃	1	1		2
江苏	5	4	5	14
浙江	4	2	5	11
安徽	7	2	4	13
江西	4	2	2	8
湖南	5	4	2	11
湖北	1	1	2	4
四川	2	1	2	5
福建	3	2	2	7
广东	4	1	3	8
广西	1	1		2
黑龙江	1	1	1	3
云南	2	1		3
贵州	1	1		2
奉天	1	1	2	4
吉林	1	1	1	3
绥远		1		1
合计	78	34	38	150

资料来源：《职业教育调查录》，《教育与职业》1921 年第 31 期，1922 年第 32—35 期。

表 3-6　1922 年左右全国乙种实业学校一览

省份	校数			
	农	工	商	总
直隶	5	16	10	31
京兆	6	1	1	8
山东	75	1	15	91
山西	28	3	18	49
河南	63	10	2	75
陕西	21		1	22

续表

省份	校数			
	农	工	商	总
甘肃		3		3
江苏	22	14	28	64
浙江	16	1	7	24
安徽	7		8	15
江西	3	1	2	6
湖南	8	10	3	21
湖北	20	4	5	29
四川	4			4
福建	1		5	6
广东		3	3	6
广西		1		1
黑龙江	12	1	3	16
云南	33	1		34
贵州	3		1	4
奉天	4	1	4	9
吉林		1		1
绥远				
合计	331	72	116	519

资料来源：《职业教育调查录》，《教育与职业》1921 年第 31 期，1922 年第 32—35 期。

1923 年第 10 号《教育杂志》刊有 1922 年全国各级学校数与学生数统计表（见表 3-7 和表 3-8）。在该表中甲、乙种实业学校数居然超过了中学校数，值得商榷。

表 3-7　1922 年全国各级学校校数之统计

国民校	167076 校	高小校	10236 校
中学校	547 校	师范校	275 校
大学专门校	125 校	甲种实业校	164 校
乙种实业校	439 校	师范讲习所	110 所
总共		178972 校	

说明：原表"总共"栏统计有误，进行了修正。
资料来源：《民国十一年度之几种全国教育统计表》，《教育杂志》1923 年第 10 号，"补白"。

表 3-8　1922 年全国各级学校学生数之统计

国民校	5814375 人	高小校	582479 人
中学校	103385 人	师范校	38277 人
大学专门校	34880 人	甲种实业校	20360 人
乙种实业校	20467 人	师范讲习所	5569 人
总数		6619792 人	

说明：原表"总共"栏统计有误，进行了修正。

资料来源：《民国十一年度之几种全国教育统计表》，《教育杂志》1923 年第 10 号，"补白"。

邹秉文在《吾国农业教育之现况及将来之希望》一文中对 1922 年左右的农业教育做了以下分析：

> 甲种农校全国计共有 79 所，河南省最多，共有 13 所，山西次之，共 12 所，安徽 7 所，湖南 6 所，江苏、江西、直隶 3 省各 5 所，浙江 4 所，其余或 3 所 2 所 1 所不等。所可注意者，即全国各省中，竟无一省无甲种农校。[①]

> 乙种农校全国计共有 327（排版错误，据后表应为 329）所，山东最多，计共有 75 所，河南次之，共有 63 所，云南 33 所，山西 28 所，余省由 21 所至 1 所不等。惟甘肃、吉林、广西等 3 省，全省竟无 1 乙种农校。兹将各种农校分布于各省情形，列表如后（见表 3-9）。

表 3-9　1922 年左右全国甲、乙种农业学校数

校别	江苏	浙江	安徽	江西	湖北	湖南	四川	直隶	山东	山西	河南	陕西	甘肃	广东	福建	广西	云南	贵州	奉天	吉林	黑龙江	总计
甲种农校	5	4	7	5	1	6	2	5	3	12	13	2	1	3	3	1	2	1	1	1	1	79
乙种农校	20	15	7	3	20	7	3	11	75	28	63	21	2	1	1		33	3	4		12	329

资料来源：邹秉文：《吾国农业教育之现况及将来之希望》，《教育与职业》1922 年第 35 期，第 14 页。

---

① 邹秉文：《吾国农业教育之现况及将来之希望》，《教育与职业》1922 年第 35 期，第 13 页。

　　基本可以确定这些数据同样来自中华职业教育社连载于《教育与职业》上的《职业教育调查录》，但是与笔者的统计略微存在差异。

　　陈隽人在《中国农业教育的经过与现状》一文中又提道：

表 3-10　全国农业学校民国 12 年度之调查

省区 \ 等级	中等（甲种）	初等（乙种）
京兆	2	5
直隶	1	6
奉天	1	7
吉林	2	
黑龙江	1	11
山东	4	75
河南	14	49
山西	11	29
江苏	5	21
安徽	7	5
江西	4	2
福建	3	1
浙江	5	16
湖北	4	31
湖南	6	6
陕西	1	23
甘肃	1	
四川	1	3
广东	5	1
广西	1	
云南	2	28
贵州	1	3
总计	82	322

　　说明：水产学校不在内。初等（乙种）农业学校"总计"与所列不符，从前后文推断浙江省数量印刷错误，应为"16"。

　　资料来源：陈隽人：《中国农业教育的经过与现状》，《清华周刊》1926 年"纪念号增刊"，第 135—137 页。

据民国 12 年度，中华职业教育社之《全国职业教育统计表报告》，全国农业学校，占国内职业教育 48%，大学等级者 13 所（教会所设者亦在内），中学等级者有 82 所，初级农业蚕桑者有 322 所（见表 3-10）。

作者提到的"中华职业教育社之《全国职业教育统计表报告》"，笔者到目前还没有发现，但不排除就是连载于《教育与职业》上的《职业教育调查录》。同时，作者又模仿中华职业教育社书信调查的方式，对 1925 年左右全国农业教育状况做了一次统计，根据 1925 年夏至 1926 年春陆续得到的结果，制成表 3-11。并分析了与中华职业教育社两年前调查结果存在差异的原因。他认为："国内战争连延。交通被阻，调查通信因之遗失而无回复者，果为原因之一，然因政局多变，省库空虚，以致无人主持，等于无形消灭者，或完全停办者，实为主要原因也。"[①] 其实还有一个可能的原因，那就是中华职业教育社的那次调查同样未必准确。中华职业教育社在调查报告中就指出："遗漏舛误，必不能免。"[②]

表 3-11　1925 年夏至 1926 年春全国农业学校调查

省区	中等（甲种）			初等（乙种）		
	停办	无回音	存在	停办	无回音	存在
京兆		2			4	1
直隶		1			5	1
奉天	1				6	1
吉林		2				
黑龙江		1			11	
山东		4			72	3
河南		11	3	3	46	
山西	3	6	2	8	21	
江苏		2	3	1	19	1
安徽		7		1	3	1
江西		3	1		2	
福建		3			1	

① 陈隽人：《中国农业教育的经过与现状》，《清华周刊》1926 年"纪念号增刊"，第 137 页。
② 《职业教育调查录》，《教育与职业》1921 年第 31 期，第 1 页。

续表

省区	中等（甲种）			初等（乙种）		
	停办	无回音	存在	停办	无回音	存在
浙江	1	4		1	14	1
湖北		4		2	28	1
湖南	2	4			6	
陕西		1		1	21	1
甘肃		1				
四川		1			3	
广东		5			1	
广西		1				
云南		2			28	
贵州		1			3	
总计	7	66	9	17	294	11
百分比	8.5	80.4	10.9	5.3	91.3	3.4

说明：如按原表，中等（甲种）停办总计有误，但根据前后文推测疑印刷遗漏，奉天和浙江各为 1。

资料来源：陈隽人：《中国农业教育的经过与现状》，《清华周刊》1926 年 "纪念号增刊"，第 163—165 页。

中华教育改进社分别在 1922 年和 1925 年做了两次全国教育调查（见表 3-12）。《第一次中国教育年鉴》对这两次调查的评价是 "不甚精确"[①]。

表 3-12 1922 年和 1925 年全国中等学校状况

学年度	学校数				学生数			
	共计	中学	师范	职业	共计	中学	师范	职业
1922	1096	547	385	164	182804	118658	43846	20300
1925	1142	687	301	154	185981	129978	37992	18011

资料来源：民国政府教育部教育年鉴编纂委员会编：《第二次中国教育年鉴》，商务印书馆 1948 年版，第 1428 页。

黄炎培在《民国十年之职业教育》一文中提到 1918 年甲乙种农业学校分别为 56 所和 269 所，1921 年增加到 74 所和 311 所。[②]

---

① 民国政府教育部编：《第一次中国教育年鉴》丁编，开明书店（上海）1934 年版，第 75 页。

② 黄炎培：《民国十年之职业教育》，《教育与职业》1922 年第 32 期，第 1 页。

孙祖基在《十年来中国之职业教育》一文中提到中国职业教育机关 1922 年有 822 所，1923 年有 1194 所，1924 年有 1548 所，1925 年有 1666 所，1926 年有 1695 所。[①] 并指明统计来自中华职业教育社，据笔者已有资料对比，1922 年明显有误，应为 842 所。

综合以上各种统计，笔者制成表 3-13。

表 3-13　军阀混战时期实业学校状况

年度	甲种 农业学校		工业学校		商业学校		合计		乙种 农业学校		工业学校		商业学校		合计		总计 农业学校		工业学校		商业学校		合计	
	学校数	学生数	学校数	学生数	学校数	学生数	学校数	学生数	学校数	学生数	学校数	学生数	学校数	学生数	学校数	学生数	学校数	学生数	学校数	学生数	学校数	学生数	学校数	学生数
1918[(1)]	56								269														531	
1921[(2)]	79								328															
1921[(3)]	74								311														719	
1922[(4)]																	48%有余		12%有余		18%有余		842	
1922[(5)]	78		34		38		150		331		72		116		519									
1922[(6)]							164	20360							439	20467								
1922[(7)]	79								327															
1922[(8)]																	164	20300						
1923[(9)]	82								322															
1923[(12)]																							1194	
1924[(12)(13)]																							1548	
1925[(12)]																							1666	
1925[(10)]																	154	18011						
1926[(11)]	77								305															
1926[(12)]																							1695	

说明："总计"中的"合计"指一切职业教育性质学校。

资料来源：

（1）黄炎培：《读职业教育最近统计》，《教育与职业》1922 年第 37 期，第 3 页；黄炎培：《民国十年之职业教育》，《教育与职业》1922 年第 32 期，第 1 页。

（2）邹秉文：《新学制实行后之各省农业教育办法》，《农学》1923 年第 1 期。

---

①　孙祖基：《十年来中国之职业教育》，《教育与职业》1927 年第 85 期，第 200—201 页。

（3）黄炎培：《民国十年之职业教育》，《教育与职业》1922 年第 32 期，第 1 页；黄炎培：《民国十一年之职业教育》，《教育与职业》1922 年第 40 期，第 4 页。

（4）黄炎培：《读职业教育最近统计》，《教育与职业》1922 年第 37 期，第 1 页。

（5）《职业教育调查录》，《教育与职业》1921 年第 31 期，1922 年第 32—35 期。

（6）《民国十一年度之几种全国教育统计表》，《教育杂志》1923 年第 10 号，"补白"。

（7）邹秉文：《吾国农业教育之现况及将来之希望》，《教育与职业》1922 年第 35 期，第 13—14 页。

（8）（10）民国政府教育部教育年鉴编纂委员会编：《第二次中国教育年鉴》，商务印书馆 1948 年版，第 1428 页。

（9）（11）陈隽人：《中国农业教育的经过与现状》，《清华周刊》1926 年"纪念号增刊"，第 163—165 页。

（12）孙祖基：《十年来中国之职业教育》，《教育与职业》1927 年第 85 期，第 200 页。

（13）秦翰才：《民国十四年之职业教育》，《教育与职业》1926 年第 71 期，第 28—29 页。

从表中可以看出，即使是使用同一数据，在结果上也不尽相同。因此，对于这些统计，应持"仅供参考"的态度，正如庄泽宣所言：

中国职业教育机关的总数还没有精确的调查。照我们现在所知道的，民国七年（1918）教育部调查有 531 所；民国十一年（1922）中华职业教育社调查，有 842 所；到民国十二年（1923）该社又调查，共得 1194 所。但是全国职业学校的总数，是否在民国七年从 531 所增加到十一年的时候，就有 842 所；又从十一年的时候 842 所增加到十二年的时候 1194 所；这个问题，我们不能解决。因为民国十二年的 1194 所里面，也许有许多在十一年的时候已经成立而未经调查到的；至于民国十一年的 842 所里面，一定有许多是民国七年所没有调查到的。[1]

可见，表面上数字的增加也并不能作为证明变化材料。

值得注意的是，该时期对于农业学校毕业生出路的关注开始增多，还出现了专门针对农业学校毕业生出路的调查。如过探先的《我国农业教育的改进》一文就有农业学生出路统计表[2]；江苏省教育会每年例行调查中等学校毕业生出路一次，制有统计，刊入年鉴。[3]

[1] 庄泽宣：《职业教育概论》，商务印书馆（上海）1926 年版，第 43 页。
[2] 过探先：《我国农业教育的改进》，《教育杂志》1925 年第 1 号，第 7—10 页。
[3] 杨鄂联：《读江苏省中等学校毕业生出路统计》，《教育与职业》1926 年第 79 期，第 533 页。

本章小结

"壬戌学制"对于农业教育并没有更为详细的、类似"壬子癸丑学制"的《实业学校规程》的颁布。取消甲、乙种农业学校称谓，统一改称"农业学校"。内容方面将农业教育渗透进普通教育的各个阶段。体系方面打通各级职业教育之间的壁垒，使再次成为上下一贯的系统。农业教育不再硬性规定入学年龄，入学条件也改为"斟酌地方情形"。总之处处体现"自由度大"的特点。

农业学校设置呈现出的特点，一方面是对之前学制存在问题的修正，而另一方面则是"中庸"之道的体现。这种折中做法，短期内被时人归为"优点"。

本期首次拟定了农业学校课程标准，"壬戌学制"自由度大的特点同样体现在农业教育课程标准上。即并没有规定具体的课程，而只是就各科规定了学程年限。商务印书馆、中华书局和新学会社等出版社出版了一些农业教育教材，但是并未改变农业教育教材难觅的局面。

"自由度大"的特点在师资培养上同样得到体现。但是这种看似自由度大的规定，事实上是承认了之前学制职业教育师资的培养方式，或者是没有方式，没有任何改变。

农业教育经费来源与北洋政府时期没有差别，不同的是，由于军阀混战的原因，对于职业教育经费的记录越发的减少。就仅有的资料显示，该时期职业教育岁出经费数占整个中等教育岁出经费数的比重在减少。笔者认为主要原因在于1922年新学制后，普通教育职业化吸纳了本该直接投入职业学校的经费。

第四章　农业教育的立法——南京国民政府初期农业学校之农业教育

1927 年至 1936 年可算作南京国民政府初期，这期间南京国民政府出于种种原因，是有繁荣农村之意的，仅就教育而言就曾有"励行农村之义务教育及补习教育；利用地方公款，兴办各种农民补习学校；尽力宣传，使农民自动的筹办各种学校"的议决案①，但是"农村工作的纸上计划很少落实"②。为了得到各省的支持，南京国民政府将田赋让给各省，从而放弃了对不公平田赋制度彻底改革的努力。③ 而这被很多学者认为是改变农村的根本。其他的都是枝节，如职业教育之类。1928 年 5 月和 1930 年 4 月的两次全国教育会议宣言中，都能找到提倡职业教育的语句。第一次全国教育会议"大会宣言"里有"我们确认中小学教育，均应以培养生产技能为中心；惟各省区市县应于可能的范围内，单独设立特种职业学校，专授直接生产的技能。至于职业学校的设置，以适应地方需要及利用其环境为原则；注重实习，增加技能的熟练，并施行职业指导，为青年升学或择业的补助"。第二次全国教育会议宣言中有"我们在议决全方案时，有两点特别注意：一是依据事实需要，分定时期步骤。二是根据教育宗旨力求实现三民主义。……关于第二点，我们为求民生的发展，所以在各类的教育内，都注重科学实验，培养生产能力，养

---

① 《中国国民党第二次全国代表大会农民运动议决案》，《农民》1928 年第 2 期，第 8 页。
② ［美］费正清：《伟大的中国革命（1800—1985）》，刘尊棋译，世界知识出版社 2008 年版，第 267—268 页；如费孝通描述：就这个村子（指江村）而论，虽然新法律（1929 年颁布的新民法）已颁布 7 年（1929—1936），我尚未发现有向这一方向发生任何实际变化的迹象。（见费孝通《江村经济——中国农民的生活》，戴可景译，商务印书馆 2001 年版，第 83 页。）
③ ［美］费正清编：《剑桥中华民国史：1912—1949 年》上卷，杨品泉等译，中国社会科学出版社 1994 年版，第 106—107 页。

成职业技能"①。国民政府 1928 年 6 月 13 日公布《修正中华民国大学院组织法》，第八条规定"关于职业教育事项"属于普通教育处职掌范围（见图 4-1）。② 大学院改组教育部后，1931 年 7 月 6 日，国民政府公布的《修正教育部组织法》第九条同样规定关于职业教育事项属于普通教育司职掌范围（见图 4-2）。③

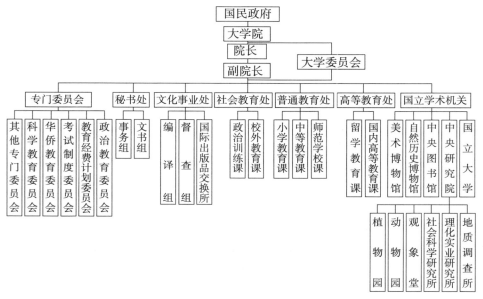

图 4-1　大学院组织

资料来源：民国政府教育部编：《第一次中国教育年鉴》甲编，开明书店（上海）1934 年版，第 45 页。

可见，国民党中央教育行政机关设有专司职业教育的部分，省市隶属于教育厅第一科或第二科，县市以下则无专门负责部门。中国国民党于 1929 年 3 月 15 日起，召开第三次全国代表大会。第十一次会议，议决教育宗旨：中华民国之教育，根据三民主义，以充实人民生活，扶植社会生存，发展国民生计，延续民族生命为目的；务期民族独立，民权普遍，民生发展，以促进

---

① 见民国政府教育部教育年鉴编纂委员会编《第二次中国教育年鉴》，商务印书馆 1948 年版，第 66、68 页。
② 民国政府教育部编：《第一次中国教育年鉴》甲编，开明书店（上海）1934 年版，第 44 页。
③ 民国政府教育部编：《第一次中国教育年鉴》甲编，开明书店（上海）1934 年版，第 47 页。

世界大同。同年4月26日，民国政府通令公布。[①] 杨鄂联解读："民生主义包含职业教育，而职业教育者，为达民生主义之一种方法，亦一种工具也。"[②]

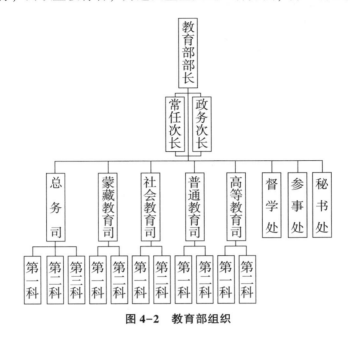

图4-2　教育部组织

说明：关于职业教育事项属普通教育司第一科。

资料来源：民国政府教育部编：《第一次中国教育年鉴》甲编，开明书店（上海）1934年版，第48—49页。

一、制度规避——"戊辰学制"中农业教育的轮回

南京国民政府成立后，于1928年5月召开第一次全国教育会议，会议修正通过程时煊、孟宪承同拟的《整理学校系统案》，定名"中华民国学校系统"，即"戊辰学制"。学制定有7项原则：（1）根据本国实情；（2）适应民生需要；（3）增进教育效率；（4）提高学科标准；（5）谋个性之发展；（6）使教育易于普及；（7）留地方伸缩可能。[③] 该原则与军阀混战时期的标

---

① 民国政府教育部编：《第一次中国教育年鉴》甲编，开明书店（上海）1934年版，第8页。
② 杨鄂联：《民生主义与职业教育》，《教育与职业》1927年第86期，第1页。
③ 初次议决只有6项，后来大学院增加了"提高学科标准"1项，合为7项。

准"大旨相同"①。系统中有关职业教育的有（如图4-3所示）：

一、初等教育

（三）小学校课程于较高年级，斟酌地方情形，增设职业准备学科。

二、中等教育

（九）初级中学施行普通教育。但得视地方需要，兼设各种职业科。

（十）高级中学，得分普通科，及农、工、商、家事、师范等职业科。但酌量地方情形，得单设普通科。

农工商师范等科，得单独设立为高级职业中学校，修业年限，以3年为原则。

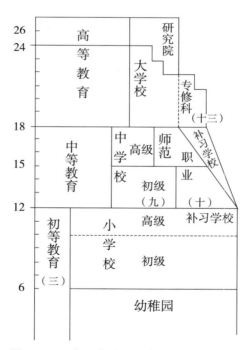

图4-3　"戊辰学制"系统中职业教育分布

---

① 陈青之：《中国教育史》，商务印书馆（上海）1936年第2版，第759页。

（十三）为推广职业教育计，得于相当学校内附设职业师资科。[1]

"对于职业与师范教育虽略有变更，而整个学制系统，仍不脱离美国式的制度。"[2] 此时，更为详细的"规程"还未颁布，可仍能从中归纳出农业学校系统（见表4-1），但该学制并未公布。

表4-1　"戊辰学制"中农业教育设置

名称	年限	入学条件	程度
农业科	斟酌地方情形	斟酌地方情形	高级小学
初级中学农业科		收受（高级）小学毕业或程度相当试验及格者	初级中学
农业学校高级中学农业科	3年	收受初级中学毕业或程度相当试验及格者	高级中学

1932年12月17日，南京国民政府公布《职业学校法》，次年3月18日，国民政府教育部根据该法订颁《职业学校规程》，即于该年8月1日起施行。1935年6月29日又颁《修正职业学校规程》，主要是对一些有歧义的语句进行了修正（见表4-2）。[3] 按照《修正职业学校规程》规定，农业学校实施下列六项训练：（1）锻炼强健体格；（2）陶融公民道德；（3）启发创业精神；（4）养成劳动习惯；（5）充实职业智能；（6）增进职业道德。

表4-2　《职业学校规程》与《修正职业学校规程》对照表

《职业学校规程》	《修正职业学校规程》
1933年3月18日教育部第2301号部令公布	1935年6月29日教育部第8860号部令公布
第一章　总纲	
第一条　本规程依据职业学校法第十六条之规定订定之。	第一条　本规程依据职业学校法第十六条之规定订定之。

---

① 中华民国大学院编：《全国教育会议报告》，商务印书馆（上海）1928年版，"乙编"第94—96页。

② 陈青之：《中国教育史》，商务印书馆（上海）1936年第2版，第797页。

③ 《修正职业学校规程》，《教育部公报》1935年第27/28期，第31—40页；《修正职业学校规程（二续）》，《教育部公报》1935年第29/30期，第24—31页；《修正职业学校规程（二续）》，《教育部公报》1935年第31/32期，第8—16页；民国政府教育部编：《职业教育法令汇编》，商务印书馆（上海）1936年第2版，第33—52页。

续表

《职业学校规程》	《修正职业学校规程》
第二条　职业学校为实施生产教育之场所，依照职业学校法第一条之规定以实施左列各项之训练： （一）锻炼强健体格； （二）陶融公民道德； （三）养成劳动习惯； （四）充实职业知能； （五）增进职业道德； （六）启发创业精神。	第二条　职业学校为实施生产教育之场所，依照职业学校法第一条之规定以实施左列各项之训练： （一）锻炼强健体格； （二）陶融公民道德； （三）养成劳动习惯； （四）充实职业知能； （五）增进职业道德； （六）启发创业精神。
第三条　职业学校分为初级职业学校高级职业学校。	第三条　职业学校分为初级职业学校高级职业学校。
第四条　初级职业学校，授与青年较简易之生产知识与技能，以养成其从事职业之能力。	第四条　初级职业学校，授与青年较简易之生产知识与技能，以养成其从事职业之能力。
第五条　高级职业学校，授与青年较高深之生产知识与技能，以养成实际生产及管理人才，并培养其向上研究之基础。	第五条　高级职业学校，授与青年较高深之生产知识与技能，**以养成其实际生产及管理能力**，并培养其向上研究之基础。
第六条　初级职业学校入学资格，须曾在小学毕业或具有相当程度年在十二足岁至十八岁者，修业年限一年至三年，遇必要时得酌量缩短之。	第六条　初级职业学校入学资格，须曾在小学毕业或具有相当程度年在十二足岁至十八岁者，修业年限一年至三年，遇必要时得酌量缩短之。
第七条　高级职业学校入学资格，须（一）曾在初级中学毕业或具有相当程度年在十五足岁至二十二岁者，修业年限三年；（二）曾在小学毕业，或具有相当程度年在十二足岁至二十岁者，修业年限五年或六年。	第七条　高级职业学校入学资格，须（一）曾在初级中学毕业或具有相当程度年在十五足岁至二十二岁者，**修业年限除法令别有规定者外均为三年**；（二）曾在小学毕业，或具有相当程度年在十二足岁至二十岁者，修业年限五年或六年。
第八条　职业学校以就某业中之一科单独设置为原则（如工业中之陶瓷、制革、染织、丝织、棉织、毛织等，农业中之牧畜、森林、蚕桑等），但经主管教育行政机关之特别核准，得兼设同一业之数科或得合设一业（如农、工、商、家事等）。	第八条　职业学校以就某业中之一科单独设置为原则（如工业中之陶瓷、制革、染织、丝织、棉织、毛织等，农业中之牧畜、森林、蚕桑等），但经主管教育行政机关之特别核准，得兼设同一业之数科或得合设**数业**（如农、工、商、家事等）。

续表

《职业学校规程》	《修正职业学校规程》
第九条　职业学校之单设一科者，称初级或高级某某职业学校，兼设二科者，称初级或高级某某二科职业学校，合设农业工业或商业二科以上者称初级或高级农业、工业，或商业职业学校，合设数业者称初级或高级某某业职业学校，合设初高两级者称职业学校。	第九条　职业学校之单设一科者，称初级或高级**某科职业学校**，兼设二科者，称初级或高级**某科职业学校，兼设二科以上者，称初级或高级某业职业学校**，合设数业者称初级或高级职业学校，合设初高两级者称职业学校。
第十条　职业学校得视地方需要，附设职业补习班或职业补习学校，**其办法另定之。**	第十条　职业学校得视地方需要，附设职业补习班或职业补习学校。
第十一条　各地初级职业学校，在尚未充分设置以前，得暂就小学附设职业班，视地方需要情形设置科目，其办法另定之。	第十一条　各地初级职业学校，在尚未充分设置以前，得暂就小学附设职业班，视地方需要情形设置科目，其办法另定之。
第二章　设置及管理	
第十二条　初级职业学校，以县市立为原则，其设立变更及停办，应先由县市主管教育行政机关，根据学校所在地及附近之经济、教育、实业、原料等实际状况，将计划或理由，呈请省教育厅核准后办理，并转呈教育部备案。 前项之初级职业学校，得因地方特别情形，由两县或数县联合设立之。	第十二条　初级职业学校，以**县立、市立**为原则，其设立变更及停办，应先由县市主管教育行政机关，根据学校所在地及附近之经济、教育、实业、原料等实际状况，将计划或理由，呈请省教育厅核准后办理，并转呈教育部备案。 前项之初级职业学校，得因地方特别情形，由两县或数县联合设立之。
第十三条　高级职业学校以省或直隶于行政院之市立为原则，其设立变更或停办，应由省市教育行政机关，根据学校所在地及附近之经济、教育、实业、原料等实际状况，将计划或理由呈请教育部核准后办理。 前项之高级职业学校，得因地方特别情形，经教育厅呈请教育部核准后，由县市设立之。	第十三条　高级职业学校以省或直隶于行政院之市**设立为原则，其设立，变更及停办，**应由省市教育行政机关，根据学校所在地及附近之经济、教育、实业、原料等实际状况，将计划或理由呈请教育部核准后办理。 前项之高级职业学校，得因地方特别情形，经教育厅呈请教育部核准后，由县市设立之。
第十四条　社团或工厂、商店、农场等职业机关或私人，均得设立职业学校，但须依照私立学校规程所规定之程序，并将计划或理由呈请省市教育行政机关核准后，始得办理，并呈报教育部备案。 公私立专科以上学校，附设职业学校之设置与管理，与公私立职业学校同。	第十四条　社团或工厂、商店、农场等职业机关或私人，均得设立职业学校，但须依照私立学校规程所规定之程序，并将计划或理由呈请省市教育行政机关核准后，始得办理，并呈报教育部备案。 公私立专科以上学校附设职业学校之设置与管理，与公私立职业学校同。

《职业学校规程》	《修正职业学校规程》
	第十五条　省立职业学校，以所在地地名名之县市立职业学校径称某某县市立某某职业学校。一地有立别相同之公立职业学校二校以上时，得以数字之顺序别之或以区域较小之地名为校名，联立职业学校，称某某数县联立某某职业学校；私立职业学校应采用专有名称，不得以地名为校名。
第十五条　公私立职业学校，应于每学期开始后一个月内，将左列各项，呈报主管教育行政机关，转报教育部备案： （一）本学期校长教职员学历、经历、职务、薪给、专任或兼任事项（遇必要时得仅呈报新旧教职员之变更事项）； （二）本学期新生、插班生、复学生、修学生、退学生及各级学生名册； （三）本学期经费、预算、学则、校舍及设备之变更事项； （四）前学期各级学生学业成绩表； （五）毕业生服务状况； （六）前学期经费收支项目，实习出品数量及销售状况。	第十六条　公私立职业学校，应于每学期开始后一个月内，将左列各项径呈或转呈各该省市主管教育行政机关备案： （一）本学期校长教职员学历、经历、职务、俸给、专任或兼任事项（遇必要时得仅呈报新旧教职员之变更事项）； （二）本学期新生、插班生、复学生、修学生、退学生及各级学生名册； （三）本学期经费、预算、学则、校舍及设备之变更事项； （四）前学期各级学生学业成绩表； （五）毕业生服务状况； （六）前学期经费收支项目，实习出品数量及销售状况。 前项第一款事项应由省市教育行政机关汇报教育部。其第二、三、四、五、六各款事项，并应造简表送部。
第三章　经费	
第十七条　省市立职业学校之开办、经常、临时各费，由省市款支给之，县市立或联立职业学校经费由县市款或联立各县县款支给之，私立职业学校经费，由校董会支给之。	第十八条　省市立职业学校之开办、经常、临时各费，由省市款支给之，县市立或联立职业学校经费由县市款或联立各县县款支给之，私立职业学校经费，由校董会支给之。
第十八条　职业学校各科各业开办费，须以能具有相当建筑物及充分设备为原则，其标准另定之。	第十九条　职业学校各科各业开办费，须以能具有相当建筑物及充分设备为原则，其标准另定之。
第十九条　初级及高级职业学校单科一学级之每年经常费，应参照当地省立初级及高级中学，各以增加百分之五十为原则。	第二十条　初级及高级职业学校单科一学级之每年经常费，应参照当地省立初级及高级中学，各以增加百分之五十为原则。

续表

《职业学校规程》	《修正职业学校规程》
第二十条　职业学校每年扩充设备费，至少须占经常费百分之二十。	第二十一条　职业学校每年扩充设备费，至少须占经常费百分之二十。
第二十一条　县立私立职业学校，如系经费支绌，得视其办理成绩，由省市酌给补助金。其补助标准，并得较高于补助中学之标准。 前项补助金之用途，以供给指定之职业设备及职业学科教员俸给为限。	第二十二条　县立私立职业学校，如系经费支绌，得视其办理成绩，由省市酌给补助金。其补助标准，并得较高于补助中学之标准。 前项补助金之用途，以供给指定之职业设备及职业学科教员俸给为限。
第二十二条　前条补助标准，由省市教育行政机关规定呈请教育部备案。	第二十三条　前条补助标准，由省市教育行政机关规定呈请教育部备案。
第二十三条　职业学校每年须有实习材料费，其款额视职业性质定之，如学校已有营业收入时，得减去实习材料费之一部或全部。	第二十四条　职业学校每年须有实习材料费，其款额视职业性质定之，如学校已有营业收入时，得减去实习材料费之一部或全部。
第二十四条　职业学校学生实习或营业所得之盈余，应列预算之内。	第二十五条　职业学校学生实习或营业所得之盈余，应列预算之内。
第四章　设备	
第二十五条　职业学校校址，宜择适宜于所设学科之地点： （一）各项农业职业学校，应设在农村； （二）各项工业职业学校，应设在有是项职业可资发展及改良之地方，或富有是项职业之原料可供制造，或有是项工厂，可供实习之地方； （三）各项商业职业学校，应设在都市之商业繁盛区域； （四）其他各科职业学校之校址，均须以适合所设学科之环境而便于实习者为原则。	第二十六条　职业学校校址，宜择适宜于所设学科之地点： （一）各项农业职业学校，应设在农村； （二）各项工业职业学校，应设在有是项职业可资发展及改良之地方或富有是项职业之原料可供制造，或有是项工厂，可供实习之地方； （三）各项商业职业学校，应设在**商业较繁盛之都市**； （四）其他各科职业学校之校址，均须以适合所设学科之环境而便于实习者为原则。
第二十六条　职业学校须有充分实习场所、图书、机械、仪器、标本、工作模型、消防设备等。 前项设备中之仪器、标本、**图表**、模型及校具等，其有能自制者应尽量由教员学生共同制作。	第二十七条　职业学校须有充分实习场所、图书、机械、仪器、**标本工作**、**模型**、消防设备等。 前项设备中之仪器、标本、**机械、工具**、模型及校具等，其有能自制者应尽量由教员学生共同制作。

续表

《职业学校规程》	《修正职业学校规程》
第二十七条　职业学校须具备左列各项重要表簿： （一）关于职业学校之法令统计等项； （二）学则（包含学校一切章程规则办法等）； （三）各年级课程表、各班每周教学时间表、教科用图书一览表； （四）教学进度预计表、实习方案； （五）学籍簿、出席缺席登记簿、操行考察簿、学业成绩表、身体检查表； （六）图书、机械、仪器、标本等目录； （七）产品登记簿、产品销售登记簿、营业概况簿； （八）财产目录； （九）预算表、决算表、各项会计表簿； （十）各项会议记录； （十一）其他。	第二十八条　职业学校须具备左列各项重要表簿： （一）关于职业学校之法令统计等项； （二）学则（包含学校一切章程规则办法等）； （三）各年级课程表、各班每周教学时间表、教科用图书一览表； （四）教学进度预计表、实习方案； （五）学籍簿、出席缺席登记簿、操行考察簿、学业成绩表、身体检查表； （六）图书、机械、**工具**、仪器、标本等目录； （七）产品登记簿、产品销售登记簿、营业概况簿； （八）财产目录； （九）预算表、决算表、各项会计表簿； （十）各项会议记录； （十一）其他。
第二十八条　职业学校必须之场所如左： （一）课室； （二）实验室（包括仪器、药品、标本等室）； （三）实习场所； （四）营业及推广部、合作社； （五）货样及成绩陈列室； （六）运动场及体育器械室； （七）图书室； （八）营业室及货品室； （九）成绩陈列室； （十）办公室； （十一）浴室； （十二）其他。	第二十九条　职业学校必须之场所如左： （一）课室； （二）实验室（包括仪器、药品、标本等室）； （三）实习场所； （四）营业及推广部、合作社； （五）货样及成绩陈列室； （六）运动场及体育器械室； （七）图书室； （八）营业室及货品室； （九）成绩陈列室； （十）办公室； （十一）浴室； （十二）其他。
第二十九条　职业学校各科之设备标准另定之。	第三十条　职业学校各科之设备标准另定之。
第五章　编制	
第三十条　职业学校学生，依课程进度，分为各年级。	第三十一条　职业学校学生，依课程进度，分为各年级。
第三十一条　职业学校每学籍学生人数，视实习设备之容量而定，以十五人至四十人为度。	第三十二条　职业学校每学籍学生人数，视实习设备之容量而定，以十五人至四十人为度。

《职业学校规程》	《修正职业学校规程》
第三十二条　职业学校之实习及练习学科，得视教学便利，合组上课。	第三十三条　职业学校之实习及练习学科，得视教学便利，合级上课。
第三十三条　职业学校学生，以男女分校或分班为原则。	第三十四条　职业学校学生，以男女分校或分班为原则。
第六章　科别及课程	
第三十四条　初级职业学校暂分为下列各科： （一）关于农业者　如普通农作（稻、棉、麦作等）、蚕桑、森林、畜牧、养殖、园艺等； （二）关于工业者　如藤竹工、木工、钣金工、电镀、简易机械工、电机、电料装置及修理、钟表修理、汽车修理、摄影、印刷、制图、染织、丝织、棉织、毛织、陶瓷、简易化学工业等； （三）关于商业者　如普通商业、簿记、会计、速记、打字、广告等； （四）关于家事者　如烹饪、洗涤、造花、缝纫、刺绣、理发、育婴、佣工等； （五）关于其他职业者　视地方需要酌量设立。	第三十五条　初级职业学校暂分为下列各科： （一）关于农业者　如普通农作（稻、棉、麦作等）、蚕桑、森林、畜牧、养殖、园艺**及其他**； （二）关于工业者　如藤竹工、木工、钣金工、电镀、简易机械工、电机、**电气**装置及修理、钟表修理、汽车**驾驶及**修理、摄影、印刷、制图、染织、丝织、棉织、毛织、陶瓷、简易化学、工业**及其他**； （三）关于商业者　如普通商业、簿记、会计、速记、打字、广告**及其他**； （四）关于家事者　如烹饪、洗涤、造花、缝纫、刺绣、理发、育婴、佣工**及其他**； （五）关于其他职业者　视地方需要，酌量设立。
第三十五条　高级职业学校分为下列各科： （一）关于农业者　如农业、森林、蚕桑、畜牧、水产、园艺等； （二）关于工业者　如机械、电机、应用化学、染织、丝织、棉织、毛织、土木、建筑、测量等； （三）关于商业者　如银行簿记、会计、速记、保险、汇兑等； （四）关于家事者　如缝纫、刺绣、看护、助产等； （五）关于其他职业者　视地方需要酌量设立。	第三十六条　高级职业学校分为下列各科： （一）关于农业者　如农业、森林、蚕桑、畜牧、水产、园艺**及其他**； （二）关于工业者　如机械、电机、应用化学、染织、丝织、棉织、毛织、土木、建筑、测量**及其他**； （三）关于商业者　如**银行**、**簿记**、会计、**文书**、速记、保险、汇兑、**运输及其他**； （四）关于家事者　如缝纫、刺绣、**护士**、助产**及其他**； （五）关于其他职业者　视地方需要酌量设立。
第三十六条　职业学校每周教学四十至四十八小时，以职业学科占百分之三十，普通学科占百分之二十，实习占百分之五十为原则，但商业家事等科，得酌减实习时间。	第三十七条　职业学校每周教学四十至四十八小时，以职业学科占百分之三十，普通学科占百分之二十，实习占百分之五十为原则，但商业家事等科，得酌减实习时间。 前项教学时间之百分比，得视各科性质，以各学年或各学期全部教学时间计算之。

《职业学校规程》	《修正职业学校规程》
第三十七条　职业学校每日教学及实习时间起讫，得由学校酌量规定，呈请主管教育行政机关核准。	第三十八条　职业学校每日教学及实习时间起讫，得由学校酌量规定，呈请主管教育行政机关核准。
第三十八条　职业学校之教学科目及课程标准，由教育部另定之。	第三十九条　职业学校之教学科目及课程标准，由教育部另定之。
第七章　实习	
第三十九条　职业学校之实习场所，应视环境及实际情形，采用下列方式： （一）由学校自设农场、工厂、商店等，及其他可供学生实习之场所； （二）由学校与同性质之农场、工厂、商店等联络合作，供给学生实习之场所； （三）由学校指定广大场所，学生自行组织、经营、耕种或其他工作。	第四十条　职业学校之实习场所，应视环境及实际情形，采用下列方式： （一）由学校自设农场、工厂、商店等，及其他可供学生实习之场所； （二）由学校与同性质之农场、工厂、商店等联络合作，供给学生实习之场所； （三）由学校指定广大场所，学生自行计划、组织、经营、耕种或其他工作。
第四十条　职业学校每次实习时间，以连续三小时或四小时为度。	第四十一条　职业学校每次实习时间，以继续三小时或四小时为度。
第四十一条　职业学校各科之教学，应以先实习后讲授为原则。	第四十二条　职业学校各科之教学，应以先实习后讲授为原则。
第四十二条　职业学校实习方式，分左列三种： （一）个别实习　如划区耕种、点件制作、指定事件等； （二）分组实习　如同级或异级学生，分组合种或合作； （三）共同实习　如同级或异级学生，合种或合作。	第四十三条　职业学校实习方式，分左列三种： （一）个别实习　如划区耕种、点件制作、指定事件等； （二）分组实习　如同级或异级学生分组合作； （三）共同实习　如同级或异级学生合作。
第四十三条　实习时须依照预定工作方案，次第实施，并记录其实习经过。	第四十四条　实习时须依照预定工作方案，次第实施，并记录其实习经过。
第四十四条　实习教材之分配，应先基本练习，次应用练习。	第四十五条　实习教材之分配，应先基本练习，次应用练习。
第四十五条　实习教材之应用练习，应以正确精细含有商品代价为主，但须避免过度之重复。	第四十六条　实习教材之应用练习，应以正确精细含有商品代价为主，但须避免过度之重复。
第四十六条　实习时教员应实际参加工作及指导。	第四十七条　实习时教员应实际参加工作及指导。

续表

《职业学校规程》	《修正职业学校规程》
	第四十八条　职业学校应就每级学生修业期间最后之暑假，举行假期作业，将平时所学习之各种技术方法，为最有效之总练习。
第八章　训练	
第四十七条　职业学校应注意学生之职业知能、职业道德、公民训练、体格锻炼、劳动习惯等。	第四十九条　职业学校应注意学生之职业知能、职业道德、公民训练、体格锻炼、劳动习惯**及创业精神之培养**。
第四十八条　初级职业学校应注意学生熟练技术能力之培养。	第五十条　初级职业学校应注意学生熟练技术能力之培养。
第四十九条　高级职业学校应注意学生熟练技术及管理能力之培养。	第五十一条　高级职业学校应注意学生熟练技术，**经营**及管理能力之培养。
第五十条　职业学校训练环境，应力谋与学生将来实际职业环境一致。	第五十二条　职业学校训练环境，应力谋与学生将来实际职业环境一致。
第五十一条　职业学校学生训育标准另定之。	第五十三条　职业学校学生训育标准另定之。
第九章　成绩考查及毕业	
第五十二条　考查学业成绩分左列三种： （一）临时试验　由教员随时举行之，每学期至少二次； （二）学期考试　于学期终举行之； （三）毕业考试　于修业期满时举行之。	第五十四条　考查学业成绩分左列三种： （一）临时试验　由教员随时举行之，每学期至少二次； （二）学期考试　于学期终举行之； （三）毕业考试　于修业期满时举行之。
第五十三条　学生平时成绩，由日常作业成绩（如实习、制图、报告、计划等）与临时试验成绩合并计算，日常考查成绩占平时成绩三分之二，临时试验成绩占三分之一。	第五十五条　学生平时成绩，由日常作业成绩（如实习、制图、报告、计划等）与临时试验成绩合并计算，日常作业成绩占平时成绩三分之二，临时试验成绩占三分之一。
第五十四条　学生学期成绩，由平时成绩与学期考试成绩合并计算，平时成绩占学期成绩三分之二，学期考试成绩占三分之一。	第五十六条　学生**各科**学期成绩，由**各科**平时成绩与学期考试成绩合并计算，平时成绩占学期成绩三分之二，学期考试成绩占三分之一。**每学生各科学期成绩之平均，为该生之学期成绩。**
第五十五条　学生毕业成绩，由各学期成绩与毕业考试成绩合并计算，各学期成绩占毕业成绩三分之二，毕业考试成绩占三分之一。	第五十七条　学生毕业成绩，由各学期成绩**平均**与毕业考试成绩合并计算，各学期成绩**平均**占毕业成绩三分之二，毕业考试成绩占三分之一。
第五十七条　实习成绩，至少应占总成绩三分之一。	

续表

《职业学校规程》	《修正职业学校规程》
第五十八条　学业实习,操行及体育成绩不及格者,不得进级或毕业。	**第五十九条　学生**实习,操行及体育成绩不及格者,不得进级或毕业。
第五十九条　职业学校学生修业期满成绩及格,由学校发给毕业证书,并得由校分配至职业机关见习。	**第六十条**　职业学校学生修业期满成绩及格,由学校发给毕业证书,并得由校分配至职业机关见习。
第六十条　操行成绩考查办法及学业成绩计算法,由省市教育行政机关规定,呈请教育部核准施行。	**第六十一条**　操行成绩考查办法及学业成绩计算方法,由省市教育行政机关规定,呈请教育部核准施行。
第十章　学年学期及休假日期	
第六十一条　学年度始于八月一日,终于次年七月三十一日。	**第六十二条**　学年度始于八月一日,终于次年七月三十一日。
第六十二条　一学年分为两学期,自八月一日至次年一月三十一日为第一学期或上学期,自二月一日至七月三十一日为第二学期或下学期,春季始业之学级,以本年第二学期为上学期,下学年第一学期为下学期。	**第六十三条**　一学年分为两学期,自八月一日至次年一月三十一日为第一学期或上学期,自二月一日至七月三十一日为第二学期或下学期,春季始业之学级,以本年第二学期为上学期,下学年第一学期为下学期。
第六十三条　职业学校之休假日期另定之。	**第六十四条**　职业学校之休假日期另定之。
第六十四条　职业学校在规定假期中,为实习需要,得停止放假或缩短变更假期,实施假期作业。	**第六十五条**　职业学校在规定假期中,为实习需要,得停止放假或缩短变更假期,实施假期作业。
第六十五条　职业学校假期作业办法,由省市教育行政机关参照地方情形拟定,呈报教育部核准施行。	**第六十六条**　职业学校假期作业办法,由省市教育行政机关参照地方情形拟定,呈报教育部核准施行。
第六十六条　职业学校如实施假期作业,学生须一律参加,其成绩并入平时成绩内计算。	**第六十七条**　职业学校实施假期作业,学生须一律参加,其成绩并入平时成绩内计算。
第十一章　纳费及待遇	
第六十七条　职业学校以不收学费为原则,但遇必要时,得呈请主管教育行政机关核准征收,初级职业学校每学期以四元为度,高级职业学校以八元为度。	**第六十八条**　职业学校以不收学费为原则,但遇必要时,得呈请主管教育行政机关核准征收,**公立初级职业学校每学期以四元为度,私立者以六元为度,公立高级职业学校以八元为度,私立者以十二元为度。**

续表

《职业学校规程》	《修正职业学校规程》
第六十八条 职业学校得根据实际情形，酌量征收最低额之实习材料费，初级职业学校每学期不得过四元，高级职业学校每学期不得过八元，均须列入预算之内，但征收学费之职业学校，其实习材料费，每学期不得超过学费额之半，均须列入预算内，并呈请主管教育行政机关核准。	第六十九条 职业学校得根据实际情形，酌量征收最低额之实习材料费，初级职业学校每学期不得过四元，高级职业学校每学期不得过八元，均须列入预算之内，但征收学费之职业学校，其实习材料费，每学期不得超过学费额之半，均须列入预算内，并呈请主管教育行政机关核准。
	第七十条 职业学校除依照第六十八条及第六十九条得征收费用外，不得征收任何费用。
第六十九条 职业学校应联络职业机关组织职业介绍部，介绍毕业生就业。	第七十一条 职业学校应联络职业机关组织职业介绍部，介绍毕业生就业。
第七十条 职业学校对于毕业生所就职业发生困难问题时，应随时予以指导。	第七十二条 职业学校对于毕业生所就职业发生困难问题时，应随时予以指导。
第七十一条 职业学校出品，如经发售，成本以外之盈余，得提成奖给成绩优良或一般学生，以资鼓励。	第七十三条 职业学校出品，如经发售，成本以外之盈余，得提成奖给成绩优良或一般学生，以资鼓励。
第十二章 教职员	
第七十二条 职业学校设校长一人，综理校务，并担任教学，其时间不得少于专任教员教学时间最低限度二分之一，并不得另支兼薪。	第七十四条 职业学校设校长一人，综理校务，并担任教学，其时间不得少于专任教员教学时间最低限度二分之一，并不得另支兼薪。
第七十三条 职业学校教员，由校长开具合格人员详细履历，呈请主管教育行政机关核准后，由学校聘任。	第七十五条 职业学校教员，由校长开具合格人员详细履历，呈请主管教育行政机关核准后，由学校聘任。
第七十四条 职业学校教员应以专任为原则，但遇有特别情形时，得呈经主管教育行政机关之核准，酌聘兼任教员，惟人数不得超过专任教员四分之一。 前项专任教员，均须兼任训育事宜，并以住宿校内为原则。	第七十六条 职业学校教员应以专任为原则，但遇有特别情形时，得呈经主管教育行政机关之核准，酌聘兼任教员，惟人数不得超过专任教员四分之一。 前项专任教员，均须兼任训育事宜，并以住宿校内为原则。

续表

《职业学校规程》	《修正职业学校规程》
第七十五条　初级职业学校专任教员，每周教学时数为二十二至二十六小时，但担任实习学科者，应为二十六至三十小时。高级职业学校专任教员，每周教学时数为二十至二十四小时，担任实习学科者，应为二十四至二十八小时。 兼任主任或训育员之专任教员，其教学时间得酌减，但不得少于规定最低限度三分之二，亦不得另支兼薪。	**第七十七条**　初级职业学校专任教员，每周教学时数为**十八至二十四小时**，但担任实习学科者，应为二十六至三十小时。高级职业学校专任教员，每周教学时数为**十六至二十二小时**，担任实习学科者，应为二十四至二十八小时。 兼任主任或训育员之专任教员，其教学时间得酌减，但不得少于规定最低限度三分之二，亦不得另支兼**俸**。
第七十六条　职业学校设教导主任一人，学级较多者经主管教育行政机关之核准得分设教务训育主任各一人。	**第七十八条**　职业学校设教导主任一人，学级较多者经主管教育行政机关之核准得分设教务训育主任各一人。
第七十七条　专任教员在校时间每日至少七小时。	**第七十九条**　专任教员在校时间每日至少七小时。
第七十八条　职业学校设实习主任一人。	**第八十条**　职业学校设实习主任一人。
第七十九条　职业学校设科较多者，得设事务主任一人。	**第八十一条**　职业学校设科较多者，得设事务主任一人。 **职业学校营业主任由事务主任兼任之。**
第八十条　职业学校之兼设数科者，得设科主任若干人。	**第八十二条**　职业学校之兼设数科者，得设科主任若干人。
第八十一条　职业学校各主任，均由专任教员兼充之。	**第八十三条**　职业学校各主任，均由专任教员兼充之。
第八十二条　职业学校应设校医一人，并得视其事务之繁简，酌设事务员及书记若干人，但其人数不得超过教员人数四分之一。	**第八十四条**　职业学校应设校医一人，并得视其事务之繁简，酌设事务员及书记若干人，但其人数不得超过教员人数四分之一。
第八十三条　职业学校职员，由校长任用，呈报主管教育行政机关备案。	**第八十五条**　职业学校职员，由校长任用，呈报主管教育行政机关备案。
第八十四条　省市立职业学校会计，由主管教育行政机关指派充任。	**第八十六条**　公立职业学校会计，由主管教育行政机关指派充任。

《职业学校规程》	《修正职业学校规程》
第八十五条 职业学校举行左列四种会议： （一）校务会议 以校长、全体教员、校医及会计组织之，校长为主席，讨论全校一切兴革事项，每学期开会一次或两次； （二）教务会议 以校长及全体教员组织之，校长为主席，校长缺席时，教导主任或教务主任为主席，讨论一切教学实习及图书设备购置事项，每月开会一次； （三）训育会议 以校长各主任及校医组织之，校长为主席，校长缺席时，教导主任或训育主任为主席讨论一切训育及管理事项，每月开会一次或两次； （四）事务会议 以校长各主任及全体职员组织之，校长为主席，校长缺席时，事务主任为主席，讨论一切事务推行事项，每月开会一次。	第八十七条 职业学校举行左列四种会议： （一）校务会议 以校长、全体教员、校医及会计组织之，校长为主席，讨论全校一切兴革事项，每学期开会一次或两次。 （二）教务会议 以校长及全体教员组织之，校长为主席，校长缺席时，教导主任或教务主任为主席，讨论一切教学、实习及图书设备购置事项，每月开会一次。 （三）训育会议 以校长、各主任及校医组织之，校长为主席，校长缺席时，教导主任或训育主任为主席讨论一切训育及管理事项，每月开会一次或两次。 （四）事务会议 以校长、各主任及全体职员组织之，校长为主席，校长缺席时，事务主任为主席，讨论一切事务推行事项，每月开会一次。
第八十六条 职业学校设置左列三种委员会： （一）训育指导委员会 由校长、主任、专任教员及校医组织之，以校长为主席，负一切指导学生之责，每月开会一次或两次； （二）职业指导推广委员会 由校长主任及实习学科教员组织之，以校长为主席，负指导毕业生及推广职业知能之责，每学期开会一次或两次； （三）经费稽核委员会 就专任教员中公推三人或五人组织之，由委员轮流充当主席，负审核收支账目及实习出品销售情况之责，每月开会一次。	第八十八条 职业学校设置左列三种委员会： （一）训育指导委员会 由校长、主任、专任教员及校医组织之，以校长为主席，负一切指导学生之责，每月开会一次或两次。 （二）职业指导推广委员会 由校长主任及实习学科教员组织之，以校长为主席，负指导毕业生及推广职业知能之责，每学期开会一次或两次。 （三）经费稽核委员会 就专任教员中公推三人或五人组织之，由委员轮流充当主席，负审核收支账目及实习出品销售情况之责，每月开会一次。
第八十七条 初级职业学校校长，须品格健全，对于所任学校同性质之学科，确有专长，且具有下列资格之一者： （一）职业师资训练机关毕业后，从事职业教育一年以上着有成绩者； （二）国内外大学毕业后，从事职业教育一年以上着有成绩者； （三）国内外专科学校专门学校或高等师范专修科毕业后，从事职业教育二年以上着有成绩者； （四）具有专门技能或热心职业教育曾任教育机关职务二年以上者。	第八十九条 初级职业学校校长，须品格健全，对于所任学校同性质之学科，确有专长，且具有下列资格之一者： （一）职业师资训练机关毕业后，从事职业教育一年以上着有成绩者； （二）国内外大学毕业后，从事职业教育一年以上着有成绩者； （三）国内外专科学校、专门学校或高等师范专修科毕业后，从事职业教育二年以上着有成绩者； （四）具有专门技能或热心职业教育曾任教育机关职务二年以上者。

续表

《职业学校规程》	《修正职业学校规程》
第八十八条　高级职业学校校长，须品格健全，对于所任学校同性质之学科，确有专长，除具有前条规定资格之一外，并合于左列资格之一者： （一）曾任公私立专科以上学校教员二年以上者； （二）曾任规模较大职业机关高级职务二年以上着有成绩者； （三）曾任初级职业学校校长三年以上着有成绩者； （四）曾任高级职业学校教员四年以上着有成绩者。	第九十条　高级职业学校校长，须品格健全，对于所任学校同性质之学科，确有专长，除具有前条规定资格之一外，并合于左列资格之一者： （一）曾任公私立专科以上学校教员二年以上者； （二）曾任规模较大职业机关高级职务二年以上着有成绩者； （三）曾任初级职业学校校长三年以上着有成绩者； （四）曾任高级职业学校教员四年以上着有成绩者。
第八十九条　有左列情事之一者，不得充任校长： （一）违犯刑法证据确凿者； （二）曾任公务员交代不清者； （三）曾任校长或职业机关职务成绩平庸者； （四）患精神病或身有痼疾不能任事者； （五）行为不检或有不良嗜好者。	第九十一条　有左列情事之一者，不得充任校长： （一）违犯刑法证据确凿者； （二）曾任公务员交代不清者； （三）曾任校长或职业机关职务成绩平庸者； （四）患精神病或身有痼疾不能任事者； （五）行为不检或有不良嗜好者。
第九十条　高级职业学校职业学科教员，须品格健全，对于所任教科有专长学识，且合于下列资格之一者： （一）职业师资训练机关毕业后，有一年以上之职业经验者； （二）国内外大学专科学校专门学校或高等师范专修科毕业后，有二年以上之职业经验者； （三）有专门之职业技能，曾任职业机关相当职务四年以上着有成绩者。 普通学科教员依照高级中学教员资格之规定办理。	第九十二条　高级职业学校职业学科教员，须品格健全，对于所任教科有专长学识，且合于左列资格之一者： （一）职业师资训练机关毕业后，有一年以上之职业经验者； （二）国内外大学专科学校专门学校或高等师范专修科毕业后，有二年以上之职业经验者； （三）有专门之职业技能，曾任职业机关相当职务四年以上着有成绩者。 普通学科教员依照高级中学教员资格之规定办理。

续表

《职业学校规程》	《修正职业学校规程》
第九十一条　初级职业学校职业学科教员，须品格健全，对于所任教科有专长学识，且合于下列资格之一者： （一）具有高级职业学校教员规定资格之一者； （二）国内外大学专科学校专门学校或高等师范专修科毕业后，有一年以上之职业经验者； （三）高级职业学校或与高级职业学校程度相当学校毕业后，有二年以上之职业经验着有成绩者。 普通学科教员依照初级中学教员资格之规定办理。	**第九十三条**　初级职业学校职业学科教员，须品格健全，对于所任教科有专长学识，且合于左列资格之一者： （一）具有高级职业学校教员规定资格之一者； （二）国内外大学专科学校专门学校或高等师范专修科毕业后，有一年以上之职业经验者； （三）高级职业学校或与高级职业学校程度相当学校毕业后，有二年以上之职业经验着有成绩者。 普通学科教员依照初级中学教员资格之规定办理。
第九十二条　有左列情事之一者不得充任教员： （一）违犯刑法证据确凿者； （二）成绩不良者； （三）旷废职务者； （四）患精神病或身有痼疾不能任事者； （五）行为不检或有不良嗜好者。	**第九十四条**　有左列情事之一者不得充任教员： （一）**违犯刑法证据确凿者**； （二）成绩不良者； （三）旷废职务者； （四）患精神病或身有痼疾不能任事者； （五）行为不检或有不良嗜好者。
第九十三条　各省市教育行政机关，应随时派遣职业学校教员，分往各地职业机关参观或学习。	**第九十五条**　各省市教育行政机关，应随时派遣职业学校教员，分往各地职业机关参观或学习。
第九十四条　职业学校校长及教员之任用待遇及保障另以规程定之。	**第九十六条**　职业学校校长及教员之任用待遇及保障另以规程定之。
第十三章　附则	
第九十五条　本规程得由教育部于必要时修正之。	**第九十七条**　本规程得由教育部于必要时修正之。
第九十六条　本规程自中华民国二十二年八月一日施行。	**第九十八条**　本规程自中华民国**二十四年六月二十八日修正公布**施行。

说明：（1）加粗字体为有变化部分。（2）在《教育部公报》《教育与职业》和《职业教育法令汇编》所刊版本基础上做了适当修订。

资料来源：《教育部令（第2301号）》，《教育部公报》1933年第11/12期，第3页；《职业学校规程》，《教育部公报》1933年第17/18期，第16—32页；《职业学校规程》，《教育与职业》1933年第145期，第353—367页；《修正职业学校规程》，《教育部公报》1935年第27/28期，第31—40页；《修正职业学校规程（二续）》，《教育部公报》1935年第29/30期，第24—31页；《修正职业学校规程（二续）》，《教育部公报》1935年第31/32期，第8—16页；民国政府教育部编：《职业教育法令汇编》，商务印书馆（上海）1936年第2版，第33—52页。

农业学校分为初级农业学校和高级农业学校两阶段，以一科单独设置为原则，但经主管教育行政机关之特别核准，得兼设同一业之数科或得合设数业。初级农业学校招收小学毕业生，或从事职业具有相当程度者，修业年限1—3年。高级农业学校招收初中毕业生，或具有相当程度者，修业年限3年，亦得招收小学毕业生或具有相当程度者，修业年限5—6年。农业学校按所设科别称初级或高级某科职业学校，其兼设二科以上者，称高级或初级某某科职业学校。初级农业学校入学年龄为12足岁至18足岁，高级农业学校入学年龄初中毕业或具有相当程度者为15足岁至22足岁，小学毕业或具有相当程度者为12足岁至20足岁。农业学校得视地方需要情形附设农业补习班或农业补习学校。

农业学校的设立，初级农业学校以县立、市立为原则，并得因地方特殊情形由两县或数县联合设立。高级职业学校以省或直隶于行政院之市①设立为原则。社团或农业职业机关或私人均得设立农业学校，但须依照私立学校规程规定的程序办理。

与"壬戌学制"学制相比，该期农业学校设置有以下变化：

首先，自成系统。《职业教育法》的颁布即标明职业教育从此与普通教育分别设立，自成系统，不再有初、高级中学农科。

其次，明确范围。一方面体现在农业学校只有初、高级两个阶段，都属于"中等职业教育"，农业补习教育归入社会教育范畴。② 另一方面体现在入学年龄上下限皆明确规定，且上限不再比照出高级中学设置，而有了相当的宽限。

最后，立法制约。农业学校设置以立法的形式呈现，这在历史上是第一次。

反观前文可以发现，农业教育的"自成系统"在"壬子癸丑学制"时就已有过，只是后来饱受诟病才变成了"壬戌学制"的"普通教育职业化"。但是实行不久，又陷入被声讨之中③，认为如此实为"职业教育普通化"，

---

① 1933年时有南京、上海、北平、青岛。1935年6月后多了天津。见孔庆泰等编著《国民党政府政治制度史词典》，安徽教育出版社2000年版，第425页。
② 1928年5月第一次全国教育会议中，"农、工、商补习教育案"出现在"社会教育组"里，《职业补习学校规程》也已废止并入补习学校法内。见民国政府教育部教育年鉴编纂委员会编《第二次中国教育年鉴》，商务印书馆1948年版，第64、1029页。
③ 韦捧丹：《职业教育在中国学制上的地位》，《教育与职业》1928年第98期，第529—530页。

"譬之注水于酒，必至不成为酒"①，于是又变回了"自成系统"。但是，刚一改定，批评之声又起。"如普通中学与职业学校之间有一条很深的鸿沟，则一旦选择错误，更当然发生许多困难。"② 这是否又意味着下一轮改变。农业学校设置得如此循环往复，并不是在解决问题，而是规避问题。

二、类课程标准公布，本土化教材渐出

（一）农业学校课程

前大学院时，曾组织课程标准委员会，1928 年 11 月大学院改组为教育部，继续成立中小学课程标准委员会，分别起草中小学课程标准，但是在该时期内，职业学校课程标准除商科有暂行标准外，其余均未公布。③ 类似职业学校课程标准的有 1933 年 10 月 11 日，教育部制定公布的《职业学校各科教学科目及时数概要》，以及 1934 年 6 月印行的《职业学校各科教材大纲课程表设备概要汇编》。

依《职业学校各科教学科目及时数概要》规定，初级农业职业学校分普通农作、蚕桑、森林、畜牧、园艺和农产制造等 6 科；高级农业职业学校分农艺、森林、蚕桑、畜牧、水产、园艺和农村合作等 7 科。两级农业职业学校所学科目都分为普通科、专修科和实习三部分，如表 4-3 和 4-4 所示。

表 4-3　初级农业职业学校各科教学科目及时数概要

科别	目的	入学年龄	修业年限	科目		
普通农作科	培养从事普通农业之知识技能	12—18	2—3	普通学科	公民（1 小时）、国文（3 小时）、算学（3 小时）、生物学（2 小时）、理化（2 小时）、体育（每日 20 分钟）	共 47 小时
				农业学科	12 小时	
				农业实习	24 小时	

---

① 《与郑晓沧君谈职业教育与普通教育分合问题——对于教育行政当局建议》，《教育与职业》1930 年第 111 期，第 2 页。
② （陈）青士：《普通中学宜仍设职业课程》，《教育与职业》1933 年第 143 期，第 170 页。
③ 《国民政府成立以来审定及失效中小学师范职业学校教科图书一览》，《教育部公报》1935 年第 11/12 期，第 32—33 页。

续表

科别	目的	入学年龄	修业年限	科目		
蚕桑科	培养从事普通蚕桑事业之知识技能	12—18	2—3	普通学科	公民（1小时）、国文（3小时）、算学（3小时）、科学常识（3小时）、音乐（1小时）、体育（每日20分钟），女生加家事（1小时）	共46或48小时
				蚕桑学科	12小时	
				蚕桑实习	24小时	
森林科	培养从事普通森林事业之知识技能	12—18	2—3	普通学科	公民（1小时）、国文（3小时）、算学（2小时）、生物学（3小时）、理化（2小时）、体育（每日20分钟）	共47小时
				森林学科	14小时	
				森林实习	22小时	
畜牧科	培养从事普通畜牧事业之知识技能	12—18	1—3	普通学科	公民（1小时）、国文（3小时）、算学（2小时）、生物学（2小时）、理化（2小时）、体育（每日20分钟）	共47小时
				畜牧学科	14小时	
				畜牧实习	22小时	
园艺科	培养从事普通园艺事业之知识技能	12—18	2—3	普通学科	公民（1小时）、国文（3小时）、算学（2小时）、生物学（2小时）、图画（1小时）、理化（2小时）、体育（每日20分钟），女生加家事（1小时）	共47小时
				园艺学科	12小时	
				园艺实习	24小时	
农产制造科	培养从事普通农产制造事业之知识技能	12—18	2—3	普通学科	公民（1小时）、国文（3小时）、算学（2小时）、生物学（2小时）、化学（4小时）、体育（每日20分钟）	共48小时
				农业制造学科	12小时	
				农业制造实习	24小时	

资料来源：《部颁职业学校各科教学科目及时数概要》，《教育部公报》1933年第41/42期，第45—49页。

表 4-4　高级农业职业学校各科教学科目及时数概要

科别	目的	入学年龄	修业年限	科目		
农艺科	养成改良及经营农业之中等技术人员	15—22	3	普通学科	公民（1 小时）、国文（2 小时）、生物学（2 小时）、理化（2 小时）、体育（每日 20 分钟）	共 45 小时
				农艺学科	14 小时	
				农艺实习	24 小时	
森林科	养成改良及经营森林之中等技术人员	15—22	3	普通学科	公民（1 小时）、国文（2 小时）、生物学（2 小时）、理化（2 小时）、体育（每日 20 分钟）	共 44 小时
				森林学科	16 小时	
				森林实习	20 小时	
蚕桑科	养成改良及经营蚕桑之中等技术人员	15—22	3	普通学科	公民（1 小时）、国文（2 小时）、生物学（2 小时）、理化（2 小时）、体育（每日 20 分钟）	共 45 小时
				蚕桑学科	14 小时	
				蚕桑实习	24 小时	
畜牧科	养成改良畜牧之中等技术人员	15—22	3	普通学科	公民（1 小时）、国文（2 小时）、生物学（2 小时）、理化（2 小时）、体育（每日 20 分钟）	共 45 小时
				畜牧学科	16 小时	
				畜牧实习	22 小时	
水产科	养成经营水产事业之中等技术人员	15—22	3	普通学科	公民（1 小时）、国文（2 小时）、生物学（2 小时）、理化（2 小时）、体育（每日 20 分钟）	共 45 小时
				水产学科	16 小时	
				水产实习	22 小时	
园艺科	养成改良及经营园艺之中等技术人员	15—22	3	普通学科	公民（1 小时）、国文（2 小时）、生物学（2 小时）、理化（2 小时）、图画（2 小时）、体育（每日 20 分钟）	共 46 小时
				园艺学科	14 小时	
				园艺实习	24 小时	

续表

科别	目的	入学年龄	修业年限	科目		
农村合作科	养成农村合作社事业之助理人才	15—22	3	普通学科	公民（1 小时）、国文（2 小时）、算学（2 小时）、体育（每日 20 分钟）	共 43 小时
				农村合作社有关系之学科	包含簿记、农民银行、农村经济等（16 小时）	
				农村合作社实习	（22 小时）	

资料来源：《部颁职业学校各科教学科目及时数概要（续）》，《教育部公报》1933 年第 43/44 期，第 31—35 页。

《修正职业学校规程》对于农业教育学科设置有以下叙述：

初级职业学校关于农业者，如普通农作（稻、棉、麦作等）、蚕桑、森林、畜牧、养殖、园艺及其他。

高级职业学校关于农业者，如农业、森林、蚕桑、畜牧、水产、园艺及其他。[①]

《职业学校各科教材大纲课程表设备概要汇编》所列初级农业职业学校的科目有普通农作、森林、蚕桑、畜牧、园艺和农产制造等 6 科，高级农业职业学校的科目有农艺、森林、蚕桑、畜牧、园艺、水产和农村合作等 7 科。[②]

可见，对于农业学校学科设置，三者差异不大。

教育部还将委托专家及卓有成绩的农业学校专修科课程表原稿刊发于《职业学校各科教材大纲课程表设备概要汇编》，供实施农业教育者参考，如表 4-5 和表 4-6 就是国立中央大学农学院编订的初、高级森林科课程表。

以往农业学校课程，都由各校参酌欧美、日本成例及校内情况，自行拟定，良莠不齐，在所难免。该阶段首次有了部颁农业教育各科课程表，供从事农业教育者参考，对于提高农业教育水平不无帮助。但是反观各级各类教育，在该时期都已陆续颁布课程标准，唯独职业教育无，客观原因有如教育

---

① 民国政府教育部编：《职业教育法令汇编》，商务印书馆（上海）1936 年第 2 版，第 41—42 页。

② 《职业学校各科教材大纲课程表设备概要汇编》第一册，民国政府教育部 1934 年版。

部所说："职业学校种类繁多，内容复杂，且科学知识，日新日异，研究发明，日有进展，殊不易确定一永久适合之课程标准。"[1] 但是笔者认为主观的不作为乃是首要原因。从表4-5和表4-6两课程表内容可以看出，这些农业专修科目引入我国已有几十年，即便内容再复杂，只要真正去研究，不会理不出一课程标准。

表4-5　国立中央大学农学院编订初级森林科课程表

时间　学年　学期　科目	第一学年				第二学年				第三学年			
	第一学期		第二学期		第一学期		第二学期		第一学期		第二学期	
	讲授	实习	讲授	实习	讲授	实习	讲授	实习	讲授	实习	讲授	实习
农业大意	6	8	6	8								
土壤肥料	3	6										
森林植物	3	8	3	8								
林学概要	2											
气象学			2	2								
森林害虫			3	4								
苗圃学					2	8	2	8				
造林学					5	4	5	8	5	8		
树病学					3	6						
庭园行道学					3							
用器画					1	4						
森林保护							5	6				
森林史							2					
森林利用									4	8		
测量学									3	6		
狩猎学									2			
林场管理											3	6
森林经营											5	8
森林经济											5	
林业调查											1	8

资料来源：《职业学校各科教材大纲课程表设备概要汇编》第一册，民国政府教育部1934年版，"初级森林科"第1—2页。

---

[1] 《职业学校各科教材大纲课程表设备概要汇编》第一册，民国政府教育部1934年版，"例言"。

表 4-6　国立中央大学农学院编订高级森林科课程表

科目 \ 学年	第一学年 第一学期 讲授	实习	第一学年 第二学期 讲授	实习	第二学年 第一学期 讲授	实习	第二学年 第二学期 讲授	实习	第三学年 第一学期 讲授	实习	第三学年 第二学期 讲授	实习
普通植物	3	4	3	4								
土壤肥料	3	4										
农学大意	5	8	5	8								
气象学	2											
森林动物	3	4										
造林学			5	4	5	4	5	8				
树病学			3	4								
树木学					3	4	3	4				
森林计算					3	4	3	4				
测量学					3	8						
森林史					2							
森林保健							5	4				
森林经理									5	8	5	8
森林水利									2	4		
观赏树木									2			
森林利用									3	8		
林业合作									2			
狩猎学									2			
森林管理											3	
林政学											2	
森林法规											1	
林产制造											4	8

资料来源:《职业学校各科教材大纲课程表设备概要汇编》第一册,民国政府教育部 1934 年版,"高级森林科"第 1—2 页。

(二) 农业学校教材

南京国民政府成立后,教育行政委员会组织教科图书审查委员会,并颁布审查办法。1927 年 10 月大学院成立,组织教科图书审查委员会,通令各省市学校暨各书局所有出版教科图书,一律须送院审定后,始准发行与采用。

1928 年 11 月，大学院改组为教育部，成立编审处，继续审查。1932 年 6 月国立编译馆成立，教育部将编审处裁撤，将审查教科图书事宜交由编译馆办理，由部核定行之。① 1936 年春，教育部请全国职业教育专家及著名职业学校校长组织职业学校教科书委员会②，该会成立后，一面参照教育部印行的职业学校课程表及教材大纲，厘定简明目录，以便各学校查考，一面分科审查教育部征集的讲义和已出未出的书稿。③ 如中华书局 1935 年开始陆续出版农业丛书，该丛书拟包含门类有：

（1）作物　各种主要作物专书，作物育种、分组作物……

（2）园艺　果树、蔬菜、花卉、庭园四部，各种主要果树、蔬菜、花卉专书，种苗育成促成栽培……

（3）畜牧　畜种，饲养，各种牲畜、家禽专书……

（4）蚕桑　栽桑，养蚕，制种，制丝……

（5）森林　苗圃，种树，造林……

（6）农业经济　农场管理，簿记，合作，农产运销……

此外如农业推广、农业行政、农业植物、农艺化学、农产制造、农业种子、农用药剂、病虫害防治、土壤、肥料等类，亦可采入。该套丛书主要是供经营农业和指导农事者使用，但同时也可作为中级以上学校教本或参考书。④

查 1927 年 10 月至 1934 年 12 月底职业学校审定农业科图书共计 31 种（见表 4-7）。

表 4-7　1927 年 10 月至 1934 年 12 月底职业学校审定农业学科图书

科目	书名	某学校用	册数	编著者	出版社
农业通论	《新学制农业教科书中等农业学通论》	高中农科/农业学校	1	陆费逵 陈赓扬	中华书局

---

① 《国民政府成立以来审定及失效中小学师范职业学校教科图书一览》，《教育部公报》1935 年第 11/12 期，第 32 页。

② 委员会由唐凌阁、唐雄伯、唐志才、章之汶、谭勤余、王云五、贾佛如、何清儒、朱博泉、魏元光、吴福祯、潘序伦、李寿恒、苏继顾、葛敬中、葛成惠、黄任之、黄邵绪、黄质夫、林美衍、陈意、陈朱碧辉、周盛唐、周昌寿、钟道赞、郑西谷等 26 人构成。

③ 王云五：《编印职业教科书缘起》，载李积新编著《肥料学》，商务印书馆（上海）1946 年第 9 版，第 1—2 页。

④ 陆费执：《农业丛书总序》，载倪靖《肥料学》，中华书局（上海）1948 年第 3 版，第 1 页。

续表

科目	书名	某学校用	册数	编著者	出版社
农艺学	《新学制农业教科书中等植物育种学》	高中农科/农业学校	1	徐正铿	中华书局
	《新学制农业教科书中等棉作学》	高中农科/农业学校	1	冯泽芳	中华书局
	《新学制农业教科书中等作物学》	高中农科/农业学校	1	周汝沅	中华书局
	《新学制初级农校教科书作物学》	高中农科/农业学校	1	凌昌焕	商务印书馆
	《新学制初级农校教科书稻作学》	高中农科/农业学校	1	汤惠荪	商务印书馆
	《新学制高级农校教科书作物学通论》	高中农科/农业学校	1	黄绍绪	商务印书馆
	《作物学各论》	高中农科/农业学校	1	顾复	商务印书馆
农政学	《新学制农业教科书中等农业经济学》	高中农科/农业学校	1	颜纶泽	中华书局
	《新学制高级农校教科书农业经济学》	高中农科/农业学校	1	龚厥民	商务印书馆
农具学	《新学制农业教科书中等农具学》	高中农科/农业学校	1	颜纶泽	中华书局
	《新学制高级农校教科书农具学》	高中农科/农业学校	1	顾复	商务印书馆
农业化学	《新学制农业教科书中等农艺化学》	高中农科/农业学校	1	蒋继尹	中华书局
	《新学制农业教科书中等农产制造学》	高中农科/农业学校	1	包容	中华书局
	《新学制农业教科书中等土壤学》	高中农科/农业学校	1	杨炳勋	中华书局
	《新学制农业教科书中等肥料学》	高中农科/农业学校	1	蒋继尹	中华书局
	《新学制初级农校教科书肥料学》	高中农科/农业学校	1	陆旋	商务印书馆
	《新学制初级农校教科书农产制造学》	高中农科/农业学校	1	邹德谨	商务印书馆
森林学	《新学制农业教科书中等林学大意》	高中农科/农业学校	1	殷良弼	中华书局
	《新学制高级农校教科书造林学各论》	高中农科/农业学校	1	李蓉	商务印书馆
蚕桑学	《新学制农业教科书中等养蚕法》	高中农科/农业学校	1	王历农	中华书局
	《桑树栽培教科书》	高中农科/农业学校	1	郑辟疆	商务印书馆
	《制丝教科书》	高中农科/农业学校	1	郑辟疆	商务印书馆
	《养蚕法教科书》	高中农科/农业学校	1	郑辟疆	商务印书馆
	《蚕体病理教科书》	高中农科/农业学校	1	郑辟疆	商务印书馆
昆虫学	《蚕体解剖教科书》	高中农科/农业学校	1	郑辟疆	商务印书馆
	《蚕体生理教科书》	高中农科/农业学校	1	郑辟疆	商务印书馆
园艺学	《新学制农业教科书中等蔬菜园艺学》	高中农科/农业学校	1	顾华孙	中华书局
	《新学制初级农校教科书园艺学》	高中农科/农业学校	1	刘大绅	商务印书馆
农业气象	《中等农业气象学》	高中农科/农业学校	1	倪慰农	中华书局
病害学	《新学制初级农校教科书农作物病害学》	高中农科/农业学校	1	陆旋	商务印书馆

　　资料来源：《国民政府成立以来审定及失效中小学师范职业学校教科图书一览（续）》，《教育部公报》1935 年第 19/20 期，第 32—33 页。

另据《第二次中国教育年鉴》记载职业学校用书陆续付印，计共印成103种。内普通学科 12 种，农业学科 40 种，工商（业）学科 29 种，商业学科 12 种，家事学科 6 种①，具体情况不详。教育部还邀农业教育专家及卓有成绩的农业学校，编订农业学科教材大纲，刊发于《职业学校各科教材大纲课程表设备概要汇编》第一册中，供各农业学校参考。

此外，鉴于农业学校普通科无论内容与分量都与普通中学不同，有专门编辑的必要，因此商务印书馆曾聘请富有教学及编著经验的专家另行编辑。②

国民党一党专政，必然寻求思想上对人民的控制，对于学校来说，就是增加了党义课程，且将党义融合于各科教材里。③ 农业教材亦难免。该时期终于有了部订农业学校教材，并且在职业教育各科中数量最多。但是对照农业教育各科，仍有不少学科无部颁教材。直到 1936 年仍能看到这样的言论：

> 凡办理职业学校的，对于职业学校所用的各科教材，没有不感觉一种很严重问题的。因为现今有许多学科，没有公认可取的教科书，必须由任课的教员自行编辑讲义。有些为职业学校所编的课本，亦未经很精细的审查，所以价值亦不确定。这种情形，不限于职业学校的职业学科，即非职业学科，如国文、英文、算学、物理、化学等，职业学校与普通学校亦有不同的需要。这种教材问题没有相当的解决，对于职业教育的进展，是一个很大的阻碍。
>
> ……
>
> 对于教材大纲虽有规定，但正式的教本，则仍付阙如。④

因此，农业教育教材问题在该时期虽有改善，但仍然不乐观。

三、谋师资"统制"化，缺口依然难补

1933 年 3 月 18 日国民政府教育部公布的《职业学校规程》，对于高、初

---

① 民国政府教育部教育年鉴编纂委员会编：《第二次中国教育年鉴》，商务印书馆 1948 年版，第1030 页。

② 王云五：《编印职业教科书缘起》，载李积新编著《肥料学》，商务印书馆（上海）1946 年第9 版，第 2 页。

③ 陈青之：《中国教育史》，商务印书馆（上海）1936 年第 2 版，第 766 页。

④ 何清儒：《职业学校教科书的编审》，《教育与职业》1936 年第 179 期，第 687 页。

级职业学校教员有以下要求：

第九十条　高级职业学校职业学科教员，须品格健全，对于所任教科有专长学识，且合于下列资格之一者：

（一）职业师资训练机关毕业后，有一年以上之职业经验者；

（二）国内外大学专科学校专门学校或高等师范专修科毕业后，有二年以上之职业经验者；

（三）有专门之职业技能，曾任职业机关相当职务四年以上着有成绩者。

普通学科教员依照高级中学教员资格之规定办理。

第九十一条　初级职业学校职业学科教员，须品格健全，对于所任教科有专长学识，且合于下列资格之一者：

（一）具有高级职业学校教员规定资格之一者；

（二）国内外大学专科学校专门学校或高等师范专修科毕业后，有一年以上之职业经验者；

（三）高级职业学校或与高级职业学校程度相当学校毕业后，有二年以上之职业经验着有成绩者。

普通学科教员依照初级中学教员资格之规定办理。①

1935 年 6 月 29 日公布的《修正职业学校规程》对此两条只字未改（见表 4-2）。

1933 年 10 月 3 日，国民政府教育部又颁发《各省市职业学校职业学科师资登记检定及训练办法大纲》，通令各省市对于符合高、初级职业学校职业学科师资要求的人员进行登记与检定，便于"统制"②。该要求与前《职业学校规程》一致。对于缺少职业教育师资的地方得设法训练。训练办法如下：

高级职业学科师资，招收下列两种学生：1. 高级中学、师范旧制中学、师范高级职业学校、甲种实业学校毕业生，予以 3 年至 4 年之训练。2. 高级职业学校、甲种实业学校毕业生，对于原习职业学校为继续之研究者，予以 2

---

① 《职业学校规程》，《教育部公报》1933 年第 17/18 期，第 30—31 页；《职业学校规程》，《教育与职业》1933 年第 145 期，第 365 页。

② "统制"是指政府当局对于职业教育的发展要统筹盘划调节裁制的意思。见（杨）卫玉《职业教育的统制化》，《教育与职业》1935 年第 166 期，第 381—382 页。

年之训练。训练科目有普通学科（占总时数 10%）、职业理论学科（占总时数 30%）、职业技术学科（占总时数 50%）和教育学（占总时数 10%）。

初级职业学科师资，招收下列两种学生：1. 初级中学及 3 年毕业生之乡村师范学校或初级职业学校毕业生，予以 3 年之训练。2. 初级职业学校毕业生，对于原习职业学校为继续之研究者，予以 1 年至 2 年之训练。训练科目有普通学科（占总时数 10%）、职业理论学科（占总时数 30%）、职业技术学科（占总时数 50%）和教育学（占总时数 10%）。

初级职业学校师资可根据学科性质适当缩减训练时限。并规定职业学科师资训练科学生之待遇，得参照师范生优待办法，免除学费及膳费。[①]

农业学校师资依此大纲。

依规定，以上师资得由专科以上学校代为办理，因此后来民国政府教育部曾指定中央大学、金陵大学、武汉大学等校，分别举办农艺、园艺、机械等职业师资科，招收农工高级职业学校毕业生，训练 4 年。[②] 但这已是 1939 年以后的事情了。[③]

据统计，1930—1936 年初、高级职业学校教职员数量只是略有增加（见表 4-8）。教育部 1934—1935 年视察各省市职业教育时，大多认为职业教育师资极感缺乏。[④] 职业学校与之前时期一样，缺乏更细化的统计数字，因而无法了解农业教育师资的变化情况。

表 4-8　1930—1936 年全国职业学校教职员数统计

单位：人

经办主体别	职业学校			
	小计	职业高初合设	高级职业	初级职业
1930 学年度				
总计	5844			
国立	—			

---

① 《各省市职业学校职业学科师资登记检定及训练办法大纲》，《教育部公报》1933 年第 39/40 期，第 36—37 页。

② 民国政府教育部教育年鉴编纂委员会编：《第二次中国教育年鉴》，商务印书馆 1948 年版，第 1033 页。

③ 《教部委本校代办园艺职业师资科》，《金陵大学校刊》1939 年第 264 期，第 3 页。

④ 民国政府教育部：《民国二十三四年教育部视察各省市职业教育报告汇编》，商务印书馆（上海）1936 年版。

经办主体别	职业学校			
	小计	职业高初合设	高级职业	初级职业
1930 学年度				
省市立	3023			
县市立	1272			
私立	1549			
1931 学年度				
总计	6114	…	…	…
国立	—	—	—	—
省市立	3086	…	…	…
县市立	1388	…	…	…
私立	1640	…	…	…
1932 学年度				
总计	6095	—	2847	3248
国立	39	—	39	—
省市立	2989	—	1954	1035
县市立	1247	—	226	1021
私立	1820	—	628	1192
1933 学年度				
总计	6757	1459	2267	3031
国立	64	—	64	—
省市立	3265	795	1504	966
县市立	1348	255	153	940
私立	2080	409	546	1125
1934 学年度				
总计	7089	1839	2037	3213
国立	78	—	56	22
省市立	3426	1172	1299	955
县市立	1429	176	175	1078
私立	2156	491	507	1158
1935 学年度				
总计	7845	1827	2463	3555

续表

经办主体别	职业学校			
	小计	职业高初合设	高级职业	初级职业
1936 学年度				
总计	8645	1786	3092	3767
国立	40	—	40	—
省市立	3995	965	1624	1406
县市立	1425	168	192	1065
私立	3185	653	1236	1296

说明：（1）"—"表示无。（2）"…"表示不详。（3）1935 年度各省市所报中等教育统计报告表未分经办主体，仅列总数。

资料来源：民国政府教育部教育年鉴编纂委员会编：《第二次中国教育年鉴》，商务印书馆 1948 年版，第 1437 页；民国政府教育部编：《第一次中国教育年鉴》丁编，开明书店（上海）1934 年版，第 102 页。

综观南京国民政府时期，农业教育师资问题正随着整个职业教育师资问题逐渐解决，相关政策渐次出台，且呈逐步细化趋势。[①] 不仅是出台政策，后期也确实有所落实。但是效果还未显现，全面抗战即爆发。

四、政策性经费倾斜难以实现

教育部于 1933 年 3 月 18 日公布的《职业学校规程》有"经费"一章，内容如下：

第十七条　省市立职业学校之开办、经常、临时各费，由省市款支给之，县市立或联立职业学校经费由县市款或联立各县县款支给之，私立职业学校经费，由校董会支给之。

第十八条　职业学校各科各业开办费，须以能具有相当建筑物

---

① 1934 年 12 月教育部召开第一次全国职业教育讨论会，对于职业学校师资及待遇，曾有详细的讨论，议决：（一）各省市需要各级职业学校师资，应根据实际情形，先确定学校与科目之类别，然后调查其所缺师资之种类与数量造表送部。（二）高级职业学校师资训练，应由中央主办，其办法另行订定。（三）初级职业学校师资训练，以各省市主办为原则，如各省市有特殊情形，不能举办时，由中央设法举办或委托他省市代办。（四）举行职业师资登记，调查曾受有专业训练之师资以便介绍。见《教部召开全国职教讨论会》，《教育与职业》1935 年第 161 期，第 68—69 页。

及充分设备为原则，其标准另定之。

第十九条　初级及高级职业学校单科一学级之每年经常费，应参照当地省立初级及高级中学，各以增加百分之五十为原则。

第二十条　职业学校每年扩充设备费，至少须占经常费百分之二十。

第二十一条　县立私立职业学校，如系经费支绌，得视其办理成绩，由省市酌给补助金。其补助标准，并得较高于补助中学之标准。

前项补助金之用途，以供给指定之职业设备及职业学科教员俸给为限。

第二十二条　前条补助标准，由省市教育行政机关规定呈请教育部备案。

第二十三条　职业学校每年须有实习材料费，其款额视职业性质定之，如学校已有营业收入时，得减去实习材料费之一部或全部。

第二十四条　职业学校学生实习或营业所得之盈余，应列预算之内。[①]

1935 年 6 月 29 日公布的《修正职业学校规程》对此章只字未改（见表 4-2）。

职业教育经费来源在制度层面有了较为明确的规定，农业教育随此规定。

1933 年 9 月 21 日，教育部鉴于"普通中学异常膨胀，而职业与师范教育均少发展，尤以职业教育为最甚"[②]，又颁发《各省市中等学校设置及经费支配标准办法》，规定各省市中等教育经费的分配，至 1937 年度，应达到以下标准：职业学校不得低于 35%（包括职业补习学校），师范学校约占 25%，中学约占 40%。并进一步规定自 1934 年度起，各省市对于中等教育之新增经费，应尽先充作职业及师范学校经费。其未能增加者，应就原有经费，逐年缩减中学经费之相当数额，以供扩充职业教育及师范教育之用。[③] 后续还有

---

①　《职业学校规程》，《教育部公报》1933 年第 17/18 期，第 19—20 页；《职业学校规程》，《教育与职业》1933 年第 145 期，第 355—356 页。

②　《教育部训令（第 9736 号）》，《教育部公报》1933 年第 37/38 期，第 13 页。

③　《各省市中等学校设置及经费支配标准办法》，《教育部公报》1933 年第 37/38 期，第 28 页。

1936 年 6 月 30 日行政院会议通过的《改进中等职业教育办法大纲》，规定教育部对于各省市公私立优良中等职业学校，自 1936 年度起予以补助，其中农工两科职业学校，占总补助费额约 70%，商业及家事等科职业学校，占总数约 30%。① 这一系列对于职业教育的经费倾斜，源于政策制定者对于中等教育中普通教育与职业、师范教育严重失衡的认识。于是我们看到了如表 4-9 所示数据。

表 4-9 1928—1937 年度中等教育岁出经费数

学年度	岁出经费数（元）			
	共计	中学	师范	职业
1928	24602366	18916814	3468072	2217480
1929	35988173	24572379	7283875	4131919
1930	48713057	35331921	8419140	4961996
1931	54055942	39130482	9743269	5182191
1932	55318532	39656544	10059089	5602899
1933	56644838	39575546	10526324	6542968
1934	55479399	38488340	10001123	6989936
1935	58935508	40588601	10092906	8254001
1936	61035605	41453790	10851224	8730591
1937	30396758	20866634	5312267	4217857

说明：1936 年以前各学年度数字为全国各省市区材料，1937 学年度为浙江等 18 省。

资料来源：民国政府教育部教育年鉴编纂委员会编：《第二次中国教育年鉴》，商务印书馆 1948 年版，第 1428 页。

可以看出，职业学校与师范学校在政策的推动下，经费投入增长势头远超过中学。但是如若按照前列《各省市中等学校设置及经费支配标准办法》去衡量，职业学校远没有达到 35% 的目标，如表 4-10 所示。农业学校经费数，笔者目前只查阅到 1930 年和 1934 年的数字。1930 年的经费为 892582 元，占职业学校总经费（4961996 元）的 18.0%，略少于工业学校。② 1934 年

---

① 《改进中等职业教育办法大纲》，《全国学术工作咨询处月刊》1936 年第 7 期，第 26—27 页。

② 民国政府教育部普通教育司编：《中华民国十九年度全国公私立中等学校名称及分布概况》，1933 年版，第 314 页。

不完全统计①的经费数为 1618913 元，占职业学校总经费数（6275068 元）的 25.8%，也是仅次于工业学校。② 与之前很多时候一样，仍然无法知道农业教育经费在整个职业教育经费中的变化。

表 4-10　中等学校经费支配情况

（单位：元；括号内为占中等学校经费总数的百分比）

学校类型	1933 年	1934 年	1935 年	1936 年	1937 年
中学	39575546 （69.8）	38488340 （69.4）	40588601 （68.9）	41453790 （67.9）	20866634 （68.6）
师范学校	10526324 （18.6）	10001123 （18.0）	10092906 （17.1）	10851224 （17.8）	5312267 （17.5）
职业学校	6542968 （11.6）	6989936 （12.6）	8254001 （14.0）	8730591 （14.3）	4217857 （13.9）

资料来源：民国政府教育部教育年鉴编纂委员会编：《第二次中国教育年鉴》，商务印书馆 1948 年版，第 1439 页。

其实，早在《各省市中等学校设置及经费支配标准办法》颁布之初，就有不少学者持怀疑态度，钟道赞认为单纯地追求数字没有任何意义，需要各方面配套协调发展。③ 金禄庄认为这样分配没有任何依据，如果是按照国家教育政策来规定教育经费标准，那么职业教育经费应占到 80% 以上，因为 80% 以上是农民。如欲以中等学校毕业生趋向为标准，那么职业教育的经费至少应占 50%，因为有 50% 以上的学生无法升学。④ 放宽视野，我们可以看到，南京国民政府不仅仅是在职业教育食言。教育文化经费预算在 1934 年，中央政府预算规定年支出的 15% 应当用于支持教育文化事业，但这只是一个实际上从未达到过的目标。"一个拥有很多具有现代头脑的公民的政府，却不得不把

---

① 因未呈报而没有统计的有四川、贵州、宁夏三省；无法调查的有辽宁、吉林、黑龙江、热河四省及东省特别区；新疆尚未设立职业学校；西藏、蒙古 "暂付阙如"。见民国政府教育部编《中华民国二十三年度全国职业教育概况》，1935 年版，"例言" 第 1 页。
② 民国政府教育部编：《中华民国二十三年度全国职业教育概况》，1935 年版，第 59 页。
③ 钟道赞：《职业教育上几个重要问题》，《教育与职业》1934 年第 151 期，第 9—10 页。
④ 金禄庄：《我对于支配职业教育经费之意见》，《教育与职业》1935 年第 164 期，第 261—265 页。

它的收入投到蒋介石主管的军事扩张中去。"[1] 例如，1936年教育文化预算总额曾达到4.5的高度，而同年军事拨款占32.5%，公债还本付息占24.1%。[2]

五、农业学校不断扩充

前章提到，"壬戌学制"意在使普通教育职业化，却不料职业教育普通化。出现的后果就是，职业学校并没有如期的增多，反而被普通教育所吞噬，数量上呈现严重畸形的发展态势。而中等教育毕业的学生又不能很好地解决就业的问题，使得这种畸形的发展态势更为人所诟病，因而有了本期的一系列扩张职业学校的措施。

1930年4月，第二次全国教育会议召开，与会者"一致主张"[3] 各级教育应注重科学实验，培养生产能力，养成职业技能。因此对于职业科高中的设置，特别注意。大会修正通过《改进中等教育计划》，有关各项如下：

乙·职业科高中，除师范科已另有计划，商科和家事科等所需特殊的设备不多，自可归入普通科外，应就农工两科设立。

丙·一省中如设有普通科高中三所以上者，除以三所续办普通科外，余应酌量情形，在训政期内分别改办农科或工科。[4]

1931年4月2日，教育部通令各省市，限制设立普通中学，增设农工科职业学校，其要点如下：

自二十年度（1931）起，各省应酌量情形，添办高初级农工科职业学校。

自二十年度（1931）起，各县立中学应逐渐改组为职业学校，或乡村师范学校，其办法，即自二十年度（1931）起，停招普通中

---

① ［美］费正清：《伟大的中国革命（1800—1985）》，刘尊棋译，世界知识出版社2000年版，第265页。

② 陈能治：《战前十年中国大学教育经费问题（1927—1937）》，《台湾师大历史学报》1983年第11期，第176页。

③ 民国政府教育部教育年鉴编纂委员会编：《第二次中国教育年鉴》，商务印书馆1948年版，第1023页。

④ 《改进中等教育计划》，《教育部公报》1930年第13期，第60页。

学生，改招职业或乡师学生。

　　自二十年度（1931）起，各县市及私人呈请设立普通中学者，应分别督促或劝令改办农工等科职业学校。[1]

　　同年8月28日，教育部通令奉发《各省市设置中等农工学校实施方案》施行。[2] 1935年11月19日第五次全国代表大会通过《确定今后教育改进方针案》，指出今后中等教育之设施，应亟谋职业学校数量的扩充。[3]

　　政策与现实的落差再一次得到体现。从该时期全国中等学校数量和学生数量的变化可以看出，职业教育无论是学校数还是学生数都有了持续的[4]、较大幅度的增长。但是中学"独大"的状况并未改变。直到1936年中学学校数仍占59.9%，而职业学校只占15.1%；中学学生数占到了76.9%，职业学校学生数只有区区的9.1%（见表4-11）。马宗荣指出："即此少数职业学校，其内容设备亦大体异常简陋。此种中等教育之畸形发展，在小学教育固感健全师资之缺乏，而升入专科以上学校之人数，依最近统计，约占中等学校学生总数1/10，其余9/10为家境或学力所限，既不能升学，又以无生产技能之训练，不能从事相当职业。长此以往，不仅整个中等教育体系将归于失败，即当前最严重之社会问题亦必日以俱增。"[5]

---

　　① 《教育部训令（第536号）》，《教育部公报》1931年第13期，第9—10页。

　　② 《教育部训令（第1436号）》，《教育部公报》1931年第33期，第15—18页；《各省市设置中等农工学校实施方案》，《教育部公报》1931年第27期，第55—59页。

　　③ 中国国民党中央执行委员会训练委员会编：《中国国民党历次会议宣言及重要决议案汇编》第二册，1941年版，第703页。

　　④ 表中1932年的职业学生数并不支持笔者"持续地增长"的观点。但是钟道赞指出："全国职业学校之数目，究竟共有若干，到现在还是一个不容易答复的问题。依照民国二十一年度（1932）教育部统计，全国共计262校（疑似印刷错误，应为265校），但查河北一省，根据该省教育厅报告，只有8校，实际上该省尚有县私立20余校，多未呈报在内，虽实际上大都简陋不堪，但其为职业性质之教育机关则应无问题。北平只报3校，尚有未经立案之华北工程学校及其他工艺与艺术性质之学校俱不在内，南京则无一校。呈报标准之宽严，各省市极不一致，未立案之学校，虽办理历有年所，亦未列入。故目前实际上职业学校总数，决不止262校，至少当在三百七八十校也。"见钟道赞《职业学校校长之学历与经验》，《教育与职业》1935年第169期，第639页。

　　⑤ 马宗荣：《教育部三年来施政概况》，《教育杂志》1936年第7号，第12页。

表 4-11 1927—1936 年全国中等学校数和学生数统计

（括号内为占全国中等学校数或学生数的百分比数）

学年度	学校数				学生数			
	共计	中学	师范	职业	共计	中学	师范	职业
1927	…	…	…	…	…	…	…	…
1928	1339	954 (71.2)	236 (17.6)	149 (11.1)	234811	188700 (80.4)	29470 (12.6)	16641 (7.1)
1929	2111	1225 (58.0)	667 (31.6)	219 (10.4)	341022	248668 (72.9)	65695 (19.3)	26659 (7.8)
1930	2992	1874 (62.6)	846 (28.3)	272 (9.1)	514609	396948 (77.1)	82809 (16.1)	34852 (6.8)
1931	3026	1893 (62.6)	867 (28.7)	266 (8.8)	536848	401772 (74.8)	94683 (17.6)	40393 (7.5)
1932	3043	1914 (62.9)	864 (28.4)	265 (8.7)	547207	409586 (74.6)	99606 (18.2)	38015 (6.9)
1933	3125	1920 (61.4)	893 (28.6)	312 (10.0)	559320	415948 (74.4)	100840 (18.0)	42532 (7.6)
1934	3140	1912 (60.9)	876 (27.9)	352 (11.0)	541479	401449 (74.1)	93675 (17.3)	46355 (8.6)
1935	3164	1894 (59.9)	862 (27.2)	408 (12.9)	573262	438113 (76.4)	84512 (14.7)	50637 (8.8)
1936	3264	1956 (59.9)	814 (24.9)	494 (15.1)	627246	482522 (76.9)	87902 (14.0)	56822 (9.1)

说明："…"表示不详。

资料来源：民国政府教育部教育年鉴编纂委员会编：《第二次中国教育年鉴》，商务印书馆 1948 年版，第 1428 页。

　　关于农业学校与学生数的统计，笔者只查阅到 1930 年和 1934 年的数字。1930 年度全国农业学校 38 所，工业学校 25 所，商业学校 25 所，性质不明的职业学校 184 所，共计 272 所。其中省市立农业学校 24 所，县市立 6 所，私立 8 所。[①] 可见，该时期农业学校在各类职业学校中数量最多，但在学生数上却不及工商业学校（见表 4-12），这与陈选善和郑文汉该时期的一项调查契合。[②] 1934 年度全国农业学校 102 所，工业学校 122 所，商业学校 81 所，家事学校 39 所，其他性质的学校 28 所，共计 372 所。[③] 其中省市立农业学校 44 所，县市立 39 所，私立 19 所。[④] 情况与 1930 年一样。与整体上省市立、县

---

① 民国政府教育部普通教育司编：《中华民国十九年度全国公私立中等学校名称及分布概况》，1933 年，第 312 页。

② "选择（中学生职业性向选择）人数其次最多的是农业，近年来发展农村，复兴农业的声浪甚嚣尘上，一般青年耳闻目染，有机会当然要表示出来的。"见陈选善、郑文汉《中学生职业兴趣调查报告》，《教育与职业》1933 年第 148 期，第 608 页。

③ 这里的数字与表 4-10 中 1934 年的数字不一致，应理解为两组数据对于"农业教育"范围界定的不同所致。

④ 民国政府教育部编：《中华民国二十三年度全国职业教育概况》，1935 年版，第 59 页。

市立和私立三个经办主体基本持平的职业教育发展情况（见表4-13）不同，农业教育以省市立居多，这与农业教育设备繁多，经费投入大有直接关系。

表4-12　1930年度各省市职业学校学生数分科统计

单位：人

省市	合计	农业	工业	商业	其他
江苏	3181	829	276	1195	881
浙江	2331	391	350	940	650
安徽	1603	632	521	120	330
江西	1833	691	630	210	302
湖北	1010		416	333	261
湖南	5946	476	4527	221	722
四川	2904	1010	1054	498	342
福建	1984	134	831	504	515
云南	1019	330	246	52	391
贵州	92	53	39		
广东	3414	400	694	1162	1158
广西	168		168		
陕西	475	223	206	46	
山西	412	409		3	
河南	2151	764	697	195	495
河北	1060		387	640	33
山东	1118	69	385	610	54
甘肃	163	108	46		9
宁夏	15				15
青海	71	32			39
新疆					
辽宁	3885	1324	1362	910	289
吉林	205		136		69
黑龙江	302	166	136		
绥远	78	42		36	
热河	30	30			
察哈尔	268	114	154		
西康					

省市	合计	农业	工业	商业	其他
东省特别区	296		87	209	
南京	279		160		119
上海	2997	24	429	1788	756
北平	357		193	164	
青岛					
威海卫					
总计	39647	8251	14130	9836	7430
百分比	100%	20.81%	35.64%	24.81%	18.74%
中等学校学生数百分比	7.70%	1.60%	2.75%	1.91%	1.44%

资料来源：民国政府教育部编：《第一次中国教育年鉴》丁编，开明书店（上海）1934年版，第108页。

表4-13　1931—1936年全国职业学校数学生数

经办主体别	校数				学生数		
	小计	职业高初合设	高级职业	初级职业	小计	高级职业	初级职业
1930学年度							
总计	272（85）	…	…	…	34852	…	…
国立	（3）	…	…	…	—	…	…
省市立	96（23）	…	…	…	14651	…	…
县市立	96（21）	…	…	…	8982	…	…
私立	80（38）	…	…	…	11219	…	…
1931学年度							
总计	266	…	…	…	40393	…	…
国立	—	—	—	—	219	—	—
省市立	92	…	…	…	16413	…	…
县市立	97	…	…	…	9735	…	…
私立	77	…	…	…	14026	…	…
1932学年度							
总计	265	—	85	180	38015	12783	25232
国立	2	—	2	—	451	340	111
省市立	96	—	52	44	16001	7263	8738
县市立	87	—	7	80	8021	683	7338
私立	80	—	24	56	13542	4497	9045

续表

经办主体别	校数				学生数		
	小计	职业高初合设	高级职业	初级职业	小计	高级职业	初级职业
1933 学年度							
总计	312	42	74	196	42532	15254	27278
国立	3	—	3	—	398	287	111
省市立	106	22	41	43	17593	8106	9487
县市立	100	6	7	87	8507	1013	7494
私立	103	14	23	66	16034	5848	10186
1934 学年度							
总计	352	56	74	222	46355	17084	29271
国立	3	—	2	1	357	303	54
省市立	118	33	39	46	18686	8814	9872
县市立	113	5	8	100	10039	1303	8736
私立	118	18	25	75	17273	6664	10609
1935 学年度							
总计	408	41	132	235	50637	18055	32582
1936 学年度							
总计	494	45	191	258	56822	21153	35669
国立	6	—	6	—	326	326	—
省市立	162	30	68	64	23023	10728	12295
县市立	134	2	21	111	10997	1882	9115
私立	192	13	96	83	22476	8217	14259

说明：（1）"—"表示无。（2）"…"表示不详。（3）"（ ）"代表中学初中及师范学校附设的职业班。（4）1935 年度各省市所报中等教育统计报告表未分经办主体，仅列总数。

资料来源：民国政府教育部教育年鉴编纂委员会编：《第二次中国教育年鉴》，商务印书馆 1948 年版，第 1429、1433 页；民国政府教育部编：《第一次中国教育年鉴》丁编，开明书店（上海）1934 年版，第 94、96 页。

本章小结

就农业教育而言，制定但并未公布的"戊辰学制"只是粗略地重复了"壬戌学制"的内容。《职业教育法》与《职业教育规程》的颁布，才显示出与"壬戌学制"的区别。《职业教育法》的颁布，即标明职业教育从此与普通教育分别设立，自成系统，不再有初、高级中学农科。农业学校只有初、高级两个阶段，都属于"中等职业教育"，农业补习教育归入社会教育范畴。入学年龄上下限皆明确规定，且上限不再比照出高级中学设置，而是有了相当的宽限。农业学校设置以立法的形式呈现，这在历史上是第一次。以上种种变化很容易让人想起"壬子癸丑学制"，不能不让人认为这只是对于不能解决的现实问题的一种"规避"。而农业教育立法则不过是民国法律架构的一小环。[①]

以往农业学校课程，都由各校参酌欧美、日本成例及校内情况，自行拟定，良莠不齐，在所难免。该阶段首次有了部颁农业教育各科课程表，供从事农业教育者参考，对于提高农业教育水平不无帮助。但是反观各级各类教育，在该时期都已陆续颁布课程标准，唯职业教育独无。笔者认为主观上的不作为是主要原因。

该时期终于有了部订农业学校教材，并且在职业教育各科中数量最多。但是对照农业教育各科，仍有不少学科无部颁教材。农业教育教材问题在该时期虽有改善，但仍然不乐观。

农业教育师资问题，正随着整个职业教育师资问题逐渐解决，相关政策渐次出台，且呈逐步细化趋势。不仅是出台政策，后期也确实有所落实。但是效果还未显现，全面抗战即爆发。

农业教育经费来源在制度层面有了较为明确的规定。国民政府一系列对于职业教育的经费倾斜，源于政策制定者对于中等教育中普通教育与职业、师范教育严重失衡的认识。但是这种政策性的大力倾斜并没有在实际上取得任何效果。

为了挽救因"壬戌学制"职业教育普通化造成的中等教育严重失衡的局面，国民政府在这一期间出台了一系列扩张职业学校的措施。政策与现实的落差再一次得到体现。虽然职业教育无论是学校数还是学生数都有了持续的、较大幅度的增长，但是中学"独大"的状况并未改变。与整体上省市立、县市立和私立三个经办主体基本持平的职业教育发展情况不同，农业教育以省市立居多，这与农业教育设备繁多，经费投入大有直接关系。

---

① 见谢振民编著《中华民国立法史》，正中书局（南京）1937年版。

第五章 农业教育的应战——全面抗战及解放战争时期农业学校之农业教育

一、制度的变通

全面抗战时的农业教育设置，并未经历学制的更迭，因而变化不大，但有以下几点值得注意。

（一）农业教育委员会的成立

1937年2月8日，国民政府教育部公布《教育部农业教育委员会章程》，章程规定农业教育委员会承担以下任务："一、规划各级农业教育方案；二、拟定各级农业学校课程及设备标准；三、筹议地方建教合作及农业推广事项；四、建议农业教育兴革事项……六、其他关于农业教育设计事项。"① 3月19日，国民政府教育部组织成立农业教育委员会，"对（一）农业教育之调查；（二）农业教育改进方案；（三）建教合作事业；（四）农业教育之推广事宜；（五）农业教育之调整；（六）农业教育师资训练。闻已有原则上之决定"②。

（二）西南北农工职业教育计划的出台

随着全面抗战的进行，沿海省份相继沦陷，国民政府内撤，"川、康、陕、甘、宁、青、滇、黔、桂九省，为大后方一切资源之所出，职业教育之推进，急不容缓"③，因此，1938年冬国民政府订定《西南北各区推进农工职

---

① 《教育部农业教育委员会章程》，《教育部公报》1937年第7/8期，第18页。
② 《教育部组织之农业教育委员会》，《中央日报》1937年3月20日，第2张第4版。
③ 民国政府教育部教育年鉴编纂委员会编：《第二次中国教育年鉴》，商务印书馆1948年版，第1024页。

业教育计划》，在调查上述九省农业教育的现状基础上，制订了改进计划。①
这一计划对于西南北农业教育的发展是有一定作用的（见表5-1）。

表5-1 1946年度各级职业学校分布

地域别	职业学校校数				职业学校学生数		
	小计	高初合设	高级	初级	小计	高级	初级
江苏	30	4	13	13	4055	2448	1607
浙江	21	2	11	8	3455	2176	1279
安徽	33	8	7	18	6613	3018	3595
江西	45	11	12	22	6671	2478	4193
湖北	8	—	8	—	2489	2004	485
湖南	55	8	17	30	7925	3612	4313
四川	72	11	35	26	14242	8261	5981
西康	8	5	1	2	777	325	452
河北	13	8	3	2	2392	919	1473
山东	8	5	3	—	1965	1248	717
山西	9	2	3	4	1573	365	1208
河南	40	3	12	25	7197	3009	4188
陕西	29	10	12	7	5514	3108	2406
甘肃	15	2	7	6	3489	841	2648
青海	3	2	—	1	235	13	222
福建	44	7	23	14	9515	4535	4980
台湾	78	23	1	54	24649	2715	21934
广东	53	15	26	12	7690	4947	2743
广西	15	1	11	3	1789	1262	527
云南	14	6	6	2	2592	1824	768
贵州	12	3	7	2	1874	1108	766
辽宁	16	11	3	2	3183	2732	451
安东	1	1	—	—	279	86	193
辽北	6	—	5	1	519	399	120
吉林	9	4	3	2	1996	996	1000
热河	—	—	—	—	—	—	—
察哈尔	—	—	—	—	—	—	—

---

① 《西南北各区推进农工职业教育计划》，《教育杂志》1939年第3号，第81—83页。

续表

地域别	职业学校校数				职业学校学生数		
	小计	高初合设	高级	初级	小计	高级	初级
绥远	2	—	—	2	430	—	430
宁夏	3	—	2	1	303	—	303
新疆	4	—	—	4	265	—	265
南京	5	1	4	—	1075	600	475
上海	26	4	21	1	4121	3111	1010
北平	9	—	8	1	1462	1210	252
天津	9	3	5	1	2005	419	1586
青岛	5	2	3	—	841	437	404
重庆	20	5	12	3	3506	2637	869
总计	720	167	284	269	136686	62843	73843

资料来源：民国政府教育部教育年鉴编纂委员会编：《第二次中国教育年鉴》，商务印书馆1948年版，第1446、1450页。

（三）初级实用职业学校的开办

"教育部为谋养成实用技术人员解决各地人民食衣住行日常生活必需之供给起见"①，将初级职业学校更名初级实用职业学校，并于1938年7月5日颁发《创设县市初级实用职业学校实施办法》。该"办法"对于初级实用职业学校的设置、设科、师资、教学、推广事业和经费做了规定。其中，对初级实用职业学校的设置，规定由各省教育厅会同建设厅，先调查各县市主要农工业及日常生活必需物品之产销与供求实况，分类编制统计。然后再根据统计选择一地生活需要最切要而最感缺乏之职业，分别缓急，决定学校地点及设置科目。设校之时应与生产机关合作，如某项职业尚无具有规模之生产机关时，则与当地从事该业者联络办理。② 这种规定颇有教育统制的意思。就农业教育讲可设农艺、农产制造和养殖科。根据记载，事实上曾创设的农业科

① 民国政府教育部教育年鉴编纂委员会编：《第二次中国教育年鉴》，商务印书馆1948年版，第1048页。
② 民国政府教育部教育年鉴编纂委员会编：《第二次中国教育年鉴》，商务印书馆1948年版，第1048—1049页。

目有制茶、麻织、农产制造、园艺等。①

此外，1939 年 3 月在重庆举行的第三次全国教育会议通过的决议案中有"教育行政改进案"，对于职业教育系统的改订仅是在初中以上设简易职业科，招收初中毕业生。② 农业教育相关的决议案有"各级农业教育机关应倡办适合经济经营之农林生产事业案""改良农业职业学校教育暨增设农业补习教育案"③。但此次会议仅"系咨询性质"④。

以上这些制度的变通，大多是为适应战争的需要。

二、承战前类课标，重教材编译

与"南京十年"相比，农业学校课程方面并无多大变化，依然遵照 1933 年国民政府教育部制定公布的《职业学校各科教学科目及时数概要》施行，但实际上"各校课程，大多未能遵照部颁课程标准"⑤。

前章提到"南京十年"终于有了部颁农业教材，本期又有进一步发展。1940 年，国民政府教育部教科用书编辑委员会与农业教育委员会，为编辑农业职业学校教科用书起见，合设农业职业学校教科用书编辑委员会，并颁布《教育部农业教育委员会农业职业学校教科用书编辑委员会章程》。⑥ 1942 年 5 月 26 日，国民政府教育部曾公布《奖励编译职业技术教材暂行办法》，设置奖金，鼓励编译职业教材。奖金分三等：甲种奖金自 1000 元至 3000 元；乙种奖金自 500 元至 1000 元；丙种奖金自 100 元至 500 元。⑦ 据记载，重庆市 1942 年 5 月 27 日 1 市斤（1 斤）猪肉的零售价格是 9 元。⑧可见，这样的奖励仅是鼓励性的。据统计，1940—1947 年度编辑职业教科书共计 66 册，审查共计 185 册（见表 5-2）。虽然农业教材的比重未知，是否受到奖励情况不详，

---

① 民国政府教育部教育年鉴编纂委员会编：《第二次中国教育年鉴》，商务印书馆 1948 年版，第 1048 页。

② 教科图书编辑委员会：《第三次全国教育会议报告》，1939 年版，第 84 页。

③ 教科图书编辑委员会：《第三次全国教育会议报告》，1939 年版，第 211—214、224—227 页。

④ 余家菊：《第三次全国教育会议》，《国论》1939 年第 17 号，第 371 页。

⑤ 邹树文：《农业职业教育实际问题》，《中等教育季刊》1941 年第 3 期，第 2 页。

⑥ 《教育部农业教育委员会农业职业学校教科用书编辑委员会章程》，《教育通讯》1940 年第 47 期，第 9—10 页。

⑦ 《奖励编译职业技术教材暂行办法》，《教育部公报》1942 年第 9/10 期，第 10 页。

⑧ 《重庆市粮物工价》，《物价周报》1942 年第 4 期，第 6、8 页。

但是笔者认为这种机制多少还是对农业教材的编辑起到一定的促进作用。

表 5-2　1940—1947 年度职业教科用书编审情况

单位：册

类别	1940 年	1941 年	1942 年	1943 年	1944 年	1945 年	1946 年	1947 年
编辑	—	—	—	28	19	12	—	7
审查	95	16	25	15	1	16	1	15

　　资料来源：民国政府教育部教育年鉴编纂委员会编：《第二次中国教育年鉴》，商务印书馆 1948 年版，第 1485 页。

三、农科大学落实师资培养

　　战时农业学校师资问题逐步受到重视，许多会议都有职业师资问题议决案，如 1939 年第三次全国教育会议有"职业师资亟宜培养征集案"[①]。1940 年 3 月，全国中等教育会议中有"各省中等学校教员进修事宜，拟请交由师范学院分区训练案""拟请特设职业教育师资训练机关，培养职业学校师资以应目前需要案"[②]。1942 年 1 月，在重庆开"各省市中等教育会议"，职业教育议案中有"师范学院应附设职业教育师资专科案"[③]。在具体实施上，1940 年国民政府教育部特令中央大学农学院举办农艺职业师资科，金陵大学农学院举办园艺师资组。[④] 同时，国民政府教育部还举办农业职业学校教员暑期讲习会，目的在于改进其农业教育之知识技能。1936 年至 1938 年共办三届，讲习地点都在中央大学。1936 年时分农艺、园艺、森林、蚕桑、家畜及家禽组；1937 年时分农作、森林园艺和蚕丝组；1938 年时分农作、森林和园艺组。分组的目的：一是以便聘请专门人才进行专门讲授；二是便于就各教师原学校所在区域农业中的实际问题进行讨论。前两年面向全国公私立农业职业学校，

---

　　① 教科图书编辑委员会：《第三次全国教育会议报告》，1939 年版，第 215 页。
　　② 《二十九年全国中等教育会议报告》，1940 年版，第 20—21、46 页。
　　③ 民国政府教育部教育年鉴编纂委员会编：《第二次中国教育年鉴》，商务印书馆 1948 年版，第 89 页。
　　④ 章伯雨：《农业职业教育的几个根本问题》，《农林新报》1942 年第 4—6 期，第 13 页。

1938 年受时局影响，仅面向川、黔、滇三省。① 1942 年曾另办职业教育行政工作人员暑期讲习会一次。②

此外，1940 年 5 月 9 日国民政府教育部还颁发《奖励职业学校职业学科教员进修暂行办法》，设进修奖学金，定每年奖励 20 名满足规定条件的职业学科进修教员，进修期内（半年，也可根据情况延长半年）每月发给 60 元（乙种）或 80 元（甲种）奖金，并且照发原有工资，目的在于鼓励职业学科教员用比暑期学校更多的时间来提高自己的教学实习水平。③ 1940 年又颁定《津贴职业学校专科教员及导工薪给暂行办法》，规定自 1940 年起每年津贴部分优秀农科教员，按照每年每名给予 250 元至 350 元的标准。④ 国民政府教育部"为谋技术训练之推进，适应社会现况，安定职业学科教员之服务，并罗致优秀技术师资起见"，于 1943 年 10 月 12 日颁发《国立职业学校职业科目教职员补助金办法》，规定"职业学科教职员除依照国立中等学校教职员支薪标准支领薪给外，按月依照薪给数另给 20% 至 50% 的补助金"⑤。

以上一系列措施落实情况如何，笔者未做进一步的追问，但实际的情况是，全国职业学校教职员数自 1937 年至 1946 年增长了三倍多，从 1937 年的4844 人增加到 1946 年的 17306 人（见表 5-3）。

表 5-3　1937—1946 年全国职业学校教职员数统计

单位：人

经办主体别	职业学校			
	小计	职业高初合设	高级职业	初级职业
1937 学年度				
总计	4844	1329	1564	1951

---

① 《教育部农业职业学校教员暑期讲习会办法》，《教育部公报》1936 年第 23/24 期，第 27—36 页；《教育部二十六年全国农业职业学校教员暑期讲习会办法》，《教育部公报》1937 年第 23/24 期，第 45—46 页；《教育部二十七年农业职业学校教员暑期讲习会办法》，《教育部公报》1938 年第 4—6 期，第 21 页。

② 《教育部将举办职业教育行政人员讲习会》，《教育通讯》1942 年第 15 期，第 5 页。

③ 《教育部训令（第 14045 号）》，《教育部公报》1940 年第 9 期，第 10—11 页；《奖励职业学校职业学科教员进修暂行办法》，《教育部公报》1940 年第 9 期，第 3—4 页。

④ 《教育部津贴职业学校专科教员及导工薪给暂行办法》，《浙江教育》1941 年第 10 期，第 61—62 页。

⑤ 《国立职业学校职业科目教职员补助金办法》，《教育部公报》1943 年第 10 期，第 9 页。

续表

经办主体别	职业学校			
	小计	职业高初合设	高级职业	初级职业
1938 学年度				
总计	4619	1124	1595	1900
国立	119	—	119	—
省市立	2380	793	782	805
县市立	959	156	133	670
私立	1161	175	561	425
1939 学年度				
总计	4811	1057	1911	1843
国立	259	—	227	32
省市立	2371	682	957	732
县市立	773	110	19	644
私立	1408	265	708	435
1940 学年度				
总计	6278	1477	2680	2121
国立	494	74	351	69
省市立	3007	932	1352	723
县市立	993	140	66	787
私立	1784	331	911	542
1941 学年度				
总计	6933	1737	3067	2129
国立	634	81	422	131
省市立	3413	1168	1568	677
县市立	950	157	58	735
私立	1936	331	1019	586
1942 学年度				
总计	8159	2212	3504	2443
国立	623	78	357	188
省市立	4196	1449	2045	702
县市立	1067	164	49	854
私立	2273	521	1053	699
1943 学年度				
总计	9057	2430	3997	2630

经办主体别	职业学校			
	小计	职业高初合设	高级职业	初级职业
国立	831	205	462	164
省市立	4348	1582	2216	550
县市立	1265	155	108	1002
私立	2613	488	1211	914
1944 学年度				
总计	9811	2886	4427	2498
国立	993	318	442	233
省市立	4507	1765	2392	350
县市立	1363	252	156	955
私立	2948	551	1437	960
1945 学年度				
总计	13991	4654	6116	3221
国立	1054	273	675	106
省市立	7003	3406	3216	381
县市立	2048	284	208	1556
私立	3886	691	2017	1178
1946 学年度				
总计	17306	5597	7579	4130
国立	1127	121	857	149
省市立	8567	3981	4066	520
县市立	2977	558	213	2206
私立	4635	937	2443	1255

说明：（1）"—"表示无。（2）1937 年度各省市所报中等教育统计报告表未分经办主体，仅列总数。（3）对原表个别计算有错数据进行了修改。

资料来源：民国政府教育部教育年鉴编纂委员会编：《第二次中国教育年鉴》，商务印书馆 1948 年版，第 1437—1438、1453 页。

当然，这组统计数字还是过于简陋，无法从中了解职业教员所占比重，更不能了解农业教员数的增加情况。幸而 1946 年的统计数字较为详细（见表 5-4），得以做进一步分析。

表5-4 1946年度全国各级各类职业学校教职员数

单位：人

学校性质别	共计	国立	小计	公立			私立		
				计	省市立	县市立	计	已备案	未备案
职业（高初合设）	5597	121	5476	4539	3981	558	937	673	264
农业	2142	71	2071	1925	1454	471	146	139	7
工业	2108	50	2058	1755	1740	15	303	211	92
商业	1125	—	1125	655	583	72	470	305	165
海事	77	—	77	77	77	—	—	—	—
医事	—	—	—	—	—	—	—	—	—
家事	127	—	127	127	127	—	—	—	—
其他	18	—	18	—	—	—	18	18	—
高级职业	7579	857	6722	4279	4066	213	2443	1643	800
农业	1470	130	1340	1241	1161	80	99	99	—
工业	2151	387	1764	1443	1415	28	321	226	95
商业	1135	—	1135	548	528	20	587	415	172
海事	294	43	251	230	230	—	21	21	—
医事	2373	282	2091	790	705	85	1301	814	487
家事	8	—	8	—	—	—	8	—	8
其他	148	15	133	27	27	—	106	68	38
初级职业	4130	149	3981	2726	520	2206	1255	548	707
农业	2262	91	2171	1465	222	1243	706	314	392
工业	885	21	864	647	249	398	217	58	159
商业	562	—	562	302	24	278	260	112	148
海事	13	—	13	13	13	—	—	—	—
医事	17	—	17	9	—	9	8	—	8
家事	342	—	342	278	—	278	64	64	—
其他	49	37	12	12	12	—	—	—	—

说明："—"表示无。

资料来源：民国政府教育部教育年鉴编纂委员会编：《第二次中国教育年鉴》，商务印书馆1948年版，第1453页。

从表中可以看出，1946年时，初级农业职业学校和高初合设农业职业学校教职员数在各类职业学校中都是最多的，高级农业职业学校教职员数也仅次于高级工业职业学校，排在第二的位置。各级农业职业学校教职员数都以公立为主，私立性质的仅占很小一部分。这与农业学校自身的性质有关，农业学校开办所需资金较多，私人性质的难以为继。

但是，以上措施显然并不足以解决农业师资问题，最具说服力的证据就是尽管时过境迁，仍能看到几乎一样的讨论职业师资问题的文章。如 1936 年时郑文汉的《职业教育师资问题》一文①只字未改地放到 1941 年再次发表②，依然适用。

四、政策性经费倾斜目标渐行渐远

中央教育经费预算至少占国家总预算 15% 的目标载入 1936 年 5 月公布的《中华民国宪法草案》中③，足见南京国民政府的重视。但事实情况如何？草案公布后的 1937—1949 年，中央教育文化经费预算数占国家预算的百分比最多时达到过 4.99%，最少时只有 1.48%，距离 15% 的目标一直很远（见表 5-5）。蒋介石政府的重心依然在军事。

表 5-5　1937—1946 年中央教育文化经费预算情况

年度	教育文化经费预算数（千元）	占国家预算百分比
1937 年	48158	3.30
1938 年下半年①	27617	2.13
1939 年	69369	3.27
1940 年	106000	2.31
1941 年	230706	2.15
1942 年	464534	1.64
1943 年	852556	1.48
1944 年	5294159	3.54
1945 年	29592685	2.20
1946 年	363708353	4.99
1947 年	1353035896	2.94
1948 年上半年	6798782065	2.91

①　郑文汉：《职业教育师资问题》，《江苏教育》1937 年第 6 期，第 32—36 页。
②　郑文汉：《职业教育师资问题》，《教育与职业》1941 年第 195 期，第 25—27 页。
③　《中华民国宪法草案》，《国民政府公报》1936 年第 2039 号，第 13 页。

续表

年度	教育文化经费预算数（千元）	占国家预算百分比
1948 年下半年②	66441	4.17
1949 年上半年	796231	3.59
1949 年下半年③	8725	3.23

附注：（1）年度改制，本期为六个月；（2）8月改币，分为半年计算；（3）7月改币，分为半年计算。

说明：1937 年至 1948 年上半年为法币千元；1948 年下半年至 1949 年上半年为金圆千元；1949 年下半年为银圆千元。

资料来源：中国台湾地区教育部门教育年鉴编纂委员会：《第三次中国教育年鉴》，正中书局（台北）1957 年版，第 1230 页。

　　前章提到 1933 年颁布的《各省市中等学校设置及经费支配标准办法》规定的到 1937 年中等教育经费的分配，职业教育不得少于 35%并没有如期实现。1942 年又令颁各省市编制该年度教育行政计划及教育文化费概算原则，再次指定中等教育经费之分配，职业学校应占 35%。[①] 但是据统计，这个目标依然未实现（见表 5-6）。

表 5-6　1937—1945 年度中等教育岁出经费数

（元；括号内为占中等教育岁出经费数的百分数）

学年度	岁出经费数			
	共计	中学	师范	职业
1937	30396758	20866634 (68.6)	5312267 (17.5)	4217857 (13.9)
1938	34647885	24615400 (71.0)	5691929 (16.4)	4340556 (12.5)
1939	44889288	32027520 (71.3)	7397214 (16.5)	5464554 (12.2)
1940	79703919	53138753 (66.7)	15550164 (19.5)	11015002 (13.8)
1941	153385468	102426815 (66.8)	30856778 (20.1)	20101875 (13.1)
1942	314067020	228897773 (72.9)	48527198 (15.5)	36642049 (11.7)
1943	1043164138	795987382 (76.3)	119113805 (11.4)	128062951 (12.3)
1944	3426593356	2709153656 (79.1)	361751058 (10.6)	355688642 (10.4)
1945	26873629795	20822735908 (77.5)	3534229572 (13.2)	2516664315 (9.4)

说明：（1）1937 学年度为浙江等 18 省。（2）1941 学年度以后各学年度之经费数未将生活补助费计入。

资料来源：民国政府教育部教育年鉴编纂委员会编：《第二次中国教育年鉴》，商务印书馆 1948 年版，第 1428 页。

　　[①]　民国政府教育部教育年鉴编纂委员会编：《第二次中国教育年鉴》，商务印书馆 1948 年版，第 1024 页。

1937—1949 年农业教育经费投入情况虽无法进一步了解，但是可以肯定的是在整个职业教育经费都如此少的情况下，状况同样不容乐观。可以从国民政府本来打算施行却因内战而搁浅的《战后五年计划草案大纲》中略知一二。该草案在资金分配上重点首先放在基本设施，然后是制造业和采矿，而最后才是农业。[①]

五、战时公费制度刺激学校发展

职业学校学生，按《修正职业学校规程》第六十八条规定"以不收学费为原则"[②]。即便如此，很多家庭仍然无法承担孩子的膳宿费用。因此，1941年教育部通令公立职业学校除一律免收学费外，应设置公费名额，至少 30%。私立职业学校征收学费，应依照规定，并亦应酌设公费名额。[③] 1944 年又经呈奉行政院核准职业学校各科学生享受公费之比例，农科学生得有总数 80% 享受公费。[④] 1947 年暑期后，取消以上战时公费制度，国立各职业学校新招学生，改照奖学生办法办理，名额减为 20%。[⑤] 这些措施都旨在通过改善职业学校学生待遇，吸纳更多学生进入职业学校学习。一方面适应战时需要；另一方面扭转中等教育发展不均衡的态势。通过 1937—1949 年全国中等学校数和学生数统计数字可以看到，虽然处在战争时期，但是，全国职业学校数与学生数都较战争初期有了大幅增加。职业学校从 1937 年的 292 所增加到 1946年的 724 所，职业学生也从 1937 年的 31592 人增加到 1946 年的 137040 人。这与前文提到的各种措施有密切关系。同时也可以看到，职业学校与普通中学之间呈不均衡的发展态势，并没有因为以上政策的出台而有所改善。1937年时普通中学学校数占整个中等学校总数的 65.4%，到 1946 年不但没有减少

---

① 方显廷：《方显廷回忆录——一位中国经济学家的七十自述》，方露茜译，商务印书馆 2006 年版，第 122 页。

② 《修正职业学校规程（二续）》，《教育部公报》1935 年第 31/32 期，第 8 页；民国政府教育部编：《职业教育法令汇编》，商务印书馆（上海）1936 年第 2 版，第 48 页。

③ 民国政府教育部教育年鉴编纂委员会编：《第二次中国教育年鉴》，商务印书馆 1948 年版，第1033 页。

④ 《训令（义 11 字第 1509 号）》，《行政院公报》1944 年第 2 号，第 8—9 页。

⑤ 民国政府教育部教育年鉴编纂委员会编：《第二次中国教育年鉴》，商务印书馆 1948 年版，第1033 页。

反而增加到 72.4%。职业学校数则从 1937 年的 15.4% 减少到 1946 年的 12.3%。两者的学生数与学校数的走向基本一致（见表 5-7）。笔者认为，原因一方面在于国民政府承诺的职业教育经费投入无法落实；另一方面在于普通教育也有相应的激励措施，如 1938—1943 年的"贷金制"排除师范教育、职业教育而单方面刺激普通教育的发展。[①]

表 5-7　1937—1949 年全国中等学校数和学生数统计

（括号内为占全国中等学校数或学生数的百分数）

学年度	学校数				学校数			
	共计	中学	师范	职业	共计	中学	师范	职业
1937	1896	1240 (65.4)	364 (19.2)	292 (15.4)	389948	309563 (79.4)	48793 (12.5)	31592 (8.1)
1938	1814	1246 (68.7)	312 (17.2)	256 (14.1)	477585	389009 (81.5)	56679 (11.9)	31897 (6.7)
1939	2278	1652 (72.5)	339 (14.9)	287 (12.6)	622803	524395 (84.2)	59431 (9.5)	38977 (6.3)
1940	2606	1900 (72.9)	374 (14.4)	332 (12.7)	768533	642688 (83.6)	78342 (10.2)	47503 (6.2)
1941	2812	2060 (73.3)	408 (14.5)	344 (12.2)	846552	703756 (83.1)	91239 (10.8)	51557 (6.1)
1942	3187	2373 (74.5)	455 (14.3)	359 (11.3)	1001734	831716 (83.0)	109009 (10.9)	61009 (6.1)
1943	3455	2573 (74.5)	498 (14.4)	384 (11.1)	1101087	902163 (81.9)	130995 (11.9)	67929 (6.2)
1944	3745	2759 (73.7)	562 (15.0)	424 (11.3)	1163113	929297 (79.9)	157806 (13.6)	76010 (6.5)
1945	5073	3727 (73.5)	770 (15.2)	576 (11.3)	1566392	1262199 (80.6)	202163 (12.9)	102030 (6.5)
1946	5892	4266 (72.4)	902 (15.3)	724 (12.3)	1878523	1495874 (79.6)	245609 (13.1)	137040 (7.3)

说明：1937 学年度为浙江等 18 省，1938 学年度为江苏等 19 省，1939 学年度为江苏等 23 省市，1940—1944 学年度为江苏等 25 省市，1945 学年度为江苏等 31 省市，1946 学年度为江苏等 36 省市。

资料来源：民国政府教育部教育年鉴编纂委员会编：《第二次中国教育年鉴》，商务印书馆 1948 年版，第 1428 页。

关于农业学校与学生数的统计，该时段笔者仅能找到 1946 年的数字（见表 5-8 和表 5-9）。该年有高初合设农业学校 71 所、高级农业学校 50 所、初级农业学校 152 所。除高级农业学校略少于高级工业学校数，位居各业教育数第二位外，高初合设和初级农业学校数都位居各业教育之首。高级农业学生数仅次于高级工业学生数，在各业教育中位居第二；初级农业学生数与初级农业学校数一样，位居各业教育学生数之首。与前章一样，即与整体上省

---

① 民国政府教育部教育年鉴编纂委员会编：《第二次中国教育年鉴》，商务印书馆 1948 年版，第 53 页。

市立、县市立和私立三个经办主体基本持平的职业教育发展情况（见表5-
10）不同，农业教育以省市立居多，这与农业教育设备繁多、经费投入大有
直接关系。

表5-8 1946年度全国各级各类职业学校校数

单位：所

学校性质别	共计	国立	小计	公立			私立		
				计	省市立	县市立	计	已备案	未备案
职业（高初合设）	167	4	163	123	103	20	40	24	16
农业	71	3	68	60	43	17	8	6	2
工业	52	1	51	40	39	1	11	6	5
商业	38	—	38	18	16	2	20	11	9
海事	2	—	2	2	2	—	—	—	—
医事	—	—	—	—	—	—	—	—	—
家事	3	—	3	3	3	—	—	—	—
其他	1	—	1	—	—	—	1	1	—
高级职业	284	23	261	136	125	11	125	78	47
农业	50	4	46	41	38	3	5	5	—
工业	52	7	45	33	32	1	12	8	4
商业	45	—	45	16	15	1	29	20	9
海事	9	1	8	7	7	—	1	1	—
医事	122	11	111	38	32	6	73	42	31
家事	1	—	1	—	—	—	1	—	1
其他	5	—	5	1	1	—	4	2	2
初级职业	269	5	264	169	28	141	95	40	55
农业	152	4	148	95	12	83	53	24	29
工业	52	1	51	35	13	22	16	4	12
商业	37	—	37	17	1	16	20	7	13
海事	1	—	1	1	1	—	—	—	—
医事	2	—	2	1	—	1	1	—	1
家事	24	—	24	19	—	19	5	5	—
其他	1	—	1	1	1	—	—	—	—

说明："—"表示无。

资料来源：民国政府教育部教育年鉴编纂委员会编：《第二次中国教育年鉴》，商务印书馆1948
年版，第1445页。

表 5-9　1946 年度全国各级各类职业学校学生数

单位：人

学校性质别	共计	国立	小计	公立			私立		
				计	省市立	县市立	计	已备案	未备案
高级职业	62843	4811	58032	40183	37484	2699	17849	12373	5476
农业	15107	788	14319	13080	11310	1770	1239	1077	162
工业	21941	2893	19048	15333	15147	186	3715	2642	1073
商业	12789	—	12789	6273	5883	390	6516	4976	1540
海事	2056	195	1861	1606	1606	—	255	166	89
医事	9555	860	8695	3401	3048	353	5294	3100	2194
家事	321	—	321	233	233		88	—	88
其他	1074	75	999	257	257	—	742	412	330
初级职业	73843	892	72951	55935	29093	26842	17016	8829	8187
农业	32625	560	32065	25558	10580	14978	6507	3719	2788
工业	19808	293	19515	16053	11726	4327	3462	1445	2017
商业	16217	—	16217	9616	5104	4512	6601	3360	3241
海事	254	—	254	254	254	—	—	—	—
医事	885	21	864	743	703	40	121	—	121
家事	3798	—	3798	3501	647	2854	297	277	20
其他	256	18	238	210	79	131	28	28	

说明："—"表示无。

资料来源：民国政府教育部教育年鉴编纂委员会编：《第二次中国教育年鉴》，商务印书馆 1948 年版，第 1449 页。

表 5-10　1937—1946 年全国各经办主体职业学校数及学生数

经办主体别	校数				学生数		
	小计	职业高初合设	高级职业	初级职业	小计	高级职业	初级职业
1937 学年度							
总计	292	40	103	149	31592	12337	19255
1938 学年度							
总计	256	38	79	139	31897	13480	18417
国立	9	—	8	1	673	597	76
省市立	86	22	27	37	15957	6978	8979
县市立	76	5	5	66	6764	1425	5339

续表

经办主体别	校数				学生数		
	小计	职业高初合设	高级职业	初级职业	小计	高级职业	初级职业
私立	85	11	39	35	8503	4480	4023
1939 学年度							
总计	287	49	96	142	38977	17287	21690
国立	8	—	7	1	1466	1151	315
省市立	106	27	36	43	15829	7860	7969
县市立	71	5	7	59	6811	541	6270
私立	102	17	46	39	14871	7735	7136
1940 学年度							
总计	332	55	122	155	47503	21543	25960
国立	17	2	11	4	2087	1475	612
省市立	130	33	52	45	20232	10609	9623
县市立	78	5	7	66	7510	605	6905
私立	107	15	52	40	17674	8854	8820
1941 学年度							
总计	344	63	130	151	51557	24264	27293
国立	22	2	13	7	2699	1850	849
省市立	137	40	54	43	22856	12234	10622
县市立	71	6	7	58	7470	721	6749
私立	114	15	56	43	18532	9459	9073
1942 学年度							
总计	359	72	132	155	61009	28399	32610
国立	25	2	16	7	3957	2269	1688
省市立	141	43	61	37	25616	15216	10400
县市立	65	7	2	56	9029	616	8413
私立	128	20	53	55	22407	10298	12109
1943 学年度							
总计	384	78	147	159	67929	30631	37298
国立	30	6	18	6	5633	332	2310
省市立	143	46	69	28	26642	15810	10832
县市立	74	7	4	63	10408	859	9549
私立	137	19	56	62	25246	15639	14607

续表

经办主体别	校数				学生数		
	小计	职业高初合设	高级职业	初级职业	小计	高级职业	初级职业
1944 年							
总计	424	92	175	157	76010	35735	40275
国立	31	4	20	7	7081	3888	3193
省市立	165	56	85	24	30467	18978	11489
县市立	77	10	7	60	10599	1391	9208
私立	151	22	63	66	27863	11478	16385
1945 年							
总计	576	146	229	201	102030	48194	53836
国立	31	10	16	5	6018	4108	1910
省市立	223	99	103	21	51169	28230	22939
县市立	117	11	10	96	15515	1935	13580
私立	205	26	100	79	29328	13921	15407
1946 年							
总计	720	167	284	269	136686	62843	73843
国立	32	4	23	5	5703	4811	892
省市立	256	103	125	28	66577	37484	29093
县市立	172	20	11	141	29541	2699	26842
私立	260	40	125	95	34865	17849	17016

说明：（1）"—"表示无。（2）1937 年度各省市所报中等教育统计报告表未分经办主体，仅列总数。（3）1946 年数字不包括"海外各地侨民设立"，因此和前表 1946 年数字有所不同。

资料来源：民国政府教育部教育年鉴编纂委员会编：《第二次中国教育年鉴》，商务印书馆 1948 年版，第 1429—1430、1433—1434、1445、1449 页。

本章小结

本期农业教育仅在制度上为适应战争需要，做了适当调整。依然沿用 1933 年的类课标，组建了专为编辑农业教材的"农业职业学校教科用书编辑委员会"，并且融入了奖励机制。虽然农业教材的比重未知，是否受到奖励情况不详，但是笔者认为这种机制多少还是对农业教材的编辑起到一定的促进作用。农业师资问题受到重视，并在实际层面取得了一些进展，但是远没有达到解决的程度。1937—1949 年农业教育经费投入情况虽无法进一步了解，但是可以肯定的是在整个职业教育经费都如此少的情况下，状况同样不容乐观。战时公费制度刺激了职业学校的发展，无论在学校数还是学生数上都较战争初期有了较大增长，但是职业学校与普通中学之间不均衡的发展态势并没有因此而改善。笔者认为，原因一方面在于国民政府承诺的职业教育经费投入无法落实；另一方面在于普通教育也有相应的激励措施。与前章一样，即与整体上省市立、县市立和私立三个经办主体基本持平的职业教育发展情况不同，农业教育以省市立居多，这与农业教育设备繁多、经费投入大有直接关系。

第六章　民国时期农业教育的歧路

笔者在研究民国农业教育的过程中发现，"农业破产"出现的频率很高。很多问题的提出都基于"农业破产"这一观念，但是农业是否在民国时期真的破产，至今仍在争论之中。那么，除去"农业破产"，农业教育还有何"可能性"与"必要性"就成为一个值得思考的问题。建立在"农业破产"基础上的职业教育内的"重农"与"重工"之争也同样值得关注。

一、"可能性"与"必要性"

民国时期，农业教育有了初步的发展。虽然规模较小，但作为一种开先河的尝试，它的价值是不能用规模的大小来衡量的。对农业教育在当时的历史条件下存在的可能性与必要性进行分析是十分重要的，因为只有经过这样的剖析，才能更清楚地理解农村职业教育的内涵和价值。

研究民国时期的农村问题，不缺乏一手资料，但是缺少确凿可信的资料。"确凿可信"的资料，不是感性的、局部现象的描述，而是理性的、科学的统计。张履鸾指出："中国系一个国土庞大而又缺乏准确统计数字的国家，因自然条件上的限制，各地的农艺方式，农业经营，租佃制度以及农民生活等等都有着不少的差异。欲求认识农村，实在也颇非易事。"① 正因如此，对于民国时期农村状况的正确理解尤显困难。然而，要研究民国时期的农业教育又不能缺少对当时农村状况的正确理解。缺少不等于没有，还是可以从不少相关著作中还原或接近历史的真实。如卜凯就被认为是"划时代地建立起了中国近代农业经济的一套最完善的调查资料，并且他对中国农业经济的看法一

---

① ［美］卜凯：《中国农家经济——中国七省十七县二八六六田场之研究》，张履鸾译，商务印书馆（上海）1936年版，"译者序"第1页。

直影响着后来的学者"①。笔者的结论即主要来自卜凯的调查资料，以及基于该调查资料的一系列著作。

　　基于农业教育在民国时期已经存在这一事实而谈其存在的可能性与必要性似乎有些多余，但是倘若历史纵向来考察民国时期的农业教育，了解可能性与必要性对于农村职业教育的发展乃至整个职业教育的发展都是十分必要的。需要指出的是，因为农业教育已经存在，探讨农业教育的必要性与可能性就可以回避农业教育自身的一些因素，如师资、经费等，而主要从农民、农业和农村的视角来考察这一问题。

（一）农民需要进行农业教育

　　很多乡村建设者指出农民存在"愚""贫""弱""私"这样一些问题，但是，也有一些学者提出了不同的观点，如费孝通就不同意说农民"愚"②，孙冶方也对"私"提出了反对意见，指出农民天生具有学习先进方法的可能性。③ 珀金斯认为："1900 年以前的几个世纪中，中国农具技术停滞不前可能这样来解释，农民在实验新方法上或者是太守旧，或者是太缺乏想象力。然而，这样一个结论同我们知道的他们对于新种子的反应，或者他们在很早以前就有能力发展种类繁多的农具的事实，是不相一致的。"④ 马若孟指出："农户对农产品价格的变化极为敏感，尽可能把他们的土地投向最好的经济用途。他们衡量出租或租入土地的利益和成本。他们理性地考虑各种可以替代农业的收入，考虑在不同的工作之间怎样配置劳动力才能使家庭收入最大化。家庭有获得更高的收入并购买土地的强烈动机。"⑤ "农户通常对市场价格和作物收益的变化很快做出反应，理性的选择能够提供更多收入的作物，即使这种作物碰巧需要付出更多的劳动努力。"⑥ 他们描写的大体是同一时代的农

---

　　① 陈意新：《美国学者对中国近代农业经济的研究》，《中国经济史研究》2001 年第 1 期，第 118 页。

　　② 费孝通：《乡土中国　生育制度》，北京大学出版社 1998 年版，第 12 页。

　　③ 孙冶方：《为什么要批评乡村改良主义工作》，《中国农村》1936 年第 5 期，第 21—28 页。

　　④ ［美］珀金斯：《中国农业的发展（1368—1968 年）》，宋海文等译，上海译文出版社 1984 年版，第 70—71 页。

　　⑤ ［美］马若孟：《中国农民经济——河北和山东的农民发展，1890—1949》，史建云译，江苏人民出版社 1999 年版，第 139 页。

　　⑥ ［美］马若孟：《中国农民经济——河北和山东的农民发展，1890—1949》，史建云译，江苏人民出版社 1999 年版，第 219 页。

民，但是由于各自的立场与研究领域的不同，因而有着不同或截然相反的观点。然而，无论哪种观点，无不透露出对农民进行农业教育的可能性与必要性。农民正因为"愚""贫""弱""私"才有进行教育的必要性，也正因为他们并不"愚"，才具有进行教育的可能性，而职业的引导，农业的教育尤显必要。

匪患多发，某种程度上也可以作为"农业教育"推行的可能性与必要性因素，裴宜理认为："尽管在播种和收获季节，身强力壮的人很容易找活干，但一年中有三分之一的时间是无事可干的。在这四个月的农闲时期，过剩的劳力对淮北地区集体行动的形成有非常关键的作用。作为弥补农业收入的可选择手段的不足，无事可干的农民经常依靠暴力来获取生活必需品。"[①] "可选择手段的不足"，一方面是社会吸纳剩余劳动力的能力有限造成的；另一方面则是农民缺乏相应知识与技能储备使然。对农民进行农业方面的教育，一方面可以拓展其可选择的手段，促进社会的稳定；另一方面又可以在社会本身吸纳能力有限的情况下，从思维转变上实现农村的发展。裴宜理认为："从总体上来说，经济作物在该地区（华北）并不盛行，由于个体生存农业的制约，尽管土地可能适合种植具有更大利润的作物，但农民最大的希望莫过于生产出足够的粮食以保证全家人的生活。如果农民放弃生存农业，他们会完全依赖于他们无法控制的市场。很少有人会专业从事经济作物的种植，除非市场稳定并有良好的发展，而且其预期收入能大大超过温饱水平。"[②] 而农业教育的内涵不仅包括教给农民进行农业生产的相关技能与技巧，更重要的还在于培养农民的变革意识。

农民自身缺乏变革的意识，需要通过外部力量来促使其发展，这是费孝通的观点。费孝通指出："供应和需求的有效性取决于对市场的了解，这是农民不具备的。如果没有特殊的力量来影响并促使变革，人们几乎不理解蚕丝价格下跌的原因，更不明白市场对货物类型所提出的新的需求。"[③] "改变职业是困难的，甚至改变农作物，村民脑中都很少想到。因此，生产结构是受

① ［美］裴宜理：《华北的叛乱者与革命者，1845—1945》，池子华、刘平译，商务印书馆 2007年版，第33页。

② ［美］裴宜理：《华北的叛乱者与革命者，1845—1945》，池子华、刘平译，商务印书馆 2007年版，第47页。

③ 费孝通：《江村经济——中国农民的生活》，戴可景译，商务印书馆 2001 年版，第219页。

到严格限制的，它不能随着市场的需求作出灵活的反应，变化是缓慢而长远的。"① "在农村，改变职业比改变现有作业更加困难。"②

马若孟和他的同事通过对沙井村进行调查得出 "（该村）10户只靠他们的农业收入生活，6户完全靠非农业收入，6户的收入来自工资和租入的土地上的收获。53个农户，占到全村总数的78%通过在村外工作以补充他们的农业收入。"③ "事实是自19世纪末以来沙井村就越来越依靠非农业收入。"④ 简单的发展农业永远都无法使农民摆脱贫困，真正的农村职业教育更多的应该是促进农村劳动力的转移，而转移的劳动力要想脱离简单地以出卖劳力的方式获得收入，就不得不接受农业教育。

裴宜理指出："租佃程度低下并不意味着淮北农民经济的繁荣。"⑤ 他认为："绝大多数淮北农民不需要交租还贷也并不意味着其生活有经济保障。总体而言，自耕农根本谈不上富足。"⑥ 卜凯指出："中国农人的生活程度之低，从各方面皆可看出。收入方面既是渺小的可怜，而且其中大部分还是仅仅用于维持物质生活方面的要素。生活必需费用虽占入款的大部分，可是食物既缺乏营养，且又终年不变，衣服极粗，仅足蔽体，住室简陋，聊避风雨，绝无舒适美观可言。近代的教育，宗教，以及社会生活，和他们风马牛不相及。乡村教育幼稚之至，质量二者皆差，可以说是毫无用处。敬神方面，虽有相当的价值，可是负担太重，而社会生活，绝为枯燥单调，娱乐消遣，颇感缺乏。他们的生活，虽然如此之苦，而仍能喜笑颜开，和平忠厚，关于这一点，盖亦颇值得吾人之钦佩。"⑦ 民国时期农村经济发展与否，是一个仍处于争论之中的论题，但是农民生活贫困却是不争的事实。如何解决农民的贫困问题，

---

① 费孝通：《江村经济——中国农民的生活》，戴可景译，商务印书馆2001年版，第219页。
② 费孝通：《江村经济——中国农民的生活》，戴可景译，商务印书馆2001年版，第219页。
③ ［美］马若孟：《中国农民经济——河北和山东的农民发展，1890—1949》，史建云译，江苏人民出版社1999年版，第49页。
④ ［美］马若孟：《中国农民经济——河北和山东的农民发展，1890—1949》，史建云译，江苏人民出版社1999年版，第58页。
⑤ ［美］裴宜理：《华北的叛乱者与革命者，1845—1945》，池子华、刘平译，商务印书馆2007年版，第38页。
⑥ ［美］裴宜理：《华北的叛乱者与革命者，1845—1945》，池子华、刘平译，商务印书馆2007年版，第39页。
⑦ ［美］卜凯：《中国农家经济——中国七省十七县二八六六场之研究》，张履鸾译，商务印书馆（上海）1936年版，第558页。

是摆在教育工作者面前的一个真实问题。

（二）农业的发展急需职业指导

历史纵向来考察，民国时期农村经济是有所发展的，但促成这样一种发展的因素是什么？珀金斯指出："在某些农业社会中，传统方法维持得很长久，直到生产已经逐渐形成一个定局，在这种场合进一步增加产量已经到了不可能的地步。但是中国在十四世纪和十九世纪之间，人口和可能的产量却增长了六倍光景，以后到二十世纪中叶又增加了百分之五十。……这种增长能够算在耕地面积扩大方面的只有一半左右。其余大约是由主要粮食作物产量的加倍而获得的。"① 珀金斯又进一步指出："（这一时期）如果有粮食产量加倍之类的事情……'传统的'技术，包括'最好的技术'从'先进的'地区向'落后的'地区的推广在内，只能说明一小部分产量的增长。事实上，大部分的增长，似乎是在技术停滞条件下投入了较大的资本和劳动的结果。"② 珀金斯的这一结论是在对跨越几个世纪的资料取证下得出的，说明了两个事实：一是农业产量，从历史来看，在民国时期是有所增加的，"农业破产论"在那时的提出就值得怀疑；二是农业产量还有增加的可能性，即农业技术的改良，这就关系到农业教育的发展。

许多学者认为封建地租阻碍农村经济的发展，珀金斯却认为："一个最出乎意料的结果是高租佃与迅速上升的生产率之间似乎确有关联，但中国可没有这种情况。别的国家的地主或许能做些促使农业改进的事情，但是这些地主一般都是居住在农村的，中国不在地主数量庞大，又有租栈收租之类制度的存在，这就使地主很难作出任何积极的贡献。对于地主来说，保持土地主要是一个保持既得财富的合理、安全而又方便的方法，它并不是原先取得那项财富的主要来源。土地上投资的报酬率实在太低，因而这种投资无法成为发财致富的主要途径。"③ 而该制度民国时期并未改变，这就给了租种土地的

① ［美］珀金斯：《中国农业的发展（1368—1968年）》，宋海文等译，上海译文出版社1984年版，第45页。
② ［美］珀金斯：《中国农业的发展（1368—1968年）》，宋海文等译，上海译文出版社1984年版，第45—46页。
③ ［美］珀金斯：《中国农业的发展（1368—1968年）》，宋海文等译，上海译文出版社1984年版，第131页。

农民发展农业的空间与动力。

农业的多样化，在民国时期并没有被农民所接受，大多数地方还是死守单一作物的种植。卜凯认为："盖谷类无论在世界任何国家，皆为最廉之食料，不过在中国的多数地方，除谷类以外，其他副食品太少，因此对于健康方面，不大适宜。"① 他指出："可以使农业的集约与混合程度增高，而使田场上的多余时间因此而能有所利用。且能使工作时间，得终年的平均支配。一个优良的菜园，不但能改进卫生，且能使农人因此而能做有益的工作。"②"人类利用科学方法，足以战胜一切惨遇的可能，不但完全不知，连想都没有想到。作物育种，防治病虫害，以及其他农业上的科学改进方法，大多数的农人，依然还是完全不知，以致对于作物生产上，与生活上的改进欲望，每误以为只须敬神，即可以满足，其实不但不能如愿，而实际上反多得经济上的许多损失。"③ 中国的农业发展到这个时候，是有"过密化"④ 的可能，但是也具有进一步发展的可能性。

（三）农村状况为农业教育提供可能

封建土地所有制的存在，无疑是农业教育的最大障碍，但是，也有学者指出这些不是主要问题。珀金斯指出："十四世纪以后，中国土地租佃制度似乎并没有发生很大的变化。……因为土地的报酬率低，所以大多数地主都是通过农业以外的途径发财致富，他们将土地看作易于脱手的资产和取得声望的源泉。一般说来，土地的所有者都不住在农村，对提高他们土地上的产量并不抱多大兴趣。可是，凡是必须大量投资以保持或提高产量的地方，租佃契约上通常就订定长期的租佃年限，地租数额也是固定的，这样农民就有投

① ［美］卜凯：《中国农家经济——中国七省十七县二八六六田场之研究》，张履鸾译，商务印书馆（上海）1936 年版，第 506 页。

② ［美］卜凯：《中国农家经济——中国七省十七县二八六六田场之研究》，张履鸾译，商务印书馆（上海）1936 年版，第 507 页。

③ ［美］卜凯：《中国农家经济——中国七省十七县二八六六田场之研究》，张履鸾译，商务印书馆（上海）1936 年版，第 545 页。

④ 黄宗智在《长江三角洲的小农家庭与乡村发展》一书中提出"内卷化"，也称为"过密化"的中国近代农业经济发展理论。他把通过在有限的土地上投入大量的劳动力来获得总产量增长的方式，即边际效益递减的方式，称为没有发展的增长即"内卷化"。见［美］黄宗智《长江三角洲的小农家庭与乡村发展》，程洪等译，中华书局 2000 年版，第 11—12 页。

入他们自己的资金的动力。……所以这种制度不是影响改良的一个主要障碍。"① "一般说来，同农业密切相关的制度，自十四世纪以来并未发生显著的演变。另一方面，人们也不是真正需要去改革这些制度。这些制度本身并不是进步的媒介，但也不是提高农业产量的主要障碍。"② "购买土地的（或以土地为抵押而出借的）钱财一般是从农业部门以外取得的，因为中国最成功的农庄所取得的利润也是很低，而且就是这些，也只有通过长年累月的艰苦努力才会获得。"③ 这样的看法有悖于通常的理解，但是通常的理解又有几分正确？珀金斯是在大量实地调查材料的基础上总结出这番话。通常的理解是否太感性？这些都需要进一步深入的探讨。不能因为珀金斯有数据的支持就相信他的观点，因为同用一个调查资料，常常会得出截然相反的观点。也不应不假思索地否定他的观点，因为通常的理解也许从一开始就是错误的。笔者仅把这种观点作为发展农业教育的可能性。马若孟也提出了相同的看法。他认为："土地所有权制度没有对收入的分配和农场管理产生副作用，从而妨碍农村经济发展。正如我们即将看到的，佃农户的百分比很小。租入和出租土地的农户只是想要更有效地利用现有土地，从而使家庭收入最大化。就土地被转移给对方成为借贷制度的一种副产品这一点来说，它没有导致对农村经济不利的后果，因为土地作为一种钱的近似物，在贷款从债权人向债务人的转移中起了重要的作用。没有这样一种农村借贷制度，家庭农场就会无法全年经营土地，开垦土地也会成为不可能的事。"④

还有一些诸如城市发展的因素也为农业教育的发展带来了可能性，有时，这种可能性还是最主要的因素。马若孟认为："城镇和市场的扩大无疑增加了对农产品的需求，为农户寻找更好的生产方式提供了必要的刺激。"⑤ 同时，马若孟也指出："在狭义的经济意义上，通商口岸以牺牲内地农村利益为代价

---

① ［美］珀金斯：《中国农业的发展（1368—1968年）》，宋海文等译，上海译文出版社1984年版，第239页。
② ［美］珀金斯：《中国农业的发展（1368—1968年）》，宋海文等译，上海译文出版社1984年版，第240页。
③ ［美］珀金斯：《中国农业的发展（1368—1968年）》，宋海文等译，上海译文出版社1984年版，第118—119页。
④ ［美］马若孟：《中国农民经济——河北和山东的农民发展，1890—1949》，史建云译，江苏人民出版社1999年版，第265页。
⑤ ［美］马若孟：《中国农民经济——河北和山东的农民发展，1890—1949》，史建云译，江苏人民出版社1999年版，第207页。

得到发展。城市与其说是促进落后的农村发展，不如说仅是在剥削农村经济，在这样一条道路上，经济逐渐扭曲。农业不是在发展，而是在衰退。"① 前者为农业教育带来了可能性，后者揭示了农业教育发展的必要性。

综上所述，无论怎么看待民国时期的农民，他们都需要进行农业方面的教育，都具有进行农业教育的必要性与可能性；农业发展的诸多不足也为农业教育的进行提供了空间；封建的土地关系依然存在，但这不构成妨碍农业教育进行的决定因素。

二、"农业破产论"

农业教育什么时候都必须提倡，但是在民国时期，提倡农村职业教育者宣扬农业教育的一大原因是认为"农村破产"，这种看法在当时的书籍里随处可见②，但是，后来的一些学者用实地调查所得的数据推翻了这种看法。马若孟在收集了各个方面的数据后得出这样的结论："没有任何证据表明 1937 年以前农民的生活水平在下降，所以，为了供养增长的人口，农业总产量是上升的。"③ 他认为："华北的食物供给问题从来没有出现过危机。偶然的粮食进口仅仅显示出这一地区的经济在战争和自然灾害破坏了本地生产时能够转向外部资源供给。在正常情况下，农民的生产足以满足他们自己和城市的需求。通过改变土地利用的方式，加上农民进行更为集约经营的能力就能做到这一点。如果出现技术变革并保持局势安宁，农场的产量自然而然会更为迅速地增长。"④ 马若孟认为："生活水平变化方面最好的资料是卜凯和他的助手在 1929—1931 年间所收集的。这些资料都浓缩在他那内容丰富的统计资料中，一直被那些断言农村生活水平在 19 世纪之后持续下降的学者们所忽视。

---

① ［美］马若孟：《中国农民经济——河北和山东的农民发展，1890—1949》，史建云译，江苏人民出版社 1999 年版，第 25 页。

② 它们不是认为中国农业已经破产，就是认为即将破产。认为农业已经破产的有冯和法、江恒源、沈光烈、丘学训、欧元怀等。认为即将破产的有黄炎培、钱亦石、舒新城、钟道赞、郑文汉、陈兆庆等。

③ ［美］马若孟：《中国农民经济——河北和山东的农民发展，1890—1949》，史建云译，江苏人民出版社 1999 年版，第 136 页。

④ ［美］马若孟：《中国农民经济——河北和山东的农民发展，1890—1949》，史建云译，江苏人民出版社 1999 年版，第 234—235 页。

到目前为止，我的主要论点是，在一切情况正常的地方，农村生活水平没有下降。"① 马若孟得出的结论是："除了长时期的歉收和发生战争时以外，农民在这一阶段（1910—1930 年）的生活水平没有下降。如果我们相信卜凯的资料，我们甚至能够承认这一地区生活水平有轻微的改善。在通商口岸——集镇经济商业和工业扩大的情况下，这是有可能做到的。"② 他认为："学者们写到中国农村的商人和高利贷者时都不抱同情。他们被描述为寄生虫，与他们为农村经济所做的贡献相比，他们更多的是要为其落后负责。事实上，对于他们的作用的描述加入了太多情绪化的东西，以致借贷和销售体系很少为人理解。对于这一问题有必要重新考察。"③

这种质疑的声音相对于"农业破产论"来说，实在是太小，没有引起太多的关注，但是，笔者认为，还是有必要对这一问题进行深入的思考与事实的取证。如果这种观点站得住脚，就可以把提倡农业教育的原因过多地归入政治导向，或者其他，而不仅是农业本身；如果这种说法是错误的，只适合于局部的中国，那么可以提出相反的证据，以正视听。值得注意的是，关于民国时期农业的发展与农民生活的探讨，直到现在仍然是一个热点问题。对于这一时期农村的发展状况仍在争论之中。笔者期待在这一问题上早日达成共识。

我们假设当时农村经济是日趋破产，那么，破产的原因主要有哪些？丁达认为主要是帝国主义的入侵，封建政治的剥削和地主的剥削。他同时也谈道："农民革命的发展，则是农村经济崩溃的结果。"④ 而裴宜理分析华北农民叛乱的原因则是："自然灾害是刺激掠夺性和防御性活动的一个主要因素。外来势力如叛乱者、军阀或外国军队的介入同样促进了当地本已激烈的竞争。"⑤ 同时指出"叛乱和抵抗"是"一种持续很多世纪的行为"⑥，既然这

---

① ［美］马若孟：《中国农民经济——河北和山东的农民发展，1890—1949》，史建云译，江苏人民出版社 1999 年版，第 235—236 页。

② ［美］马若孟：《中国农民经济——河北和山东的农民发展，1890—1949》，史建云译，江苏人民出版社 1999 年版，第 240 页。

③ ［美］马若孟：《中国农民经济——河北和山东的农民发展，1890—1949》，史建云译，江苏人民出版社 1999 年版，第 272 页。

④ 丁达编著：《中国农村经济的崩溃》，上海联合书店 1930 年版，第 28 页。

⑤ ［美］裴宜理：《华北的叛乱者与革命者 1845—1945》，池子华、刘平译，商务印书馆 2007 年版，第 13 页。

⑥ ［美］裴宜理：《华北的叛乱者与革命者 1845—1945》，池子华、刘平译，商务印书馆 2007 年版，第 19 页。

样，"日趋破产"就值得商榷。当然，正如裴宜理所言，"晚清和民国时期的淮北经济画面远远谈不上繁荣。"① 民国时期的中国农村，即使没有破产，即使还在发展，相对于同时期的其他国家，也都"谈不上繁荣"。"农业破产"这个问题，需要历史纵向来考察。②

三、"重农"与"重工"

20 世纪 20—40 年代，中国在国民经济建设上掀起了一场争论——"以农立国"还是"以工立国"（以下简称"立国之争"）。这场争论的起因有两点：一方面，随着帝国主义经济侵略的加剧，中国的广大农村日益呈现出衰败的景象。于是，社会上笼罩着"农业破产"这样一种气氛，"十七年（1928 年）以后，农村的经济日趋衰落，而几于破产，都市的商业经济也受其影响而几于不能自存，国家的建设也几于无从谈起。于是乡村的重要逐渐为研究中国出路问题的人所认识"③。另一方面，中国的民族资本主义在经历"一战"时期短暂、繁荣的发展以后，已经具备了"影响传统经济的产业结构，并连带地触发社会文化观念的变动"④ 的影响力，而面对战后帝国主义的疯狂反扑，这种影响力的发挥越显重要。

一面是"农业危机"迫在眉睫；另一面是民族工业急需进一步的发展。国民经济建设的重心到底应该放在哪头？围绕这个问题，众多学者展开了激烈的争论，形成了不同的"派别"⑤，如代表"以农立国"的董时进、章士钊、龚张斧、漆琪生、杨开道等；代表"以工立国"的袁聘之、孙倬章、杨杏佛、恽代英、杨明斋、吴景超等；以及带有"择衷"色彩的陈宰均、郑林庄、张培刚、吴觉农、王子建、翁文灏等。卷入这场争论的人物之多，影响

---

① ［美］裴宜理：《华北的叛乱者与革命者1845—1945》，池子华、刘平译，商务印书馆2007年版，第48页。

② 曲铁华、罗银科：《南京国民政府初期农村职业教育必要性与可能性探析：兼谈"农业破产论"》，《黑龙江社会科学》2009年第3期，第140—143页。

③ 舒新城：《最近中国教育思想的转变》，《新中华》1933年第1期，第98页。

④ 钟祥财：《二十世纪二十至四十年代立国之争及其理论影响》，《社会科学》2003年第11期，第94页。

⑤ 庄俊举根据这些学者的观点将其分成：以农立国派、以工立国派、先农后工派、调和派和革新制度派。见庄俊举《"以农立国"还是"以工立国"——20世纪20—40年代关于农村建设的争论》，《红旗文稿》2006年第16期，第33—35页。

之大，范围之广，实为少见。

教育界，更确切地讲是职业教育界，也于 20 世纪 30 年代形成了一场历时几年的有关职业教育重心问题——"重农"还是"重工"——的论争。先后卷入这场论争的教育家有舒新城、陶行知、曹刍、罗廷光、钱亦石、梁漱溟、熊子蓉、高践四、王达三等。根据各自的观点、立场，可以把他们分为两派：一派是"站在中国农村方面，主张就地职业的训练，只求适应目前的农村生活，应重农业生产"① 的"重农派"；另一派是"站在新时代的工业方面，主张新式机器技术的工业生产"② 的"重工派"。代表前者的有舒新城、曹刍、罗廷光、梁漱溟、熊子蓉、高践四等；代表后者的有钱亦石、陶行知③、王达三等。

（一）论争的起因

20 世纪 30 年代的这场职业教育"重农"与"重工"之争，开始的时间晚于"立国之争"，但是并不能据此就把"立国之争"看成职业教育"重农"与"重工"之争的原因。已有的资料显示，职业教育"重农"与"重工"之争的初期是看不出有受"立国之争"影响的迹象的，因为同时期职业教育"重农"与"重工"之争的论据，在"立国之争"看来，已显过时。然而，当时的职业教育"重农"与"重工"之争的双方显然没有察觉到这一点。只是在职业教育"重农"与"重工"之争的后期，才明显地引入了"立国之争"的论据。因此，笔者认为，职业教育"重农"与"重工"之争的兴起，有着与"立国之争"兴起同样的原因，即在"农业破产"与工业急需发展的大背景下，对国民经济建设的思考。

纵观职业教育的发展历程，在职业教育"重农"与"重工"之争以前，虽然一直有标榜发展农、工、商职业教育，但实际的情况是农村职业教育一直以来并没有受到重视。初期的一味发展工、商业职业教育并没有受到质疑，

---

① 王达三：《论中国需要何种职业教育》，《教育与职业》1936 年第 172 期，第 98—99 页。
② 王达三：《论中国需要何种职业教育》，《教育与职业》1936 年第 172 期，第 98 页。
③ 对于陶行知应划入哪派，学者之间各执己见。舒新城认为："（陶行知）对于生产是以工业为主，农业为辅。"持同样看法的有王达三。但是也有学者认为陶行知"显然以落后的农业技术做出发点"，持这种看法的学者有钱亦石。还有学者仅就陶行知所从事的事业为农村建设而简单将其划入"重农派"，持这种观点的学者以当代居多，如庄俊举等。

并不在于工、商业职业教育发展如何之好，而在于对国民经济建设的思考。一方面是工、商业的发展还没有触及传统的经济结构；另一方面就是农村经济还没有显示出它的破败。到了 20 世纪 20 年代中后期，随着这两方面问题的出现，职业教育在"立国之争"之后，自然地分成了"重农"与"重工"两派。这场争论自从农村职业教育开始受到重视，就已经埋下了伏笔，只是缺少一个契机。

(二) 论争的过程及主要内容

就笔者所掌握的资料观察，这场争论的起始点是 1931 年，舒新城、陶行知和曹刍等人在《中华教育界》19 卷第 3 期"中国教育出路专号"上分别撰文表达各自对"生产教育"[①] 的提倡，同时，职业教育应该"重农"，还是"重工"，他们也都发表了各自的看法。

舒新城认为："中国民族重大的缺憾，有人以为是贫、弱、愚、私……然而根本大病更是在于贫。……要医贫的毛病自然只有增加生产之一法。……生产的增加应以农业为主，工业为辅。"为什么不以工业为主，他提出三点理由：第一，"工业国家有一个基本需要，就是她的地狭人稠，难于自给，不得不以机械的产物向外面去谋市场以吸收资本，谋殖民地以夺取原料。中国的人固然很多，然而地大而物复博，原料固然可以自给，市场也无须向外夺取。只要在政治上把国际不平等条约的束缚解放了，粗细工业有相当的成绩，煤铁能自己开发，棉毛能自己制用，交通能流通国货，发展足以抵抗国际帝国资本主义的侵略，便可尽量发展固有的农业，在世界作一个家给人足的国家"。第二，"工业固然是生产的，然而生产过剩，便要酿成帝国资本主义，向外因谋夺取市场之故，固然要引起国际战争，对内要谋产业合理化，失业的恐慌更无法避免。这种现象，欧美日本等等所谓列强，已经以很显明的事实昭示我们，我们为什么还要蹈其覆辙自寻苦恼呢"。第三，"中国在历史上

[①] 江问渔指出："生产教育是教导学生或民众以劳作方法，作手脑合作的训练，制成所拟制成的物品。职业教育是教导学生或民众，为某种职业知识、技能、品行的精深训练，俾学成以后，直接从事某种职业。……职业教育，是纯为人们工作的预备；而预备工作的范围，却不一定专限于制成物品。生产教育，则专以制成物品为限。……制造物品当然是作工。既是作工，生产教育自可列入职业教育范围之内。"见江问渔《生产教育的重要理论与其实际的设施方法》，《教育杂志》1936 年第 2 号，第 1 页。

是以农立国，人民的百分之八十以上是农民：要把这许多农地弃而不用，把这许多农民尽驱入工厂，不独在生产理论上显示不经济而已，事实上亦无办法。而且以农为本的国家老有一种好处，为工业国家所不及的，就是她的经济基础建设在国内的天产之上，平时固可以少与人争，战事更可独立自存"①。

陶行知也以"何日平"为笔名发表《中华民族之出路与中国教育之出路》，虽然没有立场鲜明地表明"生产教育"应该"重农"，抑或"重工"，并且，过后舒新城在提起此文时，把陶行知的观点归结为"对于生产是以工业为主，农业为辅"②。但是，从字里行间还是体现出他"重农"的一面。他指出："科学农业也是帮助农人的好朋友……但是……须有科学教育，而科学教育之普及又须在人民可以免于冻饿之后。肥料要拿本钱去换。通沟渠小规模可以干，大规模则有待于富力。机器耕种尤须等到工业文明成熟，农村人口多半被工厂吸收过去之后。所以科学农业在现状之下，只能有些微的影响，而这些微之影响，必限于农科大学所在地及其附近。最著成效的要算选种，收成可多一二成。靠近农科大学的农村可以得这点很好的帮助，但是要靠它来解决农村剩余人口，便是奢望。"③ 无怪乎钱亦石会认为陶行知"显然以落后的农业技术做出发点"。

曹刍则认为："中国是小农的国家，还停滞在手工业时代。诚然我们要抵抗资本主义国家的经济侵略。可是我们要学资本主义国家用大规模的机器生产，去抵抗工业品的侵入，在最近的将来几乎是绝对办不到的。……所幸中国农业还是利用人力和畜力的农业，还未用着机器力量，同时荒地尚多，地力未尽生产增加不是不可能的。教育和政治的力量，如集中于此点，速效可期，危之可免，而中华民族的再兴未尝不可于短少时日中实现。"④ 相对于舒新城"以农业为主，工业为辅"的比较调和的观点，曹刍指出"唯一的方法只有利用农产品，去换必要的工业品，渐求入超的减少，以至于出入相抵"。这显然是太过绝对化了，所以，后来的"重工派"也正是抓住这点，对其进行了抨击。

---

① 舒新城：《写在中国教育出路问题专号之前》，《中华教育界》1931 年第 3 期，第 5 页。
② 舒新城：《最近中国教育思想的转变》，《新中华》1933 年第 1 期，第 101 页。
③ 陶行知：《中华民族之出路与中国教育之出路》，《中华教育界》1931 年第 3 期，第 16 页。
④ 曹刍：《从群众潜隐的形态中寻找中国教育之出路》，《中华教育界》1931 年第 3 期，第 92 页。

随后，罗廷光也加入了"重农派"一方，他在《经济与教育》一文中指出："开宗明义，当然以注重生产教育为最重要。拿了生产教育去代替旧式的消费教育。切切实实的讲究生产，讲究生产的增加。因为中国系以农立国，当然应以农业生产为主，工业为辅。努力于发展固有的农业，辅以近世工业，近世生产新法，借机械以增加生产能量，以求抵抗国际资本主义的侵略，而谋自给自救：此为最低限度之要求。"① 可见，罗廷光与舒新城持同样的观点，即"以农为主，工业为辅"。

其实，早在 1928 年舒新城就发表过诸如"要求中国经济独立，无论何时都当以改进农业为主，改良工商业为辅。教育方针亦不能外此"② 的观点，按理，可以以此作为这次论争的起点，但是要形成"论争"，仅有一方的观点是不行的，还要看是否有人站在相反的角度来发表看法，并且还要看这个人针对的是你的什么观点。从后面论争的发展看，"重工派"并不是针对舒新城 1928 年的看法，而且舒新城本人也指出，当时他还"尚未明白说及生产教育"③。所以，笔者认为"中国教育出路专号"的发表是这次论争的起点。

到目前为止，除陶行知外，舒新城、曹刍和罗廷光都明显站在了"重农派"一边。他们都从各自的角度阐述了职业教育应注重农业的理由，虽然这些理由明显带着"传统道德优越感"④，但是，对其的反驳直到 1933 年才集中反映出来。钱亦石于 1933 年发表的《从经济原则论我国生产教育的总方向》一文中，对舒新城、曹刍和罗廷光的观点一一列出，并且一针见血地予以驳斥，就连被舒新城认为是主张"以工业为主，以农业为辅"的陶行知，也不能幸免。

钱亦石旗帜鲜明地提出生产教育"应该以工业为主"⑤。他认为："生产教育以农业为主，即是主张我国生产事业永远为帝国主义的原料供给者，永远为帝国主义的商品消费者，换言之：即是永远入超，永远现金外溢，使我国经济一天天沉入破产的深渊，大家走上饿死冻死的道路！"⑥ 他指出生产教

① 罗廷光：《经济与教育》，《新中华》1933 年第 3 期，第 34 页。
② 舒新城：《中国教育建设方针》，《教育杂志》1928 年第 5 号，第 7—8 页。
③ 舒新城：《最近中国教育思想的转变》，《新中华》1933 年第 1 期，第 100 页。
④ 钟祥财：《二十世纪二十至四十年代立国之争及其理论影响》，《社会科学》2003 年第 11 期，第 94 页。
⑤ 钱亦石：《从经济原则论我国生产教育的总方向》，《东方杂志》1933 年第 16 号，第 9 页。
⑥ 钱亦石：《从经济原则论我国生产教育的总方向》，《东方杂志》1933 年第 16 号，第 8 页。

育应该以工业为主的理由：

> 现在是机器工业称霸的时代，我们为保证生产发展逐渐脱离帝
> 国主义的依赖起见，无疑的只有加紧振兴工业之一途径，尤其是要
> 注意重工业……
>
> 假使我们不愿中国经济长为帝国主义经济的附庸，不愿居于日
> 趋没落的农业国，我们在生产教育上就应该调换方向，把工业生产
> 放在第一位。我们要提倡"学校工厂化"，"工厂学校化"……
>
> ……因为就经济原则言，农业经济是分散的，是无组织性的，
> 它依赖城市，依赖工业，依赖借贷制度。换言之，城市在经济上是
> 统治乡村的……
>
> 诚然！中国在历史上本有"以农立国"的特征，但这只是闭关
> 以前的事。自从中国的城壁被欧洲大炮似的商品打破以后，时代已
> 变了，西方资本主义按照自己的模型改造了全世界。从前"以农立
> 国"，现在却"以农弱国"，"以农亡国"了。[1]

应该说，钱亦石在该文中，除了给中国农民算了一笔账，得出"农业破产"外，实在提不出什么新鲜的理由，就连最后抛出的那句"生产教育以工业为主，并不是轻视农业，恰恰相反，正是准备在大工业的基础上改造农业"，也似乎只是搪塞之语。这场争论其实完全可以进一步进行下去，如同正在进行的"立国之争"一样。但是却沉寂了下来。

本以为这场职业教育"重农"与"重工"之争，会就此结束。但是，随着中华职业教育社 1935 年"职业教育与中国"论文征集活动的开展，新一轮的论争又拉起序幕。应中华职业教育社之邀，高践四、熊子蓉分别撰写了《我国职业教育的前途》[2] 和《我国需要何种职业教育》[3]，同时发表于《教育与职业》第 162 期上，职业教育"重农"与"重工"问题又一次被他们提了出来。

熊子蓉指出："关于职业教育之体系，应以农业教育为主，辅以工商业。"

---

① 钱亦石：《从经济原则论我国生产教育的总方向》，《东方杂志》1933 年第 16 号，第 9 页。
② 熊子蓉：《我国需要何种职业教育》，《教育与职业》1935 年第 162 期，第 87—91 页。
③ 高践四：《我国职业教育的前途》，《教育与职业》1935 年第 162 期，第 97—99 页。

理由有三：第一，"工商业发展之结果，徒然提高社会生活之享受，若非农业生产与消耗适得均衡，可以保持富源，可以节制人力。……盖防止外国商品倾销，一则系于内政清明，全国人民能实行合理化之经济生活，一则系于保护税之壁垒，与重工业之建立，非仿效外国一切工商业教育，即能防止外国商品倾销"。第二，"中国近十余年以来，以天灾人祸之故，荒地增加，粮食短缺。农业教育之建立，实为刻不容缓之图，又况最近五年以来，农村经济，日濒破产……是惟有重视农业教育，奖励农业教育，使农民之生产增加，乐于耕种"。第三，"中国边防最急切者，莫如东北与西北，东四省沦为伪满后，我国华北又形紧张，且边界各省，地广人稀，舍垦殖屯军，别无御辱之善法。……以农业为实边救国之教育"。高践四也认为："由农业以引发工业，在我国是有百利而无一弊之路。"他的理由是："农民占全人口百分之七十五以上，其余百分之二十五中间的人，不但地主靠农民而生存，就是工商界的人亦须靠农民而生存。盖工厂所需原料，如棉、麦、豆、茧等等固须自农村而来，就是制成货品还须农民及地主等够用。于此可见一着活，全盘都活。农民有办法，地主、工、商界以及其他各界的人都可有办法。否则，工业虽发达，如果缺乏原料时，便要饮鸩止渴，购买舶来品，增加入超。"可以看出，较之舒新城、曹刍之前的提法，熊、高二人并没有什么独具匠心之处，有的理由还略显肤浅。

面对熊、高二人这些并不新鲜的提法，王达三于翌年在同一杂志上以《论中国需要何种职业教育》[①]为名，用大量笔墨予以驳斥，文章首先针对熊、高二人提出的几点理由，一个一个予以反驳，他指出："第一，……资本主义制度下……百业凋敝，险象环生……根本是社会制度不良之罪恶而实非工业生产发展方法之不当。第二，……荒地增加，粮食短少，这只是农村破产过程中的一种具体现象；这种普遍现象的造成，不在天灾，不在人祸，主要的确是由于帝国主义势力之侵略。第三，中国边防需待建设之迫切，亦为刻不容缓之事实；但巩固边防，其一须从事于军事建设，其二须从事于交通建设；此二者则概系工业建设。而农业建设，则为次要之条件。第四，……中国农民，虽占全人口百分之七十五以上，但欲靠这大多数人口的努力，而来杜塞外货，减少入超，那实在是无能为力的。"

---

① 王达三：《论中国需要何种职业教育》，《教育与职业》1936 年第 172 期，第 98—112 页。

　　驳斥完熊、高二人的"重农"理由后，王达三紧接着又阐明了自己的立场，他指出："农业建设，既不能解救中国国民经济之危机，以救亡图存；农业为主职业教育体系之建立，当亦不能符合中国社会之需求，以克尽厥职。那么，中国在经济上，只有发展民族工业一途；在教育上，亦只有建立以工业为主的教育体系。"

　　同样，他也提出了职业教育应"重工"的四点理由："第一，……今后固巩边防，必先发展民族工业，增加生产，以谋军用品之自给，期以捍御强敌，求得民族之解放。第二，……欲解救中国国民经济之危亡，使脱离帝国主义之羁勒而独立，则非发展民族工业，使国民经济高级化不为功。民族工业之发展，既为中国国民经济建设应具之中心目标，而所谓'与国家生活有（无）关系之职业'者，自得以此为标准。第三，……欲造成国际贸易均衡的经济，即顾到全国民经济指数增加，与世界各国之国民经济能力相颉颃的经济，厥惟建设民族工业是赖。复次，须顾到未来国民经济之适应，不仅为时代之落伍者之职业教育体系的建立，亦必准此为定律。第四，……现在复兴农村方策之决定，不但农村自身，须注意到农村工业化必走的途径之推引，开辟农村再生产——农产制造的力量；而且必须竭力相助民族工业之建立，概亦救人自救之术。况在农业经济发展过程中，大农经营驱逐小农经营，亦经济进化基本法则之一；中国农业，如欲在市场竞胜，则必须积极的厉行农业集体化；随这种农业集体化的发展，农业器械的改良，将日渐需要；以是新式农具制造之工业场所的建立，亦日渐迫切，概亦民族工业建设重要之别一面观也。"

　　王达三除了从这些"经济的，事实的需要"[①] 立论外，还从教育原理的角度，用教育理论佐证自己的观点，这一点是之前的争论过程中没有过的。可以说，王达三《论中国需要何种职业教育》的发表，把这次论争推向了高潮，同时也预示着这样一场争论的终结。从论争的过程看，"重农派"虽然在人数上占优，但却被"重工派"驳斥得"体无完肤"。事实上，"农业为主，工业为辅"的职业教育也从未到来。

---

　　① 王达三：《论中国需要何种职业教育》，《教育与职业》1936 年第 172 期，第 110 页。

（三）论争引发的思考

综观整个论争过程可以看出，这场论争的双方，过多的把注意力集中在了职业教育"重工"与"重农"问题上，对于整个国民经济建设大环境下的另一场"立国之争"，并没有显示出足够的关注，但立论的角度却又过多地在讨论国民经济及事实的需要，而缺少了在教育理论方面应有的把握。

职业教育"重工"与"重农"问题的争论，放大了看就是国民经济建设"以工立国"还是"以农立国"的争论，在后一场争论没有得出正确的结论以前，前一场争论也将没有结果。然而，职业教育"重农"与"重工"问题的争论，比起"立国之争"，开始得晚，也结束得早。并且，"立国之争"的派别也并不像职业教育"重农"与"重工"之争来得那么简单，事实上职业教育的这场论争如果继续下去，也可能呈现出如"立国之争"那样多派别的现象。但是，这种情况没有发生，原因在于，他们脱离了国民经济建设谈教育，而谈教育的时候又讨论自己并不了解的国民经济建设，脱离了教育理论的探讨。

职业教育"重农"与"重工"之争，也有其进步之处。第一，这次论争促进了理论的深化。王达三之前的争论者，无疑都缺乏对国民经济建设应有的关注，因而相对于"立国之争"的立论，就显得陈旧，且漏洞百出。王达三却在吸收前人基础上，开篇即以国民经济建设重心问题立论。暂且不去讨论他的立论点是否正确，单就他的这一出发点来说，是正确无误的。而且，他还注意到了之前争论双方都缺少对教育理论应有的把握，因而，在其文章的最后一节，专门从教育理论方面探讨职业教育"重工"的理由。这些理论的深入都与论争的开展有着直接的联系。第二，这场论争还使职业教育"重工"还是"重农"更加明朗化。争论双方虽然都持着各自的观点，站在各自的立场，但是，随着论争的深入，无疑都带上了"调和"的色彩，从一开始口头上的"主辅关系"到后来实际上的重视。不难看出，争论的双方都在向着更加理性的方向发展。以王达三为例，他虽然倡导职业教育应"重工"，但是他后来的一系列文章多半都围绕着农村与农民在说话，如在《中国职业教育建设概况之检讨》中就有"职业教育如果真站在整个的国家民族生存奋斗的立场上，那就应努力于现代化根本动力的农村工业化，而自身的推广，也就应以农村社会为对象"① 的 "调和" 的观点；在《农村职业补习教育之涵义》一文中，提出 "就职业教育本身，应努力于农村职业补习教育之推广"②。第三，体现了教育的超前发展。国民经济建设的总方向没有确立以前，空谈教育的发展方向是没有实际意义的，这一点体现了教育作为上层建筑应有把握。当时，以何立国正尚处争论之中，按照经济决定上层建筑之说，职业教育 "重农" 与 "重工" 之争并无意义。当时的教育者并不是不明白这点，但是，正如舒新城所说："要教育有出路，自然要经济政治各方面都有出路。不过教育也有他应负的使命；它自然要受政治经济的影响，但绝不能说，要等着政治和经济都上了轨道，都有了出路然后再谋教育上的出路！她必得在这风雨飘摇的国难中与政治经济通力合作，共谋民族的出路。"③ 争论的双方虽然立场不同，但是都有着共同的目的，那就是挽救国家于危难之中。

本章小结

在 "农业破产论" 这一 "歧路" 上，无论有多少人持民国 "农业破产" 的观点，在数据面前还是显得那么无力。笔者倾向于相信民国农业没有破产，也相信该时期农村极端贫困。两者之间并不矛盾，没有破产是历史纵向考察的结果，极端贫困则是横向对比的结果。

虽然 "农业破产" 不能充分成为进行农业教育的原因来考察，但还是有其他一些可能性与必要性存在。笔者认为，农民与农业的需要，使得农业教育成为必要，农村的状况为农业教育提供了可能。

纵然职业教育内的 "重农" 与 "重工" 之争相对于 "立国之争"，显得那么微弱而又不切实际，但是通过梳理可以发现，这一争论不但促进了职业教育理论的深化，也调和了争论双方的矛盾。

---

① 王达三：《中国职业教育建设概况之检讨》，《教育与职业》1937 年第 181 期，第 11 页。
② 王达三：《农村职业补习教育之涵义》，《教育与职业》1937 年第 185 期，第 353 页。
③ 舒新城：《写在中国教育出路问题专号之前》，《中华教育界》1931 年第 3 期，第 4 页。

第七章 民国时期农业教育的特点——基于《教育与职业》杂志的统计分析

如前所述，民国时期的"农村职业教育"是指针对农村进行的职业教育，目的在于通过对农民进行职业方面的教育，从而改变农村落后的局面。这种教育针对农村，因而应以农业教育为主，根据各地情况，兼顾工业、商业和家事教育。农村教育在民国时期更多的要求体现职业教育的性质。因而，通过对《教育与职业》（1917—1949）杂志的统计分析，考察民国时期的农业教育，应把重点放在"农业教育"这一关键词上，同时兼顾"农村教育"。

一、《教育与职业》（1917—1949）杂志的统计分析

笔者选择《教育与职业》（1917—1949）杂志作为考察民国时期农业教育的基本材料，主要是因为其具有以下特性：

第一，长期性。《教育与职业》杂志作为中华职业教育社的机关刊物，创刊于1917年10月，至1949年12月"因国家停止使用职业教育名称"[①]而停刊，历时33年，共发行208期，合203册（其中133—135期、187—188期、189—190期、205—206期为合期发行）。虽然1937年后，因为战事的影响，年出册数骤减，甚至于1938年和1942年两度中断，但仍然坚持到了1949年（见图7-1）。黄炎培1940年时即指出："即就刊物寿命论，绵延到二十余年长久的，怕除本刊外，也不可多见。"[②]根据1981年出版的《1833—1949全国中文期刊联合目录》收录的民国时期教育类杂志统计，其刊寿仅次于商务

---

① 《上海中华职业教育社志》编纂委员会编：《上海中华职业教育社志》，上海古籍出版社2007年版，第246页。
② 黄炎培：《复刊词》，《教育与职业》1940年第192期，第2页。

印书馆的《教育杂志》和中华书局的《中华教育界》。[①] 而就"职业教育"进行如此专门的长时间的关注的，民国时期，仅此一份。

第二，权威性。曾担任过《教育与职业》杂志编辑的有蒋梦麟、顾树森、俞泰临、王志莘、秦翰才、邹恩润（韬奋）、潘文安、廖世承、郑文汉、何清儒、陈选善、孙运仁、张若嘉、潘菽、杨卫玉（鄂联）、麦伯祥、钟芷修（道赞）、田乃钊等，其中大部分为职业教育专家，对职业教育都有各自独到见解。黄炎培和杨卫玉还曾担任该杂志第 41 至 85 期的审定工作。除张若嘉外，这些人与同时代的许多杂志编辑一样，都曾在自己担任编辑的杂志发表文章，有时甚至是主要撰稿人。正因为有这样一批专家活跃在《教育与职业》杂志，才使得它成为"久经读者认为研究职业教育之良好参考书"[②]"国内研究职业教育唯一专刊"[③] 和"公认为切合时代需要之刊物"[④]。

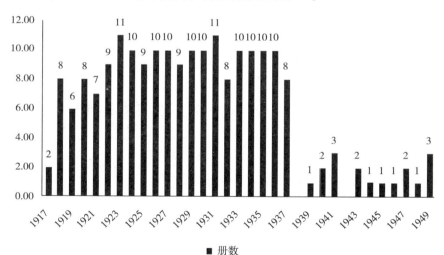

图 7-1　《教育与职业》（1917—1949）杂志各册分布

第三，广泛性。这种广泛性体现在内容和影响两方面。《教育与职业》杂志刊载的内容涉及职业教育的方方面面，包括职业教育诸类别：职业学校教育、职业补习教育和职业指导等；职业教育各科别：工业教育、农业教育、

---

① 全国图书联合目录编辑组编：《1833—1949 全国中文期刊联合目录（增订本）》，书目文献出版社 1981 年版。

② 《教育与职业》1921 年第 25 期，封二"本志大革新预告"。

③ 《教育与职业》1921 年第 31 期，"职业教育消息"第 1 页。

④ 潘文安：《本刊对于职业教育上之六大目标》，《教育与职业》1927 年第 89 期，第 357 页。

商业教育和家事教育等。据笔者初步统计，《教育与职业》杂志共刊载各类文章 3139 篇（未统计内容见表 7-1），直接介绍国外职业教育的文章就有 646 篇，约占总数的 21%；直接介绍中国各省和地区职业教育的文章有 814 篇，约占总数的 26%。《教育与职业》杂志的影响到底有多大，虽无法衡量，但是我们还是可以从一些细节推断一二。《教育与职业》杂志历期的发行量，没有一个具体可考的数字，只是在 1922 年第 32 期"启事二"中提到"每期印行之数多至四千余分（份）"，在 1922 年第 35、36 期版权页广告中也称"每期印行数多至四千五百份"，1926 年第 76 期广告简则中也提到"每期印行多至四五千分（份）"。这样的发行量如何？我们可以作一对比，商务印书馆的《教育杂志》是当时影响最为广泛的教育杂志之一，曾称其读者有"三万以上"[1]，是《教育与职业》杂志已知发行量的 5 倍左右，但是《教育与职业》的受众面相对窄得多，能有这样的发行量已经实属不易。

表 7-1　《教育与职业》（1917—1949）杂志未统计栏目[(1)]

栏目	期数
会议记录	7、14、28、46、139、147、159、167、178、186、191、197
社务丛录[(2)]	1—6、8—19、21—80、88
社务报告	89—109
社员行动消息（社员运动消息、社员消息）	89—95、97—99、102、106—110、
中华职业学校校友会消息（校友运动消息）	90—96、99—105、108—110
社务述要	108—110
《教育与职业》索引	109、120、140、150、160、170、180、189—190
中华职业教育社暨附属机关出品目录	110
本社大事记	110
记事[(3)]	111—115、117—124、126—128、130
本期作者履历	180、181—182、184—185、201
消息	195

注：（1）以下栏目，难以"篇"为单位录入，因此未录入。下文的统计均是如此，不再赘述。（2）1、2 期"社务丛录"属"附录"栏；3 期名为"社务丛刊"；28 期名为"社务校务丛录"；39 期名为"社务报告"。（3）114 期为"附录"栏，但内容和"记事"一致。

---

[1]　《编后余谈》，《教育杂志》1935 年第 2 号，第 143 页。

　　正是由于《教育与职业》杂志几乎纵贯整个民国时期的"长期性"，给关注这一时期农业教育提供了一个较为恒定的媒介，使得研究民国时期农业教育特点具备可能性；正是由于《教育与职业》杂志名家荟萃的"权威性"，使得从其入手分析民国时期农业教育特点有了一定的代表性；也正是由于《教育与职业》杂志包罗职业教育方方面面的"广泛性"，才使得对该时期农业教育特点的单方面关注有了参照系，也使论证更具说服性。

　　笔者从农村职业教育中农业教育的视角，对《教育与职业》（1917—1949）杂志全 208 期中的"农业教育"和包含"农业教育"的"农村教育"进行统计，据此分析民国时期农业教育的特点。统计取"篇"为单位①，如某篇文章主要内容为"农业教育"即归入"农业教育"，零星谈到者不予纳入。主要从文章的数量、年代分布、介绍国家和介绍中国省份四个方面进行统计分析。

（一）关于"农业教育"的统计分析

1. 数量

　　据笔者统计，《教育与职业》（1917—1949）杂志主要内容为"职业学校教育"（相对于"职业补习教育""职业指导"等）的文章有 313 篇。其中与"农业教育"相关的文章有 118 篇，占总数的 38%，从"量"的层面看，处于各科教育之首（见表 7-2）。再从版面安排进一步分析，如果将文章按照所在栏目的重要性分成"非常重要""较重要""重要"和"一般"四类，表 2 中各科文章的分类，如表 7-3 所示。"非常重要"的农业教育文章篇数为 40 篇，少于工业教育的 51 篇，只比商业教育多 3 篇，比家事教育多 10 篇。可见，农业教育在数量上的优势转化为重要性时，体现得就不那么明显了。

----

　　① 会议记录记作一篇，如 1917 年第 7 期的"年会"、1919 年第 14 期的"年会报告"等。

表 7-2　《教育与职业》（1917—1949）杂志"职业学校教育"文章分类

职业教育科别	篇数（非独有[1] 篇数）	百分比
农业教育	118（11）	38%
工业教育	83（14）	27%
商业教育	56（6）	18%
家事教育	39（2）	13%
其他	34（0）	11%

注：（1）"非独有"指的是某篇文章同时涉及职业学校教育一个以上科别，如一篇文章既有农业教育，又有工业教育，统计时各计一篇。由于该类文章的重复记录，因此百分比总和会大于100%。

表 7-3　《教育与职业》（1917—1949）杂志"职业学校教育"
文章"重要性"分类

职教科别	所在栏目（篇数）	重要性	篇数
农业教育	正文[1]（26）；"第十届年会专号"讲演（1）；"设计专号"设计实例（1）； "农村经济专号"报告（1）；商榷（1）；通讯（1）；研究（1）； "职业学校教育问题特辑"（1）；专著（7）	非常重要	40
	附录（21）	较重要	21
	消息（26）；职业教育近讯（2）；职业教育消息（27）	重要	55
	补白（1）	一般	1
工业教育	"机械科课程专号"（1）；报告（1）；商榷（1）；特载（3）；通讯（2）； 通讯与研究（1）；研究（1）；正文（35）；"中华职业教育社三十周年纪念特辑"（1）； 专论（2）；专著（3）	非常重要	51
	附录（1）	较重要	1
	消息（12）；职业教育消息（19）	重要	31
		一般	0
商业教育	"设计专号"设计实例（2）；报告（1）；讲坛（1）；特载（2）； 通讯（1）；研究（1）；正文（26）；"中华职业教育社三十周年纪念特辑"（1）； 专著（2）	非常重要	37
	附录（4）	较重要	4
	消息（6）；职业教育消息（8）	重要	14
	补白（1）	一般	1

续表

职教科别	所在栏目（篇数）	重要性	篇数
家事教育	概况（1）；课程（1）；论著（8）；评论（1）；特载（2）；正文（11）；专著（6）	非常重要	30
		较重要	0
	消息（1）；职业教育近讯（1）；职业教育消息（5）	重要	7
	补白（2）	一般	2
其他	"考察日本职业教育报告专号"（1）；"设计专号"设计实例（1）； "中华职业学校概况报告"（1）； 正文（14）；专论（1）	非常重要	18
		较重要	0
	消息（7）；职业教育消息（7）	重要	14
	补白（2）	一般	2

注：《教育与职业》（1917—1949）杂志110期以前，每期杂志主要文章并未分栏，此类文章统一归入"正文"。

2. 年代分布

《教育与职业》（1917—1949）杂志"农业教育"类文章按年代划分，如图 7-2 所示。

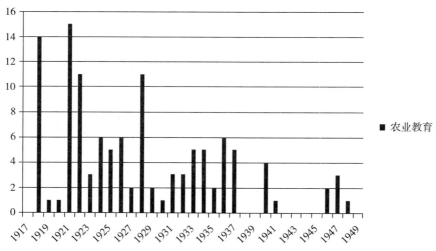

图 7-2　《教育与职业》（1917—1949）杂志"农业教育"类文章数量分布

从图 7-2 中可以看出，"农业教育"类文章数量出现过四次峰值，分别是 1918 年的 14 篇、1921 年的 15 篇、1922 年的 11 篇和 1928 年的 11 篇。

1918 年，《教育与职业》杂志共发行 8 期，即第 3 至 10 期。"农业教育"类的 14 篇文章分别分布在除第 7 期（第 7 期是"年会"专号）以外的 7 期上，其中"正文"6 篇，"附录"8 篇。"正文"数量与该年"工业教育"类的 7 篇基本相当，只是"附录"略多。平均来看，每期两篇，处在正常的范围。

1921 年"农业教育"类的 15 篇文章集中在第 25 期和第 29 期，其中第 25 期 12 篇，第 29 期 3 篇。之所以集中分布在这两期，而且数量较多，是因为 1921 年的 7 期《教育与职业》杂志都是以专号的形式发行，每期"以大部分之材料专论一问题"，而第 25 期就是"农业教育号"，第 29 期的"职业训练号"又包含一部分的"农业教育"。

1922 年的 11 篇"农业教育"类文章分别分布在第 35 期（2 篇）、第 36 期（1 篇）、第 38 期（7 篇）和第 40 期（1 篇）。这一年"农业教育"类文章峰值的出现，主要是第 38 期刊行了"农村职业教育号"。

1928 年的 11 篇"农业教育"类文章中有 10 篇都是以"职业教育消息"的形式出现，说明这一时期农业教育在实践层面活动较为频繁。

四次峰值的出现表面上看原因各异，但却能说明一个问题，即这些年份，"农业教育"得到了知识界的集中关注。

除了以上四个峰值外，1937 年以前"农业教育"类文章年有增减，但是至多 6 篇，最少时 1 篇。1937 年后，受全面抗战和解放战争影响，《教育与职业》杂志的年出版量锐减，甚至停刊，因而"农业教育"类文章在这一时期很少。

3. 国家

《教育与职业》（1917—1949）杂志 118 篇"农业教育"类文章中，有 14 篇是介绍外国农业教育的（见表 7-4），占 12%，低于该杂志介绍外国文章数量占文章总量的百分比（21%）。

表 7-4　《教育与职业》（1917—1949）杂志中介绍外国农业教育的"农业教育"类文章

年份	期数	题目	国家[1]
1918	003	《最近调查日韩农工商教育状况讲演词》	日本；韩国
1918	004	《美国亨波登 Hampton 学校之课程》	美国

续表

年份	期数	题目	国家[1]
1918	005	《日本千叶高等园艺学校组织之概要》	日本
1918	009	《美国之农业教育》	美国
1919	012	《与李石曾君谈职业教育》	法国
1921	029	《菲律宾森林教育之训练》	菲律宾
1924	053	《退化民族中之农工生活》	美国
1924	059	《最近斐岛农业教育之发展》	菲律宾
1925	062	《澳洲之农业教育》	澳大利亚
1925	064	《欧洲高等以下农业教育概况》	波兰、荷兰、芬兰、捷克斯洛伐克
1926	072	《西欧之蚕丝教育》	法国、意大利
1926	078	《日本蚕业教育改进与蚕丝业》	日本
1927	090	《美国吞纳西州治农事教育》	美国
1936	180	《参观日本两所农业和实业青年学校印象记》	日本

注：（1）介绍某国某一城市某学校，录入时一律只录入某国。

从表中可以看出，《教育与职业》（1917—1949）杂志中"农业教育"类文章主要集中在1936年以前，介绍了日本、韩国、美国、法国、菲律宾、澳大利亚、波兰、荷兰、芬兰、捷克斯洛伐克、意大利等11个国家农业教育状况。其中，介绍日本和美国农业教育状况的各4篇，法国和菲律宾农业教育状况的各2篇，其余国家各1篇。美国、日本和法国在当时都属发达国家，学习这些国家成为必然，而菲律宾是美国殖民地，受美国影响巨大，农业教育也有所发展，因而成为国人学习的对象。介绍美国农业教育状况的文章以译述为主，而介绍日本的多为实地考察所得。值得注意的是，在该杂志发行最为稳定的1926年至1937年间，居然有10年时间没有介绍国外的"农业教育"类文章。

4. 省份

《教育与职业》（1917—1949）杂志118篇"农业教育"类文章中，介绍中国各省农业教育的多达60篇（见表7-5），占总数的51%，远超过该杂志介绍各省文章占总文章数的百分比（26%）。介绍的省份有安徽、福建、广东、广西、河北、河南、江苏、陕西、四川、浙江等10省。其中，介绍江苏的最多，有35篇，其余依次为安徽4篇、福建1篇、广东4篇、广西2篇、

河北 4 篇、河南 2 篇、陕西 3 篇、四川 2 篇、浙江 3 篇。江苏远超各省，一方
面是因为中华职业教育社在辖区内，很多农村事业是在辖区内展开，并能及
时通过其机关刊物推广开来；另一方面是因为南京和上海都在辖区内，一个
是南京国民政府首都，另一个是当时的经济中心，政治、经济上的优势对农
业教育的开展不无帮助。介绍各省"农业教育"的文章随着时间的推移，呈
现出一种发散的态势，即从一开始的只有江苏省内的记录，开始逐步向其他
省份延伸。

表 7-5　《教育与职业》（1917—1949）杂志介绍中国各省农业教育的
"农业教育"类文章

年份	期数	题目	地区[1]
1918	003	《江阴南通苏州农业教育调查报告》	江苏
1918	008	《江苏省立蚕业机关现行状况之视察》	江苏
1918	008	《江苏省实业科筹办蚕业计划之商榷》	江苏
1918	010	《江苏省立第二农业学校附设农村职业教员养成科简章》	江苏
1918	010	《涟水县立乙种农业学校职业教育之新设施》	江苏
1920	023	《南京高等师范学校创设江宁县沙洲围乡村农业学校缘起及简章》	江苏
1921	025	《昆青嘉县立震川乙种农校添办免蚕科缘起》	江苏
1921	025	《川沙农童学校季子峰君与本社主任黄君讨论农业教育书》	江苏
1921	025	《我对于江宁县沙洲围乡村农业学校之意见》	江苏
1921	025	《江苏省乙种农校调查报告》	江苏
1921	029	《江苏川沙县农童学校实习方法》	江苏
1921	029	《南京高等师范学校农科训育之目的及其方法》	江苏
1922	035	《述江苏省立第二农业学校之过去与未来》	江苏
1922	038	《漠北农村教育之发轫》	河北
1923	041	《琼州蚕业学校》	广东
1923	045	《保定之职业教育》	河北
1923	048	《川沙县立高等小学创设农业研究会》	江苏
1924	061	《静仁职业学校农工科教学概况》	安徽
1925	068	《苏省农业教育新设施》	江苏
1926	076	《东南大学农科与江苏蚕桑业》	江苏
1926	076	《苏省四县合办蚕业教育》	江苏
1926	078	《京师农务总会之农林蚕丝教育》	河北
1927	086	《改进江苏省立第一农业学校之建议》	江苏

续表

年份	期数	题目	地区[1]
1928	091	《中大开办第二农场计划》	广东
1928	092	《首都建设农艺陈列所》	江苏
1928	092	《浙江之水产学校》	浙江
1928	093	《合众蚕桑改良会筹设蚕桑学校》	江苏
1928	094	《华洋义赠会之农业试验场》	河北
1928	095	《河南农业教育之进展》	河南
1928	097	《苏州农校之进展》	江苏
1928	098	《家庭园艺讲习会之开办》	江苏
1928	098	《苏省设立农具制造所》	江苏
1929	103	《金陵大学农林科特设农村服务专修科概况》	江苏
1929	108	《私立无锡小麦试验场推广良种报告》	江苏
1931	127	《福州刘雅扶君特种的农业学校计划之研究》	福建
1931	129	《江苏省当局重视渔业教育》	江苏
1932	132	《金大附设蚕桑班》	江苏
1932	133—135	《崇明三星小学增设农科职业班》	江苏
1932	140	《立达农场开办养鸡实习班》	江苏
1933	142	《广西大学注重农林教育》	广西
1933	144	《西北农林专校近讯》	陕西
1933	145	《梅县设第三农业学校》	广东
1933	148	《浙教厅拟设实验农校》	浙江
1933	149	《金大农学院在陕筹办大规模农场》	陕西
1934	152	《京市将设农工两专校》	江苏
1934	154	《皖筹设茶丝职教》	安徽
1934	160	《西北农林专校办高级职业班》	陕西
1935	164	《一个新式农业职业学校之设施计划——江苏省立淮阴农业学校改进计划》	江苏
1935	169	《苏农校添办糖果课程》	江苏
1936	172	《省立连云初级水产职校近况》	江苏
1936	173	《中大农院与皖省农职合作》	安徽
1936	174	《豫镇平工艺学校》	河南
1936	175	《强恕园艺学校工学实施鸟瞰》	江苏
1936	180	《苏省立农校推广改良稻麦》	江苏
1937	181	《改进安徽省第六区农林场暨高级农林实验学校计划草案》	安徽
1940	192	《四川省充实并添设农工业职业学校》	四川

年份	期数	题目	地区[1]
1940	192	《广西省推进农工业职业教育》	广西
1940	192	《广东省对于职业教育之改进办法》	广东
1946	201	《国立四川水产学校改名水产职校》	四川
1947	202	《浙江省农会筹设农业专门学校》	浙江

注：（1）介绍某省某一城市某学校，录入时一律只录入某省；上海、南京归入江苏；北京归入河北；直隶、河北一律统一为河北。

（二）关于"农村教育"的统计分析

农村教育包含农村职业教育，是农村职业教育的上位概念，但是民国时期的农村教育更多地体现着职业教育的性质，因而我们要想更全面地了解民国时期农村职业教育特点，就必须对《教育与职业》（1917—1949）杂志中的"农村教育"类文章进行统计分析。"农村教育"类文章，必然包括"农村教育"，同时还应包括"农村（农业）调查"和"农村（农业）改进"。因为"农村（农业）调查"的目标是直接指向"农村（农业）改进"的，而"农村（农业）改进"又是职业教育"大职业教育"化后的"农村职业教育"。

1. 数量

《教育与职业》（1917—1949）杂志共有"农村教育"类文章200篇，其中"农村教育"44篇、"农村（农业）改进"144篇、"农村（农业）调查"12篇。为了便于分析，现同农业教育一样，从版面安排将文章按照所在栏目的重要性分成"非常重要""较重要""重要"和"一般"四类，结果如表7-6所示。

表7-6 《教育与职业》（1917—1949）杂志"农村教育"类文章"重要性"分类

类别	所在栏目（篇数）	重要性	篇数
农村教育	村讯（6）；读者论坛（2）；讲演（2）；教育评论（1）；讨论（1）；通讯（1）；通讯与研究（1）；正文（11）；报告（1）；专著（3）；计划（1）	非常重要	30
		较重要	0
	消息（6）；职业教育消息（6）	重要	12
	补白（2）	一般	2

续表

类别	所在栏目（篇数）	重要性	篇数
农村（农业）改进	设计（1）；"第十二届社员大会第十届全国职业教育讨论会专刊"附录（1）；"第十届年会专号"讲演（1）；报告（1）；村讯（38）；调查（2）；读者论坛（1）；农村研究（1）；评坛（1）；商榷（1）；讨论（1）；正文（23）；专件（2）；专著（3）；计划（2）；"设计专号"设计实例（1）；"设计专号"乡村改进的设计（1）；论著（1）；"考察日本职业教育报告专号"（1）	非常重要	83
	附录（4）	较重要	4
	消息（36）；职业教育近讯（1）；职业教育消息（15）	重要	52
	补白（5）	一般	5
农村（农业）调查	正文（6）；专著（1）	非常重要	7
		较重要	0
	消息（2）；职业教育消息（2）	重要	4
	补白（1）	一般	1

　　从表中可以看出，"农村教育"类文章中重要性处于"非常重要"的文章共有 120 篇，加上前面"农业教育"类的 40 篇，民国时期知识界对农村职业教育的关注无论在数量上，还是质量上，都是相当可观的。

　　2. 年代分布

　　《教育与职业》（1917—1949）杂志"农村教育"类文章的年代分布见图 7-3。

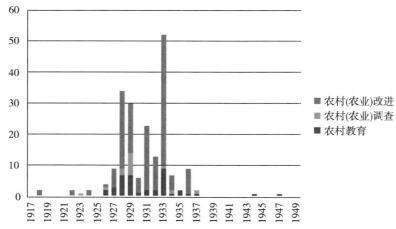

图 7-3　《教育与职业》（1917—1949）杂志"农村教育"类文章数量分布

从图中可以看出，"农村教育"类文章主要分布在 1927 年至 1937 年间。如前面"农业教育"类文章一样，"农村教育"类文章的分布也有四次峰值，分别是 1928 年的 34 篇、1929 年的 30 篇、1931 年的 23 篇和 1933 年的 52 篇。

1928 年 34 篇"农村教育"类文章中，有正文 8 篇、读者论坛 3 篇、"第十届年会专号"讲演 1 篇、附录 1 篇、职业教育消息 18 篇、补白 3 篇。可见，该年知识界对于农村教育的关注较之前有了明显提高，但是占一半的关注仅限于消息层面。

1929 年"农村教育"类文章在第 103 期"农村教育专号"和第 108 期"农村经济专号"的带动下，不再流于消息层面。30 篇"农村教育"类文章中，有计划 3 篇、正文 21 篇、讲演 1 篇、附录 2 篇，职业教育消息只占 2 篇，补白 1 篇。

1931 年 23 篇"农村教育"类文章中消息占到 17 篇，余下的还有商榷 1 篇、附录 1 篇、讨论 1 篇、"考察日本职业教育报告专号" 1 篇、"设计专号"设计实例 1 篇、"设计专号"乡村改进的设计 1 篇。

1933 年"农村教育"类文章达到 52 篇，其中，39 篇来自 1932 年第 140 期才开辟的新栏目——村讯。这一栏目旨在介绍中华职业教育社办理农村改进之情况和其他农村改进机关及同志的言论消息。该栏目共十期，其中九期在 1933 年。

3. 国家

《教育与职业》（1917—1949）杂志 200 篇"农村教育"类文章中，有 19 篇是介绍外国农村教育的（见表 7-7），占 10%，与"农业教育"类文章一样，低于该杂志介绍外国文章数量占文章总量的百分比（21%）。

表 7-7　《教育与职业》（1917—1949）杂志中介绍外国农业

教育的"农村教育"类文章

年份	期数	题目	国家[1]
1922	038	《农村学校与社会》	美国
1924	055	《改进黑奴生活之农村巡回教育》	美国
1927	082	《丹麦改良农村之基本方法》	丹麦
1927	088	《采取农村合作制度而兴盛之模范国》	丹麦
1927	090	《丹麦合作制之惊人成绩》	丹麦

年份	期数	题目	国家[1]
1928	091	《丹麦之信用合作》	丹麦
1928	091	《日本大规模之农业调查》	日本
1928	092	《丹麦合作之分配问题》	丹麦
1928	093	《丹麦之农业合作社》	丹麦
1928	095	《中华农学会之赴日考察》	日本
1928	097	《丹麦合作事业之成功》	丹麦
1929	104	《丹麦农民生活的一瞥》	丹麦
1929	106	《日本将举行大规模之农业调查》	日本
1930	111	《东方之丹麦》	日本
1931	126	《日本农村改进事业——碧海一瞥》	日本
1933	143	《苏联农业科学之进步》	苏联
1934	160	《日本勤劳国民学校的一个实例》	日本
1935	162	《日本之农村工业化与工作教育》	日本
1936	175	《复兴民族的丹麦民众教育与墨西哥乡村教育》	丹麦；墨西哥

注：（1）介绍某国某地或某学校，录入时一律只录入某国。

从表中可以看出，《教育与职业》（1917—1949）杂志中"农村教育"类文章也同"农业教育"类文章一样，主要集中在 1936 年以前。介绍的国家有 5 个，其中，介绍丹麦的 9 篇、墨西哥的 1 篇、美国的 2 篇、日本的 7 篇、苏联的 1 篇。这一时期的丹麦，农村合作搞得有声有色，成为我们的模仿对象。与"农业教育"一样，在"农村教育"方面，日本对我国知识界的影响依然很大。

4. 省份

《教育与职业》（1917—1949）杂志 200 篇"农村教育"类文章中，介绍中国各省的有 101 篇（见表 7-8），占总数的 51%，与"农业教育"类文章一样，远超过该杂志介绍各省文章占总文章数的百分比（26%）。介绍的省份共有 13 个，其中介绍安徽的 2 篇、福建的 1 篇、广西的 1 篇、河北的 3 篇、山东的 1 篇、河南的 1 篇、湖北的 1 篇、吉林的 1 篇、江苏的 74 篇、江西的 4 篇、山西的 1 篇、台湾的 1 篇、浙江的 12 篇。介绍江苏的"农村教育"类文章和"农业教育"类文章一样，仍然居各省之首，且也呈现出发散的态势。

表 7-8　《教育与职业》（1917—1949）杂志介绍中国各省农业教育的"农村教育"类文章

年份	期数	题目	地区[1]
1918	009	《东井垦地概况》	吉林
1918	009	《江淮间观垦记》	江苏
1923	042	《江苏之改进农业运动》	江苏
1924	060	《创办农村教育之研究》	江西
1926	080	《调查常州电力灌田状况报告》	江苏
1927	089	《昆山厉行乡村教育》	江苏
1928	093	《筹办江苏农民银行之我见》	江苏
1928	094	《职业教育社注意农工事业》	江苏
1928	094	《最近苏省之乡村教育》	江苏
1928	095	《徐公桥乡村改进会之成立》	江苏
1928	095	《广西筹办模范农村》	广西
1928	095	《浙省筹设乡村师范》	浙江
1928	096	《改良农村生活之合作社》	江苏
1928	096	《徐公桥之乡村改进会》	江苏
1928	096	《南通县注意农村教育》	江苏
1928	097	《上海市筹设农村改进委员会》	江苏
1928	097	《职教社试办农村信用合作》	江苏
1929	103	《徐公桥农村改进试验分年进行表》	江苏
1929	103	《半年来的武村》	江苏
1929	103	《参观晓庄乡村师范记》	江苏
1929	103	《武进长沟村农业改良会调查记》	江苏
1929	106	《槎西合作社概况》	江苏
1929	108	《农村经济之调查》	江苏
1929	108	《发见两件急需的农村重要工作——江苏十七县农民生计调查的结果》	江苏
1929	108	《调查江苏十七县农民生计状况后的感想》	江苏
1929	108	《新丰区农村改进试验计划大纲》	江苏
1929	108	《北平平民大学设立乡村师范科计划》	河北
1930	113	《参观黄墟农村改进试验区以后的感想》	江苏
1930	115	《到徐公桥去》	江苏
1931	122	《苏省农民教育馆农事新设施》	江苏

续表

年份	期数	题目	地区[1]
1931	122	《黄墟镇农村改进试验区一周纪念盛况》	江苏
1931	122	《无锡农产陈列所开幕》	江苏
1931	123	《奉化试办模范农村》	浙江
1931	123	《无锡高长岸乡村改进会近况》	江苏
1931	124	《新村之卫生运动》	江苏
1931	124	《吴县筹设乡村改进区》	江苏
1931	124	《晋教厅注重职业教育与农村教育》	山西
1931	125	《苏省农教馆近讯》	江苏
1931	125	《吴县穹窿山麓划设新村区》	江苏
1931	125	《徐公桥乡村改进会》	江苏
1931	127	《善人桥乡村改进区成立》	江苏
1931	127	《江苏各县农民教育概况》	江苏
1931	127	《代拟河北安次县高辛庄改进办法大纲》	河北
1931	128	《乡村改进讲习所毕业》	江苏
1931	130	《黄墟新村近况》	江苏
1932	131	《黄墟农村改进会近讯》	江苏
1932	137	《徐公桥筹设自治实验区》	江苏
1932	137	《黄墟乡村改进区工作》	江苏
1932	140	《王印佛君自浙江湘湖》	浙江
1932	140	《白沙考察纪略》	浙江
1932	140	《农村改进实效录》	江苏
1932	140	《茅志岳君自浙江诸家桥》	浙江
1932	140	《莫干山新村初步进行办法》	浙江
1933	141	《两个月的湘湖生活》	浙江
1933	141	《顾高庄改进区考察记》	江苏
1933	141	《农村改进实效录（续）》	江苏
1933	141	《沪大提倡乡村改进》	江苏
1933	142	《农村改进实效录（续）》	江苏
1933	142	《黄墟试验区农村新设施》	江苏
1933	142	《试办农村改进试验区之提议》	江苏
1933	142	《视察善人桥农村改进区报告》	江苏
1933	142	《视察黄墟农村改进试验区报告》	江苏
1933	142	《农村改进声中之武进湖塘桥》	江苏

续表

年份	期数	题目	地区[1]
1933	142	《视察善庆诸家桥等乡校报告》	浙江
1933	143	《从指导到自动》	江苏
1933	143	《乡村教育的一个尝试》	浙江
1933	144	《一个以生计为中心的农村学校》	江苏
1933	144	《"年酒"中产生的几件农村事业》	浙江
1933	144	《将来就成，大有希望!》	江苏
1933	144	《外力——自力，被动——自动!》	江苏
1933	144	《自问毫无价值!》	浙江
1933	145	《善人桥给我的印象》	江苏
1933	145	《考察河北山东农民教育报告》	河北；山东
1933	145	《善人桥农村改进会赵河农村试验学校办法》	江苏
1933	146	《九个问题与九个答案》	江苏
1933	146	《善人桥蚕业指导报告》	江苏
1933	146	《考察泰县曲塘印象记》	江苏
1933	148	《南昌等八县试办农村巡回学校》	江西
1933	148	《浙江省立湘湖师范湘东乡生活改进试验区进行计划》	浙江
1933	148	《回转隔别二年的徐公桥》	江苏
1933	149	《就上海市近郊设立农村服务专修科计划》	江苏
1933	149	《农村服务专修科课程纲要》	江苏
1933	149	《一个复兴农村的方案》	江苏
1933	150	《中国银行参观徐公桥》	江苏
1933	150	《实地训练农村警察的一个实例》	江苏
1933	150	《苏大港实验区设生活学校十所》	江苏
1933	150	《江西匪区农村教育》	江西
1933	150	《河南省立乡师近况》	河南
1933	150	《车形乡村教育概况》	安徽
1934	152	《私立协和职业学校乡村改进计划大纲》	福建
1934	157	《徐公桥改进区移交地方接管》	江苏
1934	158	《上海县属各界欢迎职教社同人》	江苏
1934	160	《本社试办农村民众教育馆》	江苏
1934	160	《台湾农业现状之一瞥》	台湾
1935	162	《全国经委会改良赣省农村教育》	江西
1936	173	《京市改进农村工作计划》	江苏

年份	期数	题目	地区[1]
1936	174	《沪郊农村改进区现状》	江苏
1936	175	《鄂省积极推行农村建设工作》	湖北
1936	176	《苏省推广农业计划》	江苏
1936	176	《考察苏皖各地农村事业记略》	江苏；安徽
1936	180	《本社沪郊农村改进区举行工作成绩大检阅》	江苏

注：（1）介绍某省某地时，录入时一律只录入某省；上海、南京归入江苏；北平归入河北。

二、农业教育的特点

通过对《教育与职业》（1917—1949）杂志"农业教育"类和"农村教育"类文章数量、年代分布、介绍国家和介绍中国省份农业教育情况的初步统计与分析，可以看出民国时期农业教育呈现出以下特点。

（一）"质""量"兼备

《教育与职业》（1917—1949）刊载"农业教育"类文章 118 篇，"农村教育"类文章 200 篇，合计 317 篇，其中版面上处于"非常重要"位置的文章 160 篇，这中间还不包括职业指导和职业补习教育部分。不计"农村教育"类文章，"农业教育"在数量上已经远超过各业教育，在质量上也几乎和工、商业教育持平，如若（事实上也应该，因为农村教育即以农业教育为主）加上"农村教育"类文章，则"农业教育"无论在"质"与"量"上都远超各业教育。这种"质"与"量"的体现虽然只在文字层面，但却能说明民国时期知识界对农村职业教育的高度重视。

（二）与时俱进

"农业教育"类文章和"农村教育"类文章各有四次峰值，"农业教育"类的分别是 1918 年、1921 年、1922 年和 1928 年，"农村教育"类的分别是 1928 年、1929 年、1931 年和 1933 年。1928 年之后再无"农业教育"类峰值，一如 1928 年之前没有"农村教育"类峰值，而它们的交汇点就在 1928 年。这点恰好证明，民国时期知识界的农村职业教育观是一个变化的过程，即从早期的主要对于"农业教育"的关注，转变为后期的主要对于"农村教育"的关注。这种关注的转变，既不脱离农村职业教育，又符合了"大职业教育主义"趋势。"农村教育"类文章中介绍国外情况的主要集中在1927年至1936年间，而前面的"农业教育"类文章在1926年至1937年间却没有一篇介绍国外的文章。这又进一步佐证了民国时期知识界的农村职业教育观从"农业教育"向更为广阔的"农村教育"的转变。

（三）内外兼顾

《教育与职业》（1917—1949）杂志中，无论是"农业教育"类文章，还是和"农村教育"类文章，视野都很开阔，内外兼顾。知识界既关注国内农村职业教育情况，也宣传国外农村职业教育的新进展，但是总的来看，对国内的关注大于国外。知识界对国内的关注呈现出一种发散的态势，即介绍各省"农业教育"的文章随着时间的推移，从一开始的只有江苏省内的记录，开始逐步向其他省份延伸。国外方面，日本的农村职业教育一直是民国时期知识界关注和模仿的对象，对美国的关注到了后期逐渐减弱，取而代之的是对丹麦农村合作的关注。

需要指出的是这些特点应同对"职业教育"内涵的理解一样去看待，只是相对的、应然的，不能过于夸大，之前对于农业教育的梳理可以清楚地看到，研究范围内的农业教育的发展实然层面上，总体还是很落后的。

结　　语

　　笔者运用江恒源与沈光烈合著的《职业教育》的分析模式，从职业教育的意义、目的和范围三个维度分析近代学者对于职业教育内涵的理解，发现对于近代职业教育的理解呈现"应然"与"实然"两个层面。

　　对于"职业教育"意义的理解，应然层面呈现出"前杜威时代"和"后杜威时代"这样一个明显的分界，分界点就是1919年五四运动。"前杜威时代"对于职业教育意义的理解是单一的、片面的。"后杜威时代"对于职业教育意义的理解可谓全面，但是总给人千人一面之感，大多只停留在职业教育意义应然的层面，缺乏当时中国实然层面职业教育情况的意义融入。而"不能升学""急于谋生"则是实然层面在职业教育意义中的体现。随着时间的推移，职业教育的目的在应然层面，包含的内容越来越多，承载的责任也越来越重，但在实然层面价值不大。职业教育的范围横向包括职业教育科别与职业教育形式，纵向指的是职业教育在学制系统中的分布情况。应然层面职业教育科别繁多，实然层面却简化为农业、工业、商业和家事教育；应然层面职业教育的形式多样，实然层面应理解为职业学校教育、职业补习教育和职业指导；应然层面职业教育的跨度极广，实然层面则更多的指向中等及以下。

　　笔者认为，只有将"职业教育"内涵进行"应然"与"实然"层面的剥离，从后者出发，才能更清晰地认识民国时期职业教育的内涵。即根据社会的需求与受教育者个人的经济条件，对因家庭经济条件相对困难，而无法继续进行普通教育的儿童施以一定年限的农业、工业、商业和家事等的教育。目的在于使儿童获得一技之长，借以维持生计，从而有助于社会稳定。职业教育的组织形式有：职业学校教育、职业补习教育和职业指导。职业教育的类别有：农业教育、工业教育、商业教育和家事教育等。进而确定民国时期农村职业教育的内涵，即针对农村进行的职业教育，目的在于通过对农民进行职业方面的教育，从而改变农村落后的局面，这种教育针对农村，因而以农业教育为主。于是，农业教育的发展状况，即成为本书的主体。

本书的研究范围是民国时期农业教育的发展，并进行适当回溯，遂将农业教育的发展分为五个时期，即清末农业学堂之农业教育，北洋政府时期甲、乙种农业学校之农业教育，军阀混战时期农业学校之农业教育，南京国民政府初期农业学校之农业教育，全面抗战及解放战争时期农业学校的农业教育。每个时期都从农业学校（学堂）的设置与修订、农业学校（学堂）课程与教材、农业学校（学堂）师资、农业学校（学堂）经费、农业学校（学堂）和学生五个方面进行分析。

周予同曾指出："关于实业或职业学校的学程，因为过于繁复，或太无标准，无法详细述叙。"[①] 笔者希望从农业教育的角度进行尝试。农业学校（学堂）的设置与修订基于各个时期所颁布的学制，因而史料比较充分，能够进行较为详细的论述。每个时期都能厘清农业学校（学堂）的设置情况，以及之后的修订情况。并能对比前一时期归纳每一时期的特点，基于充足史料的评价也显得得心应手。

农业学校（学堂）课程设置除北洋政府时期缺乏相应的史料外，大多能从各时期规程中了解。笔者发现，从清末引入日本课程体系到南京国民政府时期，整体上变化不大，层次不分、不切实际的评价对于各个时期都实用。农业学校教材直到南京国民政府时期才开始得到重视，之前农业学校几无教材可言，讲课多以发放讲义形式进行。各个时期农业书籍的发行在一定程度上弥补了教材的欠缺。如笔者重点研究的《教育与职业》杂志就是民国时期最重要的宣传农业教育的纸媒之一。

对于农业学校（学堂）师资和经费、农业学校（学堂）与学生的了解都需要建立在丰富的统计数字基础上，但在整个民国时期的绝大部分时间里，都缺乏真实可信的统计。尽管如此，笔者还是进行了尝试，希望对后继研究者有所帮助。

既然民国时期缺乏确实可信的统计数字，如果想在实证方面对研究范围内的农业教育进行研究，《教育与职业》（1917—1949）杂志的"长期性""权威性"和"广泛性"的特点，使得它必然成为首选。因此，笔者运用文

---

① 周予同：《中国现代教育史》，良友图书印刷公司（上海）1934 年版，第 296 页。

献计量的方式先对整个杂志 208 期建立数据库，然后按照一定的标准进行分类与统计分析，最后归纳出民国时期农业教育的一些特点。需要指出的是，这些特点只是相对的、应然的，不能过于夸大，之前对于农业教育的梳理可以清楚地看到，研究范围内的农业教育的发展实然层面上，总体还是很落后的。

参考文献

图书

［美］白德斐：《改进中国农业与农业教育意见书》，民国政府教育部1922年版。

北京图书馆、人民教育出版社编：《民国时期总书目（1911—1949）：中小学教材》，书目文献出版社1995年版。

［美］卜凯：《中国农家经济——中国七省十七县二八六六田场之研究》，张履鸾译，商务印书馆（上海）1936年版。

［美］布赖恩·克罗泽：《蒋介石传》，封长虹译，国际文化出版公司2010年版。

陈宝泉：《中国近代学制变迁史》，北京文化学社1927年版。

陈翊林：《最近三十年中国教育史》，太平洋书店（上海）1932年第3版。

陈选善主编：《职业教育之理论与实际》，中华职业教育社（上海）1933年版。

陈青之：《中国教育史》，商务印书馆（上海）1936年第2版。

陈兆庆：《中国农村教育概论》，商务印书馆（上海）1937年版。

丁达编著：《中国农村经济的崩溃》，上海联合书店1930年版。

丁致聘编：《中国近七十年来教育记事》，国立编译馆1935年版。

［美］杜赞奇：《文化、权利与国家：1900—1942年的华北农村》，王福明译，江苏人民出版社2008年版。

［美］约翰·杜威：《民主与教育》，薛绚译，译林出版社2014年版。

董宝良、周洪宇主编：《中国近现代教育思潮与流派》，人民教育出版社1997年版。

费孝通：《乡土中国　生育制度》，北京大学出版社1998年版。

费孝通：《江村经济——中国农民的生活》，戴可景译，商务印书馆2001年版。

［美］费正清：《费正清自传》，黎鸣等译，天津人民出版社1993年版。

［美］费正清编：《剑桥中华民国史：1912—1949年》上卷，杨品泉等译，中国社会科学出版社1994年版。

［美］费正清、费维恺编：《剑桥中华民国史：1912—1949年》下卷，刘敬坤等译，中国社会科学出版社1994年版。

［美］费正清：《伟大的中国革命（1800—1985）》，刘尊棋译，世界知识出版社2000年版。

冯和法：《农村社会学大纲》，黎明书局（上海）1932年版。

方显廷：《方显廷回忆录——一位中国经济学家的七十自述》，方露茜译，商务印书馆2006年版。

顾树森：《德美英法四国职业教育》，中华书局（上海）1917年版。

高奇主编：《中国现代教育史》，北京师范大学出版社1985年版。

龚书铎：《中国通史》第11卷，上海人民出版社2004年版。

何清儒：《职业教育学》，商务印书馆1941年版。

韩玲梅：《阎锡山实用政治理念与村治思想研究》，人民出版社2006年版。

何述曾编：《土壤学》，商务印书馆（上海）1921年第4版。

［美］黄宗智：《长江三角洲的小农家庭与乡村发展》，程洪等译，中华书局2000年版。

民国政府教育部普通教育司编：《中华民国十九年度全国公私立中等学校名称及分布概况》，1933年版。

民国政府教育部编：《第一次中国教育年鉴》，开明书店（上海）1934年版。

民国政府教育部编：《中华民国二十三年度全国职业教育概况》，1935年版。

民国政府教育部编：《职业教育法令汇编》，商务印书馆（上海）1936 年第 2 版。

民国政府教育部编：《民国二十三四年教育部视察各省市职业教育报告汇编》，商务印书馆（上海）1936 年版。

民国政府教育部教育年鉴编纂委员会编：《第二次中国教育年鉴》，商务印书馆 1948 年版。

民国政府教育部总务厅统计科编：《中华民国第五次教育统计图表（五年八月至六年七月）》，〔1917 年版〕。

中国台湾地区教育部门教育年鉴编纂委员会：《第三次中国教育年鉴》，正中书局（台北）1957 年版。

中国台湾地区教育部门教育研究委员会主编：《中国学制改革之研究》，正中书局（台北）1984 年版。

《教育部行政纪要》，1916 年版。

江恒源、沈光烈编著：《职业教育》，正中书局（上海、南京）1937 年版。

贾士毅编：《民国财政史》，商务印书馆（上海）1917 年版。

教科图书编辑委员会：《第三次全国教育会议报告》，1939 年版。

金林祥主编：《中国教育思想史》第三卷，华东师范大学出版社 1995 年版。

孔庆泰等编著：《国民党政府政治制度史词典》，安徽教育出版社 2000 年版。

李文治编：《中国近代农业史资料》第一辑，生活·读书·新知三联书店 1957 年版。

李蔺田主编：《中国职业技术教育史》，高等教育出版社 1994 年版。

李华兴：《民国教育史》，上海教育出版社 1997 年版。

李国钧、王炳照总主编：《中国教育制度通史》，山东教育出版社 2000 年版。

梁启超：《中国历史研究法五种》，里仁书局（台北）1982 年版。

廖世承编：《中国职业教育问题》，商务印书馆（上海）1929 年版。

刘桂林：《中国近代职业教育思想研究》，高等教育出版社 1997 年版。

［美］马若孟：《中国农民经济——河北和山东的农民发展，1890—1949》，史建云译，江苏人民出版社 1999 年版。

毛礼锐、沈灌群主编：《中国教育通史》，山东教育出版社 1988 年版。

潘文安：《职业教育 ABC》，世界书局（上海）1929 年版。

［美］裴宜理：《华北的叛乱者与革命者，1845--1945》，池子华、刘平译，商务印书馆 2007 年版。

［美］珀金斯：《中国农业的发展（1368—1968 年）》，宋海文等译，上海译文出版社 1984 年版。

［美］齐锡生：《中国的军阀政治（1916—1928）》，杨云若、萧延中译，中国人民大学出版社 1991 年版。

邱均平：《文献计量学》，科学技术文献出版社 1988 年版。

璩鑫圭等编：《中国近代教育史资料汇编：实业教育　师范教育》，上海教育出版社 2007 年第 2 版。

《清实录》第 57 册，中华书局 1987 年版。

全国图书联合目录编辑组编：《1833—1949 全国中文期刊联合目录（增订本）》，书目文献出版社 1981 年版。

《二十九年全国中等教育会议报告》，1940 年版。

《上海中华职业教育社志》编纂委员会编：《上海中华职业教育社志》，上海古籍出版社 2007 年版。

石鸥、吴小欧编著：《百年中国教科书图说：1897--1949》，湖南教育出版社 2009 年版。

［日］实藤惠秀：《中国人留学日本史》，谭汝谦等译，生活·读书·新知三联书店 1983 年版。

舒新城：《近代中国教育史料》第一册，中华书局（上海）1928 年第 2 版。

舒新城编：《近代中国教育思想史》，中华书局（上海）1932 年第 2 版。

舒新城：《近代中国教育史料》第一册，中华书局（上海）1928 年第 2 版。

舒新城：《我和教育——三十五年教育生活史（1893—1928）》，中华书局 1945 年版。

舒新城：《中国近代教育史资料》中册，人民教育出版社 1961 年版。

苏云峰：《中国新教育的萌芽与成长（1860—1928）》，北京大学出版社 2007 年版。

苏云峰：《张之洞与湖北教育改革》，中国台湾地区近代史研究所 1976 年版。

孙培青、李国钧主编：《中国教育思想史》，华东师范大学出版社 1995 年版。

孙培青主编：《中国教育史》，华东师范大学出版社 2000 年版。

孙邦正：《六十年来的中国教育》，正中书局（台北）1971 年版。

邰爽秋等选编：《历届教育会议议决案汇编》，教育编译馆（上海）1935 年版。

汤志钧编：《康有为政论集》，中华书局 1981 年版。

唐钺等主编：《教育大辞书》，台湾商务印书馆 1974 年修订第 2 版。

田正平主编：《中国教育思想通史》第六卷，湖南教育出版社 1994 年版。

田正平主编：《中国教育史研究》近代分卷，华东师范大学出版社 2001 年版。

《添聘普通教习》，《山西农务公牍》卷一。

王炳照主编：《中国近代教育史》，五南图书出版公司（台北）1994 年版。

王树枏编：《张文襄公（之洞）全集 奏议》，载沈云龙主编《近代中国史料丛刊》第 46 辑，文海出版社（台北）1966 年版。

汪向荣：《日本教习》，生活·读书·新知三联书店 1988 年版。

吴汝纶：《东游丛录》，三省堂书店（东京）1902 年版。

吴玉琦：《中国职业教育史》，吉林教育出版社 1991 年版。

谢振民编著：《中华民国立法史》，正中书局（南京）1937 年版。

谢岚、李作恒主编：《黑龙江省教育史资料选编》上编，黑龙江教育出版社 1988 年版。

谢菊曾：《十里洋场的侧影——虹居随笔》，花城出版社 1983 年版。

熊子容：《职业教育》，黎明书局（上海）1931 年版。

熊明安：《中华民国教育史》，重庆出版社 1997 年版。

徐甘棠编译：《职业教育》，中华职业教育社 1918 年版。

徐汉三：《黄炎培年谱》，文史资料出版社 1985 年版。

学部总务司：《学部奏咨辑要》，载沈云龙主编《近代中国史料丛刊》三编第 10 辑，文海出版社（台北）1986 年版。

学部总务司编：《第一次教育统计图表》，1907 年版。

学部总务司编：《第二次教育统计图表》，1908 年版。

学部总务司编：《第三次教育统计图表》，1909 年版。

张之洞：《奏定学堂章程》，载沈云龙主编《近代中国史料丛刊》第 73 辑，文海出版社（台北）1986 年版。

张正身、郝炳均主编：《中国职业技术教育史》，甘肃教育出版社 1993 年版。

郑世兴：《中国现代教育史》，三民书局（台北）1981 年版。

中华民国大学院编：《全国教育会议报告》，商务印书馆（上海）1928 年版。

中华职业教育社编：《实施职业教育要览》，中华职业教育社 1928 年修正第 5 版。

中华职业教育社编：《新学制职业科课程标准》，中华职业教育社 1925 年版。

中国国民党中央执行委员会训练委员会编：《中国国民党历次会议宣言及重要决议案汇编》第二册，1941 年版。

周予同：《中国现代教育史》，良友图书印刷公司（上海）1934 年版。

周思真：《中国教育及教育思想史讲话》，世界书局（上海）1943 年版。

周谈辉：《中国职业教育发展史》，三民书局（台北）1985 年版。

朱元善译述：《职业教育真义》，商务印书馆（上海）1917 年版。

朱经农：《教育思想》，商务印书馆 1944 年版。

庄泽宣：《职业教育概论》，商务印书馆（上海）1926 年版。

庄俞等编：《最近三十五年之中国教育》，商务印书馆（上海）1931 年版。

邹秉文编：《中国农业教育问题》，商务印书馆（上海）1923 年第 2 版。

邹恩润编译：《职业教育研究》，商务印书馆（上海）1931 年版。

《职业学校各科教材大纲课程表设备概要汇编》第一册，民国政府教育部
1934 年版。

文章（包括其他文献）

包平：《中日近代农业教育学制的比较》，《中国农史》2004 年第 4 期。

《部颁职业学校各科教学科目及时数概要》，《教育部公报》1933 年第 41/
42 期。

《部颁职业学校各科教学科目及时数概要（续）》，《教育部公报》1933
年第 43/44 期。

《编后余谈》，《教育杂志》1935 年第 2 号。

曹刍：《从群众潜隐的形态中寻找中国教育之出路》，《中华教育界》
1931 年第 3 期。

陈隽人：《中国农业教育的经过与现状》，《清华周刊》1926 年"纪念号
增刊"。

陈意新：《美国学者对中国近代农业经济的研究》，《中国经济史研究》
2001 年第 1 期。

（陈）青士：《普通中学宜仍设职业课程》，《教育与职业》1933 年第 143 期。

陈选善、郑文汉：《中学生职业兴趣调查报告》，《教育与职业》1933 年
第 148 期。

陈能治：《战前十年中国大学教育经费问题（1927—1937）》，《台湾师
大历史学报》1983 年第 11 期。

《重庆市粮物工价》，《物价周报》1942 年第 4 期。

杜威：《文化教育与职业教育》，《教育与职业》1924 年第 61 期。

《第一届全国教育会联合会大会议决案》，载邰爽秋等选编《历届教育会
议议决案汇编》，教育编译馆（上海）1935 年版。

《第七届全国教育会联合会联合会纪略》，《教育杂志》1922 年第 1 号。

高践四：《我国职业教育的前途》，《教育与职业》1935 年第 162 期。

谷小水：《近代中国的职业教育（1866—1927）》，《历史档案》2000 年
第 2 期。

过探先：《我国农业教育的改进》，《教育杂志》1925 年第 1 号。

过探先：《新学制农业科课程标准草案》，《教育与人生》1924 年第 26 期。

《各种职业学校非职业学科之种类及分量》，《教育与职业》1923 年第 46 期。

《国民政府成立以来审定及失效中小学师范职业学校教科图书一览》，《教育部公报》1935 年第 11/12 期。

《国民政府成立以来审定及失效中小学师范职业学校教科图书一览（续）》，《教育部公报》1935 年第 19/20 期。

《国立职业学校职业科目教职员补助金办法》，《教育部公报》1943 年第 10 期。

《各省市职业学校职业学科师资登记检定及训练办法大纲》，《教育部公报》1933 年第 39/40 期。

《各省市中等学校设置及经费支配标准办法》，《教育部公报》1933 年第 37/38 期。

《改进中等职业教育办法大纲》，《全国学术工作咨询处月刊》1936 年第 7 期。

《改进中等教育计划》，《教育部公报》1930 年第 13 期。

《各省市设置中等农工学校实施方案》，《教育部公报》1931 年第 27 期。

何清儒：《职业学校教科书的编审》，《教育与职业》1936 年第 179 期。

黄炎培：《职业教育析疑》，《教育杂志》1917 年第 11 号。

黄炎培：《读职业教育最近统计》，《教育与职业》1922 年第 37 期。

黄炎培：《复刊词》，《教育与职业》1940 年第 192 期。

黄炎培：《三十五年来中国之职业教育》，载庄俞等编《最近三十五年之中国教育》，商务印书馆（上海）1931 年版。

黄炎培：《〈职业教育研究〉序》，载邹恩润编译《职业教育研究》，商务印书馆（上海）1931 年版。

黄炎培：《民国十年之职业教育》，《教育与职业》1922 年第 32 期。

黄炎培：《民国十一年之职业教育》，《教育与职业》1922 年第 40 期。

江问渔：《农村教育与农村改进》，《教育与职业》1932 年第 140 期。

江问渔:《生产教育的重要理论与其实际的设施方法》,《教育杂志》1936 年第 2 号。

蒋梦麟:《教育与职业》,《教育与职业》1917 年第 1 期。

金禄庄:《我对于支配职业教育经费之意见》,《教育与职业》1935 年第 164 期。

《教育部通咨各省巡按使申明部章并饬甲乙种实业学校认真办理文》,《政府公报》1915 年第 1027 号。

《教育部公布学校系统令》,《教育杂志》1912 年第 7 号。

《教育部审定教科图书暂行章程》,《政府公报》1912 年第 25 号。

《教育部咨京兆尹、各省长、各都统为厘定职业学校名称文》,《政府公报》1925 年第 3373 号。

《教部委本校代办园艺职业师资科》,《金陵大学校刊》1939 年第 264 期。

《教部召开全国职教讨论会》,《教育与职业》1935 年第 161 期。

《教育部训令（第 9736 号）》,《教育部公报》1933 年第 37/38 期。

《教育部训令（第 536 号）》,《教育部公报》1931 年第 13 期。

《教育部训令（第 1436 号）》,《教育部公报》1931 年第 33 期。

《教育部令（第 2301 号）》,《教育部公报》1933 年第 11/12 期。

《教育部农业教育委员会章程》,《教育部公报》1937 年第 7/8 期。

《教育部组织之农业教育委员会》,《中央日报》1937 年 3 月 20 日，第 2 张第 4 版。

《教育部农业教育委员会农业职业学校教科用书编辑委员会章程》,《教育通讯》1940 年第 47 期。

《奖励编译职业技术教材暂行办法》,《教育部公报》1942 年第 9/10 期。

《教育部农业职业学校教员暑期讲习会办法》,《教育部公报》1936 年第 23/24 期。

《教育部二十六年全国农业职业学校教员暑期讲习会办法》,《教育部公报》1937 年第 23/24 期。

《教育部二十七年农业职业学校教员暑期讲习会办法》,《教育部公报》1938 年第 4—6 期。

《教育部将举办职业教育行政人员讲习会》,《教育通讯》1942 年第

15 期。

《教育部训令（第 14045 号）》，《教育部公报》1940 年第 9 期。

《奖励职业学校职业学科教员进修暂行办法》，《教育部公报》1940 年第 9 期。

《教育部津贴职业学校专科教员及导工薪给暂行办法》，《浙江教育》1941 年第 10 期。

李天凤：《清末民国时期云南职业教育产生与发展研究》，《贵州大学学报》（社会科学版）2003 年第 2 期。

廖世承：《中学校与职业教育》，《教育与职业》1922 年第 33 期。

林更生：《〈农学丛书〉的特点与价值》，《中国农史》1989 年第 1 期。

林本：《五十年来我国的学制演进》，载中国台湾地区教育部门教育研究委员会主编《中国学制改革之研究》，正中书局（台北）1984 年版。

凌道扬：《最近之中国森林教育》，载廖世承编《中国职业教育问题》，商务印书馆（上海）1929 年版。

刘晓：《近代以来我国职业教育本质研究的探源与寻径》，《职业技术教育》2008 年第 16 期。

罗振玉：《学部设立后之教育管见》，《教育杂志》（天津）1905 年第 18 期。

罗惇曧：《京师大学堂成立记》，《庸言》1913 年第 13 期。

罗廷光：《经济与教育》，《新中华》1933 年第 3 期。

罗银科：《南京国民政府初期农村职业教育研究》，硕士学位论文，东北师范大学教育科学学院，2008 年。

罗银科、曲铁华：《近代"职业教育"内涵辨析》，《河北师范大学学报》（教育科学版）2010 第 11 期。

陆费执：《农业丛书总序》，载倪靖《肥料学》，中华书局（上海）1948 年第 3 版。

马宗荣：《教育部三年来施政概况》，《教育杂志》1936 年第 7 号。

《民国十一年度之几种全国教育统计表》，《教育杂志》1923 年第 10 号。

潘文安：《新学制与职业教育》，《教育与职业》1922 年第 33 期。

潘文安：《本刊对于职业教育上之六大目标》，《教育与职业》1927 年第

89 期。

彭基相：《论职业教育》，《京报副刊》1925 年 1 月 30 日，第 1—3 版。

彭基相：《职业与文化》，《教育杂志》1925 年第 1 号。

《普通教育暂行办法十四条》，《临时政府公报》1912 年第 4 号。

钱景舫、刘桂林：《论中华职业教育社在近代教育中的地位和作用》，《华东师范大学学报》（教育科学版）1998 年第 4 期。

钱亦石：《从经济原则论我国生产教育的总方向》，《东方杂志》1933 年第 16 号。

秦翰才：《民国十四年之职业教育》，《教育与职业》1926 年第 71 期。

曲铁华、罗银科：《论国民政府初期职业教育的发展及启示》，《东北师大学报》（哲学社会科学版）2008 年第 2 期。

曲铁华、罗银科：《南京国民政府初期农村职业教育必要性与可能性探析：兼谈"农业破产论"》，《黑龙江社会科学》2009 年第 3 期。

《全国实业学校一览总表》，《教育周报》1918 年第 212 期。

《全国教育行政会议各省区报告汇录》，《教育公报》1916 年"临时增刊"。

饶锡鸿、蒋美伦：《关于中国近代农业教育起点问题的探讨——高安蚕桑学堂并未创办起来》，《南京农业大学学报》1985 年第 2 期。

沈亦珍：《职业教育与文雅教育》，《教育杂志》1925 年第 2 号。

舒新城：《最近中国教育思想的转变》，《新中华》1933 年第 1 期。

舒新城：《写在中国教育出路问题专号之前》，《中华教育界》1931 年第 3 期。

舒新城：《中国教育建设方针》，《教育杂志》1928 年第 5 号。

舒新城：《三十年来之中国教育》，载颜文初编《小吕宋华侨中西学校三十周年纪念刊》，小吕宋中西学校 1929 年版。

孙祖基：《十年来中国之职业教育》，《教育与职业》1927 年第 85 期。

孙冶方：《为什么要批评乡村改良主义工作》，《中国农村》1936 年第 5 期。

《实业学校令》，《政府公报》1913 年第 450 号。

《实业学校规程》，《政府公报》1913 年第 451 号。

《审定教科用图书规程》，《政府公报》1912 年第 25 号。

《社员唐云卿函述涟水乙种农业学校办法》，《教育与职业》1918 年第 3 期。

陶行知：《中华民族之出路与中国教育之出路》，《中华教育界》1931 年第 3 期。

王志莘：《与职业教育携手同行的平民经济问题》，《教育与职业》1924 年第 61 期。

王达三：《论中国需要何种职业教育》，《教育与职业》1936 年第 172 期。

王达三：《中国职业教育建设概况之检讨》，《教育与职业》1937 年第 181 期。

王达三：《农村职业补习教育之涵义》，《教育与职业》1937 年第 185 期。

王笛：《清末民初我国农业教育的兴起和发展》，《中国农史》1987 年第 1 期。

王媛：《近代中国职业教育思想的萌芽——"中华职业教育社"的成立》，《成都大学学报》（社会科学版）1999 年第 3 期。

王文涛：《试论中国近代职业教育发展的特点》，《陕西师范大学学报》（哲学社会科学版）2001 年第 S2 期。

王舜成：《农的教育》，载陈选善主编《职业教育之理论与实际》，中华职业教育社（上海）1933 年版。

王云五：《编印职业教科书缘起》，载李积新编著《肥料学》，商务印书馆（上海）1946 年第 9 版。

韦捧丹：《职业教育在中国学制上的地位》，《教育与职业》1928 年第 98 期。

吴俊升：《杜威的职业教育论》，《教育杂志》1925 年第 1 号。

吴觉农：《我国农业教育改造的途径》，《教育杂志》1925 年第 1 号。

谢长法：《蒋梦麟的职业教育思想》，《教育与职业》2000 年第 8 期。

谢长法：《刘湛恩与近代职业指导运动》，《职业技术教育》2009 年第 16 期。

谢长法：《舒新城与职业教育》，《职业技术教育》2009 年第 10 期。

谢长法：《顾树森与职业教育》，《职业技术教育》2009 年第 19 期。

谢长法：《蒋维乔与职业教育》，《职教论坛》2009 年第 19 期。

谢长法、杨红霞《廖世承的职业教育思想与实践》，《教育与职业》2003 年第 5 期。

熊子蓉：《我国需要何种职业教育》，《教育与职业》1935 年第 162 期。

《西南北各区推进农工职业教育计划》，《教育杂志》1939 年第 3 号。

《学部奏改实业学堂办法片》，《教育杂志》1909 年第 8 期。

《学部奏厘订实业学堂毕业年限分别办理折》，《政治官报》1910 年第 935 号。

《学部奏拟裁高等农业商业学堂预科片》，《教育杂志》1910 年第 6 期。

《学部奏增订初等工业学堂课程并增订初等实业学堂毕业奖励折》，《政治官报》1909 年第 431 号。

《学部奏州县停选请将高等实业学堂奖励章程变通改订折》，《政治官报》1910 年第 934 号。

《学部通饬整顿筹划实业教育札文》，《直隶教育官报》1909 年第 20 期。

《学部奏实业教育宜择定外国语文并拟修改课程折》，《政治官报》1910 年第 936 号。

《学部奏筹议实业教员讲习所毕业奖励办法折》，《政治官报》1910 年第 856 号。

《学部通行各省举办实业学堂文》，《学部官报》1906 年第 2 期。

《学校系统改革案（教令第 23 号）》，《教育公报》1922 年第 10 期。

《学制系统草案》，《教育杂志》1922 年"学制课程研究号"。

《小学校令》，《政府公报》1912 年第 152 号。

《训令第 483 号（甲种实业学校肄业生徒不得尽收乙种毕业各生仰各教育厅遵照）》，《教育公报》，1919 年第 1 期。

《训令（义 11 字第 1509 号）》，《行政院公报》1944 年第 2 号。

《新颁〈实业教员养成所规程〉》，《中华教育界》1915 年第 10 期。

《修正职业学校规程》，《教育部公报》1935 年第 27/28 期。

《修正职业学校规程（二续）》，《教育部公报》1935 年第 29/30 期。

《修正职业学校规程（二续）》，《教育部公报》1935 年第 31/32 期。

严昌洪：《近代商业学校教育初探》，《华中师范大学学报》（人文社会科学版）2000 年第 6 期。

杨鄂联：《读江苏省中等学校毕业生出路统计》，《教育与职业》1926 年第 79 期。

杨鄂联：《从各方面看职业教育》，《新教育评论》1927 年第 18 期。

杨鄂联：《民生主义与职业教育》，《教育与职业》1927 年第 86 期。

（杨）卫玉：《职业教育的统制化》，《教育与职业》1935 年第 166 期。

易作霖：《本社编订新学制职业课程标准之经过》，《教育与职业》1924 年第 60 期。

余家菊：《第三次全国教育会议》，《国论》1939 年第 17 号。

《与郑晓沧君谈职业教育与普通教育分合问题——对于教育行政当局建议》，《教育与职业》1930 年第 111 期。

章伯雨：《农业职业教育的几个根本问题》，《农林新报》1942 年第 4—6 期。

章之汶、郭敏学：《三十年来之中国农业教育》，《学思》1943 年第 12 期。

郑文汉：《职业教育师资问题》，《江苏教育》1937 年第 6 期。

郑文汉：《职业教育师资问题》，《教育与职业》1941 年第 195 期。

钟道赞：《普通教育与职业教育之界限何在?》，《教育与职业》1928 年第 96 期。

钟道赞：《职业教育上几个重要问题》，《教育与职业》1934 年第 151 期。

钟道赞：《职业学校校长之学历与经验》，《教育与职业》1935 年第 169 期。

钟祥财：《二十世纪二十至四十年代立国之争及其理论影响》，《社会科学》2003 年第 11 期。

庄启：《今日当以任何西文教授科学》，《教育杂志》1916 年第 4 号。

庄启：《实业学校改制论》，《教育杂志》1916 年第 8 号。

庄俞：《今日之职业教育》，《教育杂志》1916 年第 9 号。

庄泽宣：《中国职业教育问题》，《教育与职业》1919 年第 11 期。

庄泽宣：《关于职业教育的名词及定义》，《教育与职业》1920 年第 23 期。

庄俊举：《"以农立国"还是"以工立国"——20世纪20—40年代关于农村建设的争论》，《红旗文稿》2006年第16期。

邹秉文：《对于吾国甲种农校宗旨办法之怀疑》，《教育与职业》1921年第25期。

邹秉文：《吾国农业教育之现况及将来之希望》，《教育与职业》1922年第35期。

邹秉文：《新学制实行后之各省农业教育办法》，《农学》1923年第1期。

邹恩润：《职业教育之鹄的》，《教育与职业》1923年第42期。

邹恩润：《职业教育范围之研究》，《教育与职业》1927年第86期。

邹恩润：《十年来之中国职业教育出版物》，《教育与职业》1929年第100期。

邹树文：《农业职业教育实际问题》，《中等教育季刊》1941年第3期。

张之洞：《招考农务工艺学生示》，载苑书义等主编《张之洞全集》第6册，河北人民出版社1998年版。

周幼瑞：《中国农业书局始末》，《世纪书窗》2000年第5期。

《中共中央　国务院关于抓好"三农"领域重点工作　确保如期实现全面小康的意见》，2020年2月5日，见http://www.xinhuanet.com/2020-02/05/c_1125535347.htm。

《中国国民党第二次全国代表大会农民运动议决案》，《农民》1928年第2期。

《中华民国宪法草案》，《国民政府公报》1936年第2039号。

《奏奖山西农林学堂林科毕业生折》，《学部官报》1908年第62期。

《咨广西、江西、东三省、陕西、甘肃、云南、贵州省长实业会议议决实业学生应给予公费请酌量核办文》，《教育公报》1918年第4期。

《职业教育调查录》，《教育与职业》1921年第31期，1922年第32—35期。

《职业学校规程》，《教育部公报》1933年第17/18期。

《职业学校规程》，《教育与职业》1933年第145期。

后　记

一个学科研究的内容半衰期过长，想要快速出版是不易的。但也不都是坏处，也正是由于教育史学科半衰期如此之长，才使得我的这本书可以一拖再拖，并最终还能出版。

初看，该书与我的博士论文比，变化不大。但如若细究，至少在文献的选取上，多少还是下了一番功夫的。教育史的学科性质决定了史料在其中占有举足轻重的位置。所以，从计划出版开始，我就抱定必须通篇重新核对所有的引用资料。为了避免定式思维，拿到出版社校稿后我先是让我的学生黄晶和杜茜茜分章校对了一遍，然后再交给我二校。这样的工作量可想而知。但从结果看，是值得的。

首先，通过重新核实《教育与职业》（1917—1949）杂志所有篇目的基本信息，再次肯定了其价值。虽然过去多年，也有一些学者看到其价值，做了抢救性复制工作，但我所掌握的，仍然是目前为止最完整的。

其次，博士论文时，因为条件有限，认识有限，很多史料的挖掘和资料的选取虽然耗时不少，但以现在的眼光看，仍是粗浅的，甚至是不可取的。所以，在这方面下了大功夫，有的甚至是全盘推翻重来。我认为，这样的工作才能对得起"出版"二字。

至于全书架构和观点，相较于博士论文并未作过多的修改和补充。因为，这样的架构和观点，自以为还站得住脚。而我的博士论文虽构成了事实上的"被出版"，但从一位编辑的角度来看，博士论文并未经过严格的编辑加工过程，所以算不得出版。

该书脱胎于我的博士毕业论文，所以首先得感谢我的导师曲铁华教授，谢谢您带我走进学术这扇门，有了一生的志业。但让您失望了，没有写成皇皇巨著，只薄薄一本小册子。

有幸成为《四川师范大学学报》（社会科学版）的一名编辑，并能得到编辑部同人的关心和帮助，让我能用更加专业的眼光重新审视这本书，谢谢傅昭中、钟仕伦、李大明、凌兴珍、唐普、钟秋波、帅巍、何文、何毅、何凤鸣、罗茜等老师，谢谢你们！

谢谢四川师范大学教育科学学院教授吴定初老师及其师门弟子，尤其是雷云师兄，谢谢你们对我如亲学生亲师弟一般的照顾。正是吴老师的"学者应该有一本代表作"的言语给了我重新拾起毕业论文的勇气。也正是雷云师兄时常敦促，才使得该书最终得以面世。

谢谢我的学生黄晶、杜茜茜、党淼、陈晨、陈沙沙，谢谢你们认真细致的通读、核对。这样的工作是枯燥乏味的，但你们做得很好。

谢谢人民出版社的邵永忠老师，谢谢您非常专业细致的审读，避免了很多贻笑大方的错误。

最后，谢谢我的老婆和女儿。博士论文撰写过程中女儿还在老婆肚子里，我还清楚地记得老婆挺着个大肚子大半夜帮我画学制系统图的画面。所以，严格说来这是我们三个人的作品。

罗银科

2021 年 1 月 21 日写于川师田家炳楼

责任编辑：邵永忠

封面设计：黄桂月

图书在版编目（CIP）数据

民国时期农村职业教育研究 / 罗银科 著 . —北京：人民出版社，2021.6

ISBN 978-7-01-022646-0

Ⅰ. ①民… Ⅱ. ①罗… Ⅲ. ①乡村教育—职业教育—研究—中国—民国 Ⅳ. ① G725

中国版本图书馆 CIP 数据核字（2020）第 223202 号

民国时期农村职业教育研究

MINGUO SHIQI NONGCUN ZHIYE JIAOYU YANJIU

罗银科 著

人 民 出 版 社 出版发行

（北京市东城区隆福寺街 99 号）

环球东方（北京）印务有限公司 新华书店经销

2021 年 6 月第 1 版 2021 年 6 月第 1 次印刷

开本：710 毫米 × 1000 毫米 1/16 印张：14.25 字数：235 千字

ISBN 978-7-01-022646-0 定价：50.00 元

邮购地址 100706 北京市东城区隆福寺街 99 号金隆基大厦

人民东方图书销售中心 电话（010）65250042 65289539